CAICT 中国信通院 | 集智丛书

新型工业化

中国工业由大到强的战略、理论和实践

中国信息通信研究院　颜蒙　王超贤　寇冬雪◎编著

人民邮电出版社

北　京

图书在版编目（CIP）数据

新型工业化：中国工业由大到强的战略、理论和实践 / 颜蒙，王超贤，寇冬雪编著. -- 北京：人民邮电出版社，2025. --（中国信通院集智丛书）. -- ISBN 978-7-115-66094-7

Ⅰ. F424

中国国家版本馆 CIP 数据核字第 2024JA4155 号

内 容 提 要

　　新时代推进新型工业化是一个重大论题。本书从战略、理论和实践三个层面对新时代加快推进新型工业化进行了全面解读。在战略层面，本书结合党的十八大以来的创新理论和中国式现代化理论，阐述新时代新型工业化战略演变和使命要求。在理论层面，本书立足抢抓新工业革命机遇的视角，解读新时代新型工业化的内涵特征、推进路径和重大问题。在实践层面，本书提出新时代新型工业化评估方法论，系统归纳区域、产业、企业的实践经验。本书对读者全面理解和科学认识新型工业化发展具有参考意义，对制定推进新型工业化相关政策有极大的借鉴意义。

　　本书适合参与推进新型工业化的政府部门、科研机构、企业的相关人员，以及对新型工业化感兴趣的人员阅读。

◆ 编　　著　中国信息通信研究院　颜　蒙　王超贤　寇冬雪
　　责任编辑　胡　艺
　　责任印制　马振武

◆ 人民邮电出版社出版发行　　北京市丰台区成寿寺路 11 号
　　邮编　100164　　电子邮件　315@ptpress.com.cn
　　网址　https://www.ptpress.com.cn
　　北京天宇星印刷厂印刷

◆ 开本：720×960　1/16
　　印张：17.25　　　　　　　　　　2025 年 4 月第 1 版
　　字数：244 千字　　　　　　　　2025 年 9 月北京第 2 次印刷

定价：99.80 元

读者服务热线：**(010)53913866**　印装质量热线：**(010)81055316**
反盗版热线：**(010)81055315**

　　党的二十大报告明确提出到 2035 年基本实现新型工业化。走新型工业化道路已成为推动我国工业由大到强的根本遵循和前进方向。2023 年 9 月 22 日至 9 月 23 日，全国新型工业化推进大会召开，习近平总书记就推进新型工业化作出重要指示，新时代新征程，以中国式现代化全面推进强国建设、民族复兴伟业，实现新型工业化是关键任务。当前，我国已进入新发展阶段，发展环境和基础条件正在发生深刻变化，推进实现新型工业化不仅有新的战略部署和使命要求，还有新的内涵特征和实现路径。新时代推进新型工业化是一个重大论题，本书立足新工业革命机遇带来的新一轮科技革命和产业变革，从战略、理论和实践等层面加以系统分析，帮助读者多角度、全方位认识新型工业化。

　　工业化是现代化的前提和基础，是任何一个后发国家实现全面崛起的关键支撑。我国已经步入工业化后期阶段，正处在深度追赶的历史新阶段，面临着"增长难""超越难"的双重困境，这一阶段是后发大国在工业化进程中最艰难的阶段。发展经济理论和后发追赶理论均表明，抓住工业革命带来的机遇，破解工业化难题，跨过关口开辟新道路，是从工业大国迈向工业强国的共同经验。当前，新一轮科技革命和产业变革加速演进，正同我国工业深度追赶形成历史性交汇，抢抓新工业革命历史机遇，加快推进新型工业化，有利于破解我国工业技术、效率、结构、质量等方面的难题，为实现中国式现代化提供根本保障。

本书聚焦新时代新型工业化的战略、理论与实践3个层面，分为3篇，共13章。

第一篇为战略篇，共3章。本篇介绍与新型工业化有关的创新理论及新型工业化的政策逻辑与战略演进，从6个方面阐述推进新型工业化的历史使命。

第二篇为理论篇，共6章。本篇分为1个总论和5个关键问题。总论是新时代推进新型工业化的形势挑战与方向路径。5个关键问题分别是提升产业链供应链韧性和安全水平、自主创新、数字化、绿色化、全球化。本篇以抓住新工业革命机遇为主线，明确推进新型工业化面临的发展形势，界定新型工业化的内涵特征，提出新型工业化的推进路径，对新时代推进新型工业化的重大技术变量、内外部动力等关键问题进行解读。

第三篇为实践篇，共4章。本篇从综合评估、区域、产业、企业等方面对新型工业化的总体发展、区域部署、产业推进和企业落实情况进行解读，系统梳理并分析区域、产业、企业在推进实现新型工业化过程中面临的问题和挑战以及推进思路和政策举措等。

本书在课题研究和专题研究等阶段性成果的基础上成稿，主要有以下特点：一是指导思想站位高，本书基于党的创新理论、历次党代会部署和中国式现代化理论等从战略层面帮助读者认识新型工业化的内涵特征、演进脉络和推进方向；二是内容范围全，本书对当前理论和政策界普遍关心的推进新型工业化的重点问题加以详尽论述，如产业链供应链安全韧性、数字化、绿色化、全球化、创新等；三是研究内容新，本书依托大量图表、数据进行写作，部分数据是长期研究的成果，属于首次发布。

　　本书主要由中国信息通信研究院政策与经济研究所新型工业化研究部编写。新型工业化研究部自成立以来，高质量地完成了工业和信息化部重大政策、重大课题、重大活动等研究和支撑任务，积累了丰富的理论研究和政策研究经验。新型工业化研究部围绕新时代推进新型工业化开展了多层次、多视角、多领域的研究，形成了对新时代推进新型工业化的系统性认识。一是以党的创新理论研究为立足点，厘清了新型工业化在中国式现代化全局中的战略定位和关键任务。二是以发展经济学理论和后发国家工业追赶理论研究为着眼点，厘清了我国工业由大到强的战略选择、重点任务和路径策略。三是以数实深度融合、工业绿色发展、培育一流企业为切入点，厘清了抓住新工业革命机遇下推进新型工业化的战略主线和新方法论。四是以党的二十届三中全会关于发展新质生产力、加快推进新型工业化部署的重大改革任务为突破点，全面布局大幅提升全要素生产率、发展工业互联网、优化重大产业基金运作和监管机制、提升优势产业领先地位体制机制、保持制造业合理比重投入机制等研究新领域。下一步，新型工业化研究部将坚持理论研究与政策研究并重，不断深化基础理论研究和应用对策研究融合发展，为推进实现新型工业化持续贡献智库力量。

　　由于研究能力和学术水平有限，书中难免存在表达欠妥之处，由衷希望广大读者能够拨冗提出宝贵的修改建议。

编著者

2024 年夏于北京

CONTENTS **目录**

1 战略篇   1

第一章　实现新型工业化是关键任务   2

（一）实现新型工业化是以中国式现代化全面推进强国建设、
民族复兴伟业的关键任务   2

（二）加快制造大国向制造强国转变   5

（三）推进新型工业化的重点任务   9

（四）推进新型工业化的方法路径   14

第二章　新型工业化的战略演变   18

（一）新型工业化战略部署的演进历程   18

（二）新时代新征程新型工业化的新安排、新部署   22

第三章　从中国式现代化看推进新型工业化的使命要求   35

（一）新型工业化在中国式现代化中的定位   35

（二）中国式现代化对新型工业化提出新使命、新要求   41

2 理论篇   49

第四章　新时代推进新型工业化的形势挑战与方向路径   50

（一）新时代推进新型工业化的理论基础　　　　　　　50

（二）新时代推进新型工业化的新形势　　　　　　　　54

（三）新时代推进新型工业化的新挑战　　　　　　　　62

（四）新时代推进新型工业化的战略选择与方向路径　　69

第五章　提升产业链供应链韧性和安全水平　　76

（一）产业链供应链韧性和安全水平的内涵发生根本转变　　76

（二）提升我国产业链供应链韧性和安全水平的现实逻辑　　79

（三）提升我国产业链供应链韧性和安全水平面临的风险挑战　　82

（四）提升我国产业链供应链韧性和安全水平的重点任务　　92

第六章　制造业的核心就是创新　　95

（一）自主创新是新型工业化的根本动力　　　　　　　95

（二）以自主创新推进新型工业化进入新阶段　　　　　99

（三）以自主创新推进新型工业化面临的主要挑战　　101

（四）以增强自主创新能力推进新型工业化的策略体系　　109

第七章　把握数字化这个最大技术变量　　113

（一）数实深度融合是新型工业化发展难题的破解之道　　113

（二）数实深度融合推进新型工业化面临着新形势　　119

（三）数实深度融合推进新型工业化面临着新挑战　　122

（四）以数实深度融合推进新型工业化的总体思路与重点任务　　127

第八章　绿色转型发展是约束更是机遇　　131

（一）绿色化成为新型工业化的鲜明时代特征　　　　132

（二）绿色化为新型工业化带来新机遇和新挑战　　　138

（三）新型工业化绿色发展过程中面临的问题　　　　141

（四）加快工业绿色发展推动新型工业化的政策举措　146

第九章　开启中国制造业大航海时代　149

（一）后发国家全球化与工业化进程的演进逻辑　149

（二）全球深度调整影响新型工业化的路径机制　153

（三）全球深度调整背景下我国推进新型工业化面临新形势　157

（四）全球深度调整下推进新型工业化面临着新要求　161

（五）以高水平再嵌入全球化推进新型工业化需注重五大关系　163

3 实践篇　167

第十章　新时代新型工业化发展评价方法论　168

（一）新时代新型工业化发展评价的现实意义　168

（二）新时代新型工业化发展评价的研究基础　169

（三）新时代新型工业化发展评价维度确立和指标识别　182

（四）新时代新型工业化发展评价体系的初步构建　185

第十一章　新时代推进新型工业化的区域实践　191

（一）我国区域产业布局的演进历程　191

（二）重点领域产业合理布局呈现新成效　197

（三）以主体功能区战略引导产业合理布局面临的问题和挑战　200

（四）推动形成优势互补、高质量发展的区域产业布局政策举措　204

第十二章　新时代推进新型工业化的产业实践　207

（一）新时代面向推进新型工业化的产业结构优化升级理论　207

（二）前瞻布局未来产业　212

（三）培育壮大新兴产业   220

（四）改造升级传统产业   229

（五）巩固提升优势产业   235

第十三章　新时代推进新型工业化的企业实践   241

（一）企业是推进新型工业化的主体力量   241

（二）以建设世界一流企业推进新型工业化面临新挑战   247

（三）以建设世界一流企业推进新型工业化的策略建议   254

参考文献   259

战略篇

▷ 第一章
实现新型工业化是关键任务

党的十八大以来，习近平总书记就新型工业化发表了一系列重要讲话，作出了一系列重要指示批示。这些重要论述是习近平经济思想的重要内容，是以习近平同志为核心的党中央治国理政的实践创新和理论创新在经济领域的集中体现，是立足国情、放眼世界、引领我国未来工业化的科学理论，极大丰富和发展了我们党对工业化的规律性认识，为新时代新征程推进新型工业化、全面建设制造强国指明了正确方向、提供了根本遵循。

（一）实现新型工业化是以中国式现代化全面推进强国建设、民族复兴伟业的关键任务

2023 年 9 月，全国新型工业化推进大会召开，习近平总书记作出重要指示，新时代新征程，以中国式现代化全面推进强国建设、民族复兴伟业，实现新型工业化是关键任务。"[1] 这深刻阐明了新型工业化在推进中国式现代化中的战略定位。把握好这个定位是理解习近平总书记关于新型工业化重要论述思想精髓的关键，也是逻辑起点。党的十八大以来，党的一系列创新理论从工业化和现代化发展的一般规律、我国作为后发大国工业化和现代化的"中国式"特殊要求及世界上其他国家工业化和现代化的正反经验

1　人民日报，2023年9月24日。

教训这 3 方面，系统回答了"为什么新时代新征程必须把实现新型工业化作为关键任务"这一重大战略和时代命题。

1. 工业化是一个国家经济发展的必由之路

纵览近代世界经济发展史，综合比较中国和许多国家的经验，习近平总书记深刻指出"工业化是一个国家经济发展的必由之路"[1]。这一真理判断蕴含着两个方面的推论。其一，工业化是现代化的前提和基础。不经历工业化，就不能实现经济起飞，也就无法启动现代化。人类历史上还不存在一个不经历工业化就实现了现代化的国家。新中国成立以来，工业化是我国社会主义现代化建设取得历史性成就的核心动力。这为刚启动工业化和现代化建设的国家指明了方向和道路。其二，一个国家或地区工业化的广度和深度，决定了其现代化的进度和程度。现代化没有实现，工业化就不能停止，现代化建设越是到了关键时刻，越要坚持并依靠工业化提供强大动力。这对于中等收入国家甚至是高收入国家都具有启示和指导意义。我国已成为中等偏上收入国家，正处在迈入高收入国家的关键关口，此时，经济社会的要素禀赋、需求结构等出现一系列重大转变，对进一步发展主要应该依靠制造业还是服务业来提供核心增长动力存在很多争论。在这个关键节点上，在关乎发展路径选择的关键问题上，这一论断指引我们在全面建设社会主义现代化国家的新征程上，必须继续坚持推动工业化，把实现新型工业化作为关键任务，更好地发挥其对于社会主义现代化国家建设的核心动力作用。

社会主义现代化国家不是空中楼阁，而是要建立在坚实的物质基础之上。现代化产业体系是现代化国家的物质技术基础[2]。进一步分解来看，现代化产业体系是由现代农业、现代工业和现代服务业等各类现代产业构成的

1　人民日报，2015年12月5日。

2　人民日报，2023年5月6日。

产业体系。其中，现代工业是现代化产业体系最重要的基础和核心。这是因为工业是推动经济增长、促进技术创新、保障物质产品供给、实现绿色发展、创造高质量就业、带动其他产业升级的关键力量。从这一产业逻辑来看，推进新型工业化，加快发展先进制造业，是建设现代化产业体系的核心任务，是实现国家现代化的重要途径和重要标志。党的二十大报告将基本实现新型工业化作为 2035 年基本实现社会主义现代化的一项重要目标。因此，我们要把实现新型工业化作为关键任务，为中国式现代化奠定坚实的物质技术基础。

2. 制造业是我国经济命脉所系，是立国之本、强国之基

2023 年 2 月 8 日，习近平总书记在学习贯彻党的二十大精神研讨班开班式上强调："一个国家走向现代化，既要遵循现代化一般规律，更要符合本国实际，具有本国特色。"[1] 制造业是我国经济命脉所系，是立国之本、强国之基。我国是一个人口大国，中国式现代化的第一个特色就是人口规模巨大的现代化，这决定了我国面临的艰巨性和复杂性前所未有，发展途径和推进方式也必然具有自己的特点[2]。西方发达国家用了几百年将 10 亿左右人口带入现代化，而我国要推动 14 亿多人口整体进入现代化，其挑战是历史罕见的，这对各方面都提出了更高要求。其中，作为现代化前提和核心动力的工业化应该承担什么样的使命责任？一个国家一定要有正确的战略选择，我国是个大国，必须发展实体经济，不断推进工业现代化、提高制造业水平。因此，无论是从国家战略逻辑考虑，还是从制造业对大国的基础作用考虑，抑或是从国家安全的角度考虑，推进中国式现代化进程，都必须把实现新型工业化作为关键任务，筑牢制造业这个立国之本、强国

---

1 人民日报，2023年2月8日。

2 《习近平关于中国式现代化论述摘编》，中央文献出版社，2023年出版，第79～80页。

之基。

3. 任何时候都不能脱实向虚

2018 年 10 月 22 日至 25 日，习近平总书记在广东考察时强调，"从大国到强国，实体经济发展至关重要，任何时候都不能脱实向虚。"任何时候都不能脱实向虚的告诫是在对世界主要国家工业化和现代化发展反面教训深刻总结的基础上提出来的。第二次世界大战以来，世界主要国家的工业化发展历史中出现过两个深刻的历史教训。一个是拉美国家在工业化推行到一定阶段后没有坚持推进工业化，相反却过早去工业化了，导致国家现代化进程停滞，掉入了中等收入陷阱，至今仍未走出来。另一个是发达国家在实现了工业化和现代化后去工业化，但去工业化易，再工业化难。美国从 20 世纪 70 年代开始稳步去工业化，到 2008 年出现金融危机才意识到制造业的重要性，并意图通过再工业化重塑美国竞争力，但迄今为止推进较慢。对我们这样仍处于现代化进程中的大国而言，没有强大的、高质量发展的制造业，工业化难以实现，现代化的奋斗目标就更难以实现。因此，我们要把实现新型工业化作为关键任务，把关系国家安全、关系国计民生、关系国际竞争力的实体经济做实、做强、做优。

（二）加快制造大国向制造强国转变

习近平总书记关于新型工业化的重要论述深刻阐述了我国推进新型工业化面临的内外部形势。这些形势包括我国工业化发展所取得的历史性成就、我国工业化发展内部存在的深层次矛盾、新一轮科技革命和产业变革引发的新变革及国际产业竞争格局演变带来的新挑战 4 个方面。这 4 个方面的形势为科学把握新时代新征程推进新型工业化的历史方位，利用各方面有利条件应对各方面挑战并取得新的历史性成绩提供了重要指引。

1. 我们用几十年时间走完西方发达国家几百年走过的工业化历程

新中国成立以来，中国共产党团结带领全国各族人民自力更生，艰苦奋斗，大力推进工业化，成功探索出一条符合中国国情的工业化道路，建成了全世界最完整的现代工业体系，实现了从无到有、从小到大的跨越式发展，成为世界第一制造业大国。特别是党的十八大以来，在以习近平同志为核心的党中央坚强领导下，坚持把发展经济的着力点放在实体经济上，立足新发展阶段，贯彻新发展理念，构建新发展格局，深化供给侧结构性改革，实施制造强国战略，使我国工业化又向前迈进了一大步，正在实现工业由高速增长转向高质量发展新的历史性跨越，一些关键核心技术实现突破，战略性新兴产业发展壮大，载人航天、探月探火、深海深地探测、超级计算机、卫星导航、量子信息、核电技术、新能源技术、大飞机制造、生物医药等取得重大成果。我国工业化取得了历史性成绩，用几十年时间走完西方发达国家几百年走过的工业化历程，创造了经济快速发展和社会长期稳定的奇迹。

2. 制造业发展不平衡不充分问题仍然突出，要加快向制造强国转变

我国工业化发展中存在着不少深层次问题。一是产品质量不高。我国是制造大国和出口大国，但主要是低端产品和技术，科技含量高、质量高、附加值高的产品并不多。我国很多产品的生产能力排在全球第一，但多数产品只能满足中低端需求，不能满足日益升级的中高端消费需求，这是我国经济体系存在的重要结构性问题，也是推进供给侧结构性改革的重要起因。二是工业核心技术不强。关键核心技术是国之重器，是工业化竞争力的根本决定力量，但我国一些领域关键核心技术受制于人的局面尚未根本改变。我国的底层基础技术、基础工艺能力不足，工业母机、高端芯片、基础软硬件、开发平台、基本算法、基础元器件、基础材料等瓶颈仍然突出，亟待突破。此外，我国长期处于全球价值链的中低端以及在工业绿色

化发展等方面面临挑战。因此，我们必须坚持问题导向，全力破解发展难题，努力提升我国工业发展实力，推动我国从制造大国向制造强国、从经济大国向经济强国转变。

3. 新一轮科技革命和产业变革加速推进新型工业化进程

新一轮科技革命和产业变革正在孕育兴起，与我国加快转变经济发展方式形成历史性交汇，这将是最难掌控但必须面对的不确定性因素之一，抓住了就是机遇，抓不住就是挑战。包括工业在内的经济社会各领域都面临着类似机遇和挑战，就工业而言，主要表现在以下两个方面。一是新一轮科技革命和产业变革给我国工业化带来了巨大机遇。我国是后发国家，工业化是一个追赶过程，如果一味地按照先发国家走过的工业化道路跟随式发展，到追赶中后期很难突破发达工业国家在高技术产业、关键技术、核心部件等方面长期建立的强大壁垒，容易陷入中低端锁定陷阱。新一轮科技革命和产业变革重塑工业发展范式，可"加快制造业生产方式和企业形态根本性变革"引发制造业及其相关产业链的重大变革，由此带来的革命性变革就像"体育比赛换到了一个新场地"，可打破发达国家过去积累的优势，将大家拉到相近的起跑线上，为我国"换道"突破，甚至引领全球带来历史性机遇，从而加速推进新型工业化进程。科技革命和产业变革给众多产业带来新机遇，其中，尤其是在产业数字化和绿色化两方面带来新机遇。例如，在数字化方面，世界正在进入以信息产业为主导的经济发展时期，我们要做好信息化和工业化深度融合这篇大文章，推动制造业加速向数字化、网络化、智能化发展，人工智能是新一轮科技革命和产业变革的重要驱动力量，加快发展新一代人工智能是事关我国能否抓住新一轮科技革命和产业变革机遇的战略问题。在绿色化方面，绿色循环低碳发展是当今时代科技革命和产业变革的方向，是最有前途的发展领域，我国在这方面的潜力相当大，可以形成很多新的经济增长点。二是新一轮科技革命和产业变革给我国工业化带来了巨大挑战。这主要是因为面对科技革命和产业变革的颠覆性影响，世界主要发达国家纷纷加快发展新兴产业，加速推进数字技术同制造业深度结合，推进"再工业化"，力图抢占未来科技和产业发展制高点，一些发展中国家也加大科技投入，加速发展具有比较优势的技术和产业，谋求实现跨越发展，由此引发的激烈竞争前所未有。加上这一轮科技革命和产业变革速度更快、范围更广、程度更深、不确定性更大，对抓住变革机遇的能力要求也更高，挑战也更大。经过几十年来的不懈努力和长期积累，特别是近年来抢下"先手棋"，我国已在新一代信息技术、新能源等部分关键领域形成先发优势，比以往任何时候都更有能力和条件在这一轮科技革命和产业变革中抢占先机。我们必须紧紧抓住科技革命和产业变革的历史机遇，以强烈的危机感、紧迫感，大力推进新型工业化，提升产业体系现代化水平，牢牢把握发展主动权。

4. 国际产业分工格局发生新变化

我国工业化与全球化联系紧密。改革开放以来，我国积极融入国际大循环，深度参与全球产业分工，利用两个市场、两种资源，极大地加速了我国工业化进程。改革开放以来，我国大踏步发展的一个重要特点就是对国际市场进行充分有效的利用。建立在劳动力成本低廉优势和发达国家劳动密集型产业向外转移机会基础上的大规模出口和外向型发展，成为我国经济高速增长的重要推动力。近年来，由于国际力量对比深刻调整、全球公共卫生冲击、地缘政治冲突等叠加影响，逆全球化思潮抬头，单边主义、保护主义明显上升，持续半个多世纪的超级全球化周期出现结构性转变，世界贸易体系、全球制造业格局发生重大转变，给我国工业化发展带来新挑战。一方面，美国采取加征关税、断供高技术产品、封锁市场、限制人才流动等手段打压我国高技术产业，同时对内加快推进"再工业化"，出台振兴先进制造业的政策与法律，对外扶持东南亚、印度等新的制造中心，加快我国产业外迁转移速度，试图将我国排除在全球产业体系之外。另一方面，我国劳动力等生产要素成本上升较快，东盟等新兴经济体和其他发展中国家凭借劳动力成本和自然资源比较优势积极参与国际分工，产业和订单向外转移趋势明显，导致我国出口竞争加剧。在当前国际形势充满不稳定性、不确定性的背景下，我国必须构建"形成以国内大循环为主体、国内国际双循环相互促进的新发展格局"。工业是我国经济对外开放的核心领域，构建工业发展新格局势在必行。此外，以国内大循环为主体，绝不是关起门来封闭运行，而是通过发挥内需潜力，使国内市场和国际市场更好联通，以国内大循环吸引全球资源要素，更好利用国内国际两个市场、两种资源，提高全球配置资源能力，更好争取开放发展中的战略主动。

（三）推进新型工业化的重点任务

党的十八大以来，习近平总书记就推动工业高质量发展、建设制造强国作出了一系列重要指示。党的二十大以来，习近平总书记就推进新型工业化的重点任务多次作出重要指示，这些内容汇聚成了新时代新征程推进新型工业化的任务体系。我们必须贯彻落实推进新型工业化的重大任务，强化统筹协调，不断推进新型工业化取得新进展、新成效。

1. 提升产业链供应链韧性和安全水平

习近平总书记强调："产业链供应链在关键时刻不能掉链子，这是大国经济必须具备的重要特征。"[1] 产业链供应链安全稳定是构建新发展格局的基

1　习近平，国家中长期经济社会发展战略若干重大问题，《求是》，2020年第21期。

础。产业基础能力薄弱和产业链水平不高的问题，已经成为影响我国制造业高质量发展乃至国家经济安全的"阿喀琉斯之踵"。针对这个问题，我们可以从以下 5 个方面来解决。一是要实施产业基础再造工程，打牢基础零部件、基础工艺、关键基础材料等基础。二是要统筹推进补齐短板和锻造长板，针对产业薄弱环节，实施好关键核心技术攻关工程，尽快解决一批关键核心技术攻关问题，在产业优势领域精耕细作，搞出更多独门绝技。三是要加强顶层设计、应用牵引、整机带动，强化共性技术供给，深入实施质量提升行动。四是要力争重要产品和供应渠道都至少有一个替代来源，形成必要的产业备份系统。五是要坚定不移地维护产业链供应链的公共产品属性，保障我国产业链供应链安全稳定，以实际行动深化产业链供应链国际合作[1]。

2. 提升产业科技创新能力

习近平总书记强调："制造业的核心就是创新，就是掌握关键核心技术，必须靠自力更生奋斗，靠自主创新争取"[2]。我们要提升产业科技创新能力，一是要聚焦国家战略和经济社会发展现实需要，以关键共性技术、前沿引领技术、现代工程技术、颠覆性技术创新为突破口，探索新型举国体制新模式，打好关键核心技术攻坚战，使原创性、颠覆性科技创新成果竞相涌现。二是要加强科技创新和产业创新对接，推动各类创新要素向企业集聚，加强以企业为主导的产学研深度融合，提高科技成果转化和产业化水平，不断以新技术培育新产业、引领产业升级。三是要优化创新环境，改革人才评价机制，实施更开放的创新人才引进政策，建立健全优先使用自主创新成果的机制和政策，更好适应新时代科技创新需求。

1　人民日报，2022年9月20日。

2　新华社，习近平强调自主创新：要有骨气和志气，加快增强自主创新能力和实力，2018年10月23日。

3. 推动产业结构优化升级

习近平总书记指出："我国的制造业门类非常齐全，现在要努力的，就是全面提升，过去的中低端要向上走，布局高端。高质量发展就要体现在这里。"[1] 我们要推动产业结构优化升级，一是要改造提升传统产业，不能将传统产业当成"低端产业"简单退出，要推动先进适用技术改造传统产业，促进产业整体素质提升和产业结构优化升级。二是要培育壮大新兴产业，积极培育具有国际先进水平和竞争力的战略性新兴产业，积极培育新业态、新模式、新动能，因地制宜发展新质生产力。三是要布局建设未来产业，推动人工智能、人形机器人、元宇宙、下一代互联网、6G、量子信息、生物制造、深海空天开发等前沿技术研发和应用推广，构筑未来发展新优势。四是要巩固提升优势产业，拉长长板，巩固提升优势产业的国际领先地位，锻造一些"杀手锏"技术，持续增强高铁、电力装备、新能源、通信设备等领域的全产业链优势，提升产业质量，拉紧国际产业链对我国的依存关系，对外方人为断供形成强有力的反制和威慑能力。

4. 推动数字经济和实体经济深度融合

习近平总书记强调："做好信息化和工业化深度融合这篇大文章"[2]。在新的技术和时代条件下，推动信息化和工业化深度融合集中表现为推动数字经济和实体经济，特别是和工业深度融合。我们要促进数字经济和实体经济深度融合，一是要大力发展新一代信息技术产业。要加快发展大数据、新一代人工智能、区块链、量子等新技术、新产业；二是要加快新一代信息基础设施建设。深入实施工业互联网创新发展战略，系统推进工业互联网基础设施和数据资源管理体系建设，加快构建高速、移动、安全、泛在的新一代信息

---

1 人民日报，2023年3月6日。
2 人民日报，2016年4月26日。

基础设施，为制造业数字化转型和经济社会发展提供坚实基础和有力支撑；三是要推进新一代信息技术与制造业融合发展，充分释放我国制造大国和网络大国的叠加、聚合和倍增效应，以智能制造为主攻方向，构建形成以数据为核心驱动要素的新型工业体系，提升制造业资源配置效率和全要素生产率。

5. 推动工业全面绿色发展

习近平总书记在党的二十大报告中指出："推动经济社会发展绿色化、低碳化是实现高质量发展的关键环节。"工业是我国能源消费和碳排放的重要领域之一，必须全力推动工业绿色发展。我们要推动工业全国绿色发展，一是要推进资源高效集约利用。把节约资源贯穿制造业发展全过程、各领域，加大制造业技术改造，降低单位产品物耗和能耗，提高投入产出效率。加快构建资源回收利用体系，推动再生资源综合利用产业规范发展。二是要推动重点行业绿色低碳发展。科学把握碳达峰节奏，稳妥有序推动重点行业、重点企业碳达峰，在落实碳达峰、碳中和目标任务过程中锻造新的产业竞争优势。三是要大力发展绿色低碳产业。狠抓绿色低碳技术攻关，加快节能环保技术和产品的研发与推广应用，加快推动人工智能等新兴技术与绿色低碳产业深度融合，深入实施绿色制造工程，打造一批绿色工厂、绿色工业园区、绿色供应链，建设绿色制造体系和服务体系。四是要推进产业数字化、智能化同绿色化的深度融合。

6. 增强企业竞争和发展能力

我们要增强企业竞争力和发展能力，具体到工业领域，关键是要做好以下工作。一是要切实提升国有企业竞争力，发挥中央企业在重要产业链中的龙头中枢作用，增强科技创新力、产业控制力、安全支撑力，鼓励引导中央企业担当产业链"链主"。二是要促进民营经济发展壮大，依法保护民营企业产权和企业家权益，引导和激励民营企业家聚精会神办企业、遵纪守法搞经营，做出更多一流产品，发展更多一流产业，提高企业竞争力，帮助解决民营企业发展中的困难。三是要大力培育一批具有生态主导力和产业链控制力的制造业头部企业，"中小企业能办大事"，要培育更多专精特新中小企业、"小巨人"企业和制造业"单项冠军"企业，促进形成大中小企业专业化分工协同的网络体系。

7. 健全产业治理体系

习近平总书记强调："改革开放是当代中国大踏步赶上时代的重要法宝，是决定中国式现代化成败的关键一招。"[1] 工业是推动中国式现代化的重点领域，通过进一步全面深化改革破解深层次难题。我们要健全产业治理体系，一是要用好改革这个关键一招。坚持社会主义市场经济改革方向，推动构建全国统一大市场，深化要素市场化改革，加快数据等新型要素市场培育，引导技术、资金、人才等资源要素向实体经济特别是制造业集中集聚，为在重要领域和关键环节取得突破提供制度支撑和要素保障。二是要扩大高水平对外开放。对标国际高标准经贸规则，稳步扩大制度型开放，建设市场化、法治化、国际化一流营商环境，更高质量"引进来"。实施重点产业国际化战略，提升企业"出海"服务水平，鼓励和支持企业按照国际规则多元化布局、国际化发展，更高水平"走出去"。三是要完善产业政策。优化产业政策实施方式，强化产业政策与财政、金融、贸易、人才等政策协同。强化金融精准有效服务，深化产融合作，推动科技产业金融良性循环。建设高素质人才队伍，培养大批卓越工程师、大国工匠和更多高技能人才。完善工业和信息化法治体系，加强标准体系建设。继承弘扬"两弹一星"精神、载人航天精神、企业家精神、工匠精神等伟大精神和优良传统，凝聚起

---

1 习近平，全面深化改革开放，为中国式现代化持续注入强劲动力，《求是》，2024年第10期。

推进新型工业化的磅礴力量。

（四）推进新型工业化的方法路径

全国新型工业化推进大会于 2023 年 9 月 22 日至 23 日在北京召开，习近平总书记就推进新型工业化作出重要指示指出："新时代新征程，以中国式现代化全面推进强国建设、民族复兴伟业，实现新型工业化是关键任务。要完整、准确、全面贯彻新发展理念，统筹发展和安全，深刻把握新时代新征程推进新型工业化的基本规律，积极主动适应和引领新一轮科技革命和产业变革，把高质量发展的要求贯穿新型工业化全过程，把建设制造强国同发展数字经济、产业信息化等有机结合，为中国式现代化构筑强大物质技术基础。"这一重要指示明确了新时代新征程推进新型工业化的方法路径，科学回答了"新时代新征程应如何推进新型工业化"这一重大命题。我们要牢牢掌握和自觉运用其中的科学世界观和方法论来指导实践，提升干事创业的能力本领，更好地推进新型工业化乘风破浪、行稳致远。

1. 全面加强党的领导

回望过去，我国工业化取得的历史性成就是在党的领导下取得的。展望未来，站在新的历史起点上，实现工业由大到强的历史性跨越本身就是一个十分艰巨的历史过程，加上当今世界正处于百年未有之大变局，世界之变、时代之变、历史之变加速演进，难以预料的风险挑战正在加大。要坚持把党的全面领导贯穿推进新型工业化的全过程各方面，确保新型工业化始终沿着正确的方向和道路阔步前进。

2. 完整、准确、全面贯彻新发展理念

坚持新发展理念是关系我国发展全局的一场深刻变革。党的十九大强调，推进新型工业化要全面贯彻新发展理念。新型工业化是新发展理念在

工业领域的生动实践。坚持把创新作为第一动力，建立强大的产业科技创新生态，更多依靠深度的原始创新、大规模的产业创新，为新型工业化提供充足动力。坚持把协调作为内生需要，推动实现东中西部、数字经济和实体经济、传统产业和新型产业、大中小企业间协调发展。坚持把绿色作为普遍要求，使工业化与资源环境承载能力相匹配、与"双碳"目标要求相适应；坚持把开放作为必由之路，在保障开放条件下产业链供应链安全的同时，提升对外开放水平，提升企业、产业的国际化水平，提升产品和服务的全球竞争力。坚持把共享作为根本目的，以人民为中心，在高水平的工业化进程中，创造更多物质财富，逐步实现共同富裕。

3. 坚持把高质量发展的要求贯穿新型工业化全过程

高质量发展是全面建设社会主义现代化国家的首要任务，是各行各业推动发展的基本要求。我们要推动工业发展质量变革，深化工业供给侧结构性改革，全面提升工业供给质量，推动工业从全球价值链中低端向中高端迈进，实现中国速度向中国质量转变、中国产品向中国品牌转变。推动工业发展效率变革，提升劳动力技能，加快产业结构优化升级，推动产业组织变革重塑，加快制造业高端化、智能化、绿色化、融合化发展，既要全面提升劳动、资本等单要素生产率，又要注重提高制造业全要素生产率，缩小与美国、德国等工业强国之间的效率差距。推动工业发展动力变革，全面提升产业科技创新能力，实现从基于低成本比较优势的要素驱动向基于高水平自立自强的创新驱动转变、从中国制造向中国创造转变。

4. 坚持走符合中国国情的新型工业化道路

推进新型工业化，既要坚持全球视野，遵循世界工业化发展的一般规律，充分吸纳借鉴各国发展经验，又不能简单照搬西方工业化发展模式。我们既要深刻认识到我国推进新型工业化需要处理的任务、协调的矛盾更多，艰巨性和复杂性前所未有，又要看到我国的超大规模市场优势、人才优势、制度优势等有利条件。新时代新征程的新型工业化既不同于发达国家工业化后期的发展道路，又不同于我国"传统工业化"的发展道路，还不同于我国工业化中期、快速追赶期、全球化大发展期及信息化初级阶段历史方位下的"新型工业化"，其具有全新的内涵、特征和要求。我们要积极在新的历史和技术条件下探索符合我国国情的新型工业化发展道路，为破解全球发展难题、促进文明互学互鉴贡献中国方案和中国智慧，为世界工业化实践史、理论史提供类似美国福特生产方式、日本丰田生产方式的具有范式意义的划时代贡献。

5. 推动新型工业化、信息化、城镇化、农业现代化同步发展

我国现代化同西方发达国家有很大不同。西方发达国家是一个"串联式"的发展过程，工业化、城镇化、农业现代化、信息化顺序发展，发展到目前水平用了200多年。我们要后来居上，把"失去的200多年"找回来，这决定了我国发展必然是一个"并联式"的过程，工业化、信息化、城镇化、农业现代化是叠加发展的。我国进入了新型工业化、信息化、城镇化、农业现代化同步发展、并联发展、叠加发展的关键时期，因此要从"四化同步发展"的角度协同推进新型工业化，特别要推动工业化和信息化深度融合，把建设制造强国与发展数字经济、产业信息化等有机结合，发挥协同、叠加、倍增效应，加快实现中国式现代化。

6. 牢牢把握"五个坚持、五个避免"的推进原则

一是坚持以实体经济为重，防止脱实向虚，加快建设以先进制造业为骨干的现代化产业体系。二是坚持稳中求进、循序渐进，不能贪大求洋。三是坚持三次产业融合发展，避免服务业与制造业割裂对立，推动先进制造业和现代服务业融合发展。四是坚持推动传统产业转型升级，传统产业

体量大，在制造业中占比 80%，是现代化产业体系的基础底座，不能把传统产业当成"低端产业"简单退出，要利用先进适用技术改造、提升传统产业。五是坚持开放合作，越是面临封锁打压，越不能搞自我封闭、自我隔绝，要坚定不移深化改革、扩大开放，加强产业链供应链开放合作，在开放竞争中实现不断进步。我们要准确把握这些重要原则，更好统筹发展和安全，把新型工业化的路走得更稳、更扎实。

7. 强化系统观念、一体推进

推进新型工业化，要坚持系统观念，加强对各领域发展的前瞻性思考、全局性谋划、战略性布局、整体性推进。要完善党委（党组）统一领导、政府负责落实、企业发挥主体作用、社会力量广泛参与的工作格局，做好各方面政策和要素保障，汇聚起推进新型工业化的强大力量。推进新型工业化是一个系统工程，只有统筹谋划、综合施策，充分调动各方面力量，才能有效应对各种困难挑战，不断取得新的胜利。

当前，世界百年未有之大变局加速演进，新一轮科技革命和产业变革深入发展，全球产业结构和布局深度调整，大国竞争和博弈日益加剧，世界进入新的动荡变革期。我国工业化面临新形势、新任务，机遇与挑战并存。我们要坚持用习近平新时代中国特色社会主义思想坚定信心、锤炼党性、指导实践、推动工作，深入学习贯彻习近平总书记关于推进新型工业化的重要论述，扎实推进新型工业化，为以中国式现代化全面推进强国建设、民族复兴伟业作出新的贡献。

第二章

新型工业化的战略演变

从我国 20 多年新型工业化战略的历史演进来看，新型工业化不是一成不变的僵化战略，而是内嵌前沿科技、承载时代任务、引领未来发展的中国特色工业化战略，是一个与时俱进的历史过程，也是一个基于中国国情的、极具中国特色的工业化战略。与 20 多年前首次提出新型工业化相比，当今世界在变，时代在变，历史在变，新型工业化的内涵和特征、主要任务、实现路径等也应有所调整。

（一）新型工业化战略部署的演进历程

早在 2000 年，党的十五届五中全会就提出了新型工业化的基本思想。党的十五届五中全会公报提出："继续完成工业化是我国现代化进程中的艰巨的历史性任务，大力推进国民经济和社会信息化，是覆盖现代化建设全局的战略举措。以信息化带动工业化，发挥后发优势，实现社会生产力的跨越式发展。"公报虽然没有直接提出"新型工业化"概念，但从两方面为新型工业化的正式提出做了准备。第一，提出了新型工业化的核心思想。公报实际上提出了并联推动工业化、信息化，以信息化带动工业化等战略思想和安排。这些正是党的十六大提出的新型工业化战略的重要内涵。第二，指出了工业化和信息化的定位。两者都是实现社会主义现代化的重要途径，是关乎社会主义现代化建设全局的关键任务。

2002 年，党的十六大首次正式提出新型工业化战略。这个战略概括起来就是"坚持以信息化带动工业化，以工业化促进信息化，走出一条科技含量高、经济效益好、资源消耗低、环境污染少、人力资源优势得到充分发挥的新型工业化路子。"新型工业化从此成为我国社会主义现代化建设的重要战略部署，此后历次中国共产党全国代表大会都强调坚持推进新型工业化。党的十六大不仅首次提出了新型工业化战略，还明确提出了新型工业化的定义，形成了"1 条战略主线 +5 个特征要求"的内涵体系。其中，"1 条战略主线"是指推动工业化和信息化两者并联发展的现代化道路，并指明了两者的关系是"以信息化带动工业化，以工业化促进信息化"。相较于党的十五届五中全会的提法，党的十六大补充了"以工业化促进信息化"，这进一步明确了工业化在两者并联发展道路中的地位和作用，继而补充完善了工业化和信息化之间相互促进的辩证关系。"5 个特征要求"即"科技含量高、经济效益好、资源消耗低、环境污染少、人力资源优势得到充分发挥"。这 5 个特征要求体现了党中央对进入新世纪后我国经济发展战略的总体部署，主要是发展动力上要更多依靠科技驱动，发展模式上要从粗放走向集约高效绿色发展，支撑力量上要充分发挥好人力资源等要素优势。

党的十六大首次提出新型工业化战略后，2002—2004 年，我国政策界和理论界出现了一轮关于新型工业化之所以"新"的大讨论。总的来看，当时的讨论提出了"两新论"。一个是相对于发达工业国家走过的工业化道路是新的。例如，我国可以走工业化与信息化"并联发展"道路，而发达国家走的是先工业化、后信息化的"串联发展"道路。再如，我国必须走资源环境友好型发展道路，而发达国家走的是先污染后治理的工业化道路。另一个是相对于我国传统的工业化道路是新的。我国要推进的工业化必须是科技含量高、经济效益好的集约型工业化道路，是人力资源优势得到充分发挥的工业化道路，过去是传统的粗放型工业化道路。新型工业化的"两新论"构成了我国认识和理解新型工业化概念、内涵乃至政策演变的逻辑主线，其影响持续至今。

2007年，党的十七大进一步强调坚持走中国特色新型工业化道路。党的十七大报告一方面延续了从现代化全局角度部署新型工业化的战略思路，另一方面进行了两个边际调整。一是增加了"中国特色"4个字，强调要"坚持走中国特色新型工业化道路"。二是明确提出了要"大力推进信息化与工业化融合"，这在过去关于推动信息化和工业化"并行发展"的基础上，进一步提出了"融合发展"，是对两者辩证关系的再次深化理解。2008年，为更好引领和推进新型工业化，做好信息化和工业化深度融合这篇大文章，国家推动成立了工业和信息化部。推进新型工业化是工业和信息化部的"立部之本"和必须持续推进的总体战略。

2012年，党的十八大重塑了新型工业化的战略内涵。党的十八大报告指出："坚持走中国特色新型工业化、信息化、城镇化、农业现代化道路，推动信息化和工业化深度融合、工业化和城镇化良性互动、城镇化和农业现代化相互协调，促进工业化、信息化、城镇化、农业现代化同步发展。"与党的十六大、党的十七大相比，党的十八大是关于推进新型工业化战略安排的一次重大转变。这一转变主要表现为新型工业化从社会主义现代化的全局概念集中到工业现代化上。在此之前，工业化和信息化是国家现代化的两条主要路径，两者的并联发展、融合发展就是中国特色的新型工业化，此时的新型工业化基本等同于社会主义现代化，都是指推动国家经济从不发达到发达的过程，是广义概念。党的十八大提出"四化同步发展"的战略，重新定义了社会主义现代化建设的总体架构，认为经济现代化的路径包括新型工业化、信息化、城镇化和农业现代化4个方面。这是中国社会主义现代化建设中的一次重大理论和实践创新，对"四化"中的每一"化"来说都是重大变革，也都具有重大意义。就新型工业化而言，它不仅把信息化从新型工业化中独立了出来，还把新型工业化从基本等同于现代化的广义概念具体到工业领域，变为工业现代化，由此形成了更加聚焦的新型工业化战略。与现代化全局下的新型工业化相比，"四化同步"中的新型工业化没有弱化或改变其在国家现代化进程中的核心动力和物质技术基础供给者的重要地位，还因其更加聚焦工业现代化而使其对的工业本身的高质量发展更具指导性。

党的十九大报告进一步明确了新型工业化发展必须坚持的指导原则。党的十九大报告继续坚持党的十八大提出的新型工业化道路，强调"坚持新发展理念……推动新型工业化、信息化、城镇化、农业现代化同步发展"。这一次在新型工业化之前增加了"坚持新发展理念"，实质上是明确了新型工业化的指导原则，即坚持创新是第一动力，协调是内生特点，绿色是普遍形态，开放是必由之路，共享是根本目的。坚持新发展理念是关系我国发展全局的一场深刻变革，新型工业化是新发展理念在工业领域的生动实践，推进新型工业化，必须完整、准确、全面贯彻新发展理念，把高质量发展的要求贯穿新型工业化全过程。

党的二十大报告明确了新时代新征程新型工业化的内涵和要求、战略目标。直接来看，党的二十大报告关于新型工业化的战略部署有两方面变化。一是明确了新时代新型工业化的内涵和要求。在现代化产业体系建设中，党的二十大报告明确提出："坚持把发展经济的着力点放在实体经济上，推进新型工业化，加快建设制造强国、质量强国、航天强国、交通强国、网络强国、数字中国。"这坚持了党的十八大以来新型工业化是工业现代化的聚焦战略，还在事实上提出来建设制造强国，实现工业由大到强是新时代新征程新型工业化的基本内涵和重要要求。二是提出了新时代新型工业化的战略目标。2020年在实现第一个百年奋斗目标的时候，中国已经基本实现工业化，完成了党的十六大提出的目标。接续这个目标，党的二十大提出了新时代新征程我国工业化的总体目标是到2035年"基本实现新型工业化"，以及基本实现"四化同步发展"。

比较来看，党的二十大是新型工业化战略的又一个重要转折点。尽管党的十八大把新型工业化聚焦到了工业现代化，但新型工业化的主要内涵仍旧是工业化和信息化深度融合，新型工业化政策的"四梁八柱"没有进一步明确。党的二十大以来，习近平总书记多次就推进新型工业化作出重要部署，特别是2023年首次召开的全国新型工业化推进大会，推动形成了新时代新征程新型工业化的战略框架，包括从提升产业链供应链韧性和安全水平、提升产业科技创新能力、推动产业结构优化升级、推动数字经济和实体经济深度融合、推动工业全面绿色发展等，从此推进新型工业化有了清晰的顶层设计。

（二）新时代新征程新型工业化的新安排、新部署

1. 新时代新征程的新型工业化是新的历史阶段下高水平的工业化

党的十六大首次提出新型工业化战略时，我国刚进入工业化中期，2002年我国GDP规模为12.17万亿元，世界排名第六，工业增加值为4.78万亿元，世界排名第三。此时我国工业化的主要问题是工业规模不够大，工业发展方式粗放，工业结构不合理，传统工业化发展道路难以为继，历史机遇是信息革命迅猛发展和全球化高歌猛进。在这一形势下，新型工业化的历史任务是快速推进工业化，做大工业规模，以高速工业化推动经济发展，赶上发达工业国家，主要路径是同步推进工业化和信息化，以信息

化带动工业化，以工业化促进信息化，走新型工业化道路。到2020年，在实现党的第一个百年奋斗目标之际，我国工业化进程发生了巨变，已经从工业化中期进入到基本实现工业化的历史阶段，并连续10年保持世界第一制造大国的地位，是全世界唯一拥有完整工业体系的国家。我国仅用几十年时间就走完了发达国家几百年走过的工业化历程，创造了人类工业化历史上的奇迹。进入新发展阶段，我国工业化面临新形势，主要表现为传统要素红利日益减弱，资源环境等刚性约束越来越多，全球生产格局、要素结构、产业组织深刻调整带来的挑战更加严峻等，主要问题是工业化发展中的不平衡不充分问题依然存在，历史机遇是信息革命进入数字化、智能化高级阶段。适应新形势新要求，新时代新型工业化必须肩负新的历史任务，即推动中国从基本实现工业化走向全面实现工业化，推动工业技术、企业、产品、服务、质量、效率等全面达到世界先进水平，实现由大到强的历史性跨越，这在本质上是一个高水平的工业化历史过程，主要路径也必须因势而变。我国亟须加快探索形成新的动力机制、工作主线、要素组合、依靠力量、推进路径等，推动实现全面工业化。

2. 新时代新征程的新型工业化是新的外部条件下内需导向、内外协同、安全韧性的工业化

党的十六大首次提出新型工业化战略时，正是新一轮制造业国际转移加速发展、全球化纵深推进的黄金期。此时全球政治、经济格局相对稳定，产业链供应链相互嵌套、相互依赖是效率的源泉，也是各国的主动选择。导致产业链供应链出现安全问题的因素主要是自然灾害或个别企业破产等偶然的、局部的冲击，并不存在全局性、系统性安全隐患。在这种稳定透明、高确定性背景下推动新型工业化，融入全球分工体系、承接产业转移、采取出口导向的策略是顺应国际大势的正确决策。这也为我国工业化快速推进提供了强大驱动力，形成了"两头在外，大进大出"的工业发展格局。经过 20 多年的发展，全球政治和经济形势发生巨大变化，地缘政治冲突等系统性、全局性外部冲击持续增多，不稳定、不确定性日益凸显。一是美国全力遏制打压我国先进制造业，重点产业链供应链安全风险快速增大。近年来，美国将我国视为头号战略竞争对手，联合盟友针对我国先进制造业进行无底线遏制打压，大搞"小院高墙""脱钩断链"，企图将我国产业锁定在价值链中低端。我国作为后发国家，产业基础能力弱，部分领域关键核心技术受制于人，断供风险大，如集成电路产业的光刻机、人工智能领域的高端计算芯片等仍大量依赖进口。芯片 80% 以上依赖进口，离散型制造大型企业 90% 以上采用国外传感器和可编程控制系统，计量和测量仪器大部分由国外进口，90% 以上的高端工业软件被国外垄断。产业链供应链安全和韧性问题成为新时代新征程推进新型工业化必须解决的关键问题。二是全球制造业增长放缓，我国工业化的外部需求动力显著减弱。上一轮超级全球化接近结束，全球制造业进入下行周期，1990—2008 年，全球贸易增长率达到全球经济增长率的 1.5 ~ 2 倍，2009 年以来其下降至原来的 50% 左右，如今全球制造业增速中枢下降至 2.35%，降至 20 世纪 70 年代以来的最低值。外需不足成为我国工业化增速换挡的重要原因。三是部分产业外迁压力日益增大。受要素成本上升、资源环境约束加大、发达国家再工业化、东南亚等发展中国家工业化加速、中美经贸摩擦升级等多重因素的叠加影响，我国制造业出现加速外迁现象。目前我国外迁行业主要集中在服装、家具等劳动密集型产业，2012 年以来这些行业陆续向东南亚国家转移，如我国服装出口额占全球的比重从 2016 年的 35.5% 下降至 2020 年的 30.6%。电子信息制造业等高技术制造业中的劳动密集型加工制造环节外迁也比较普遍，2018 年以来进一步加快，如我国手机产量在全球中的占比由 2016 年的 75% 逐年下降至 2021 年的 67.4%，与此同时，印度与越南的手机产量不断攀升。同时，我国国内市场正在不断壮大，持续发展的确定性因素和有利条件增多。我国有 14 亿多人口和 4 亿多中等收入群体，人均国内生产总值已接近 1.3 万美元，超大规模内需市场形成，应用场景丰富。因此，在外部冲击大、不确定性高的环境下推进新型工业化，必须把握总体国家安全观，高水平统筹发展和安全，积极融入和服务新发展格局构建，推动从过去以出口导向、两头在外、大进大出为主要特征的工业发展格局转变为以内需导向、内外协同、安全韧性为主要特征的工业新发展格局。

3. 新时代新征程的新型工业化是新的竞争环境下科技自立自强的工业化

党的十六大首次提出新型工业化战略时，就提出了"科技含量高"的要求。此时的科技含量高泛指产品要有技术含量，生产要更多依靠技术要素赋能，但对科技来源没有提出具体要求，对科技含量水平的要求也因我国距离技术前沿较远而没有达到原始创新的高度，加上当时全球技术来源开放多元，获得一般性适用技术的门槛不高，科技自主发展的压力和动力均不大。当前全球科技和竞争环境发生巨变，促使我国推动新型工业化必须把科技自主发展作为核心动力。一是与更高水平工业化的目标相适应，必须全力推进原始创新和核心技术突破。当前我国工业化正向高端迈进，越来越多的领域到了与发达国家高端领域正面竞争的关键时刻，胜出的优势是核心领域实现技术突破，打破发达国家的技术壁垒，抢占更多前沿领域"无人区"。因此必须依靠强大的基础研究能力，并自主开展原始创新。二是技术引进面临前所未有的困难局面，不得不强化自主发展。即使在相对开放的全球化条件下，技术引进也有天花板。美国等发达国家的核心技术是其立身之本，不会也不可能转让。习近平总书记多次指出"关键核心技术是要不来，买不来，讨不来的"[1]。2018年开始，美国对我国发动贸易战，采取科技脱钩、技术封锁、重拾产业政策等行动，意图阻止我国高技术发展和产业升级，守住美国科技领先优势，维护美国产业链供应链安全和全球霸权地位。中美竞争和冲突是结构性的，会长期存在，只有在我国完成技术追赶，实现核心技术去依附后才会真正消失。只有依靠自主创新，把关键核心技术掌握在自己手中，才能从根本上保证国家经济安全、国防安全和其他安全。三是我国已经具备相当的科技力量，开展自主前沿探索已成为可能。经过多年发展，我国在自主知识产权、研发创新环境等方面取得突破性进展，基础研究领域整体实力显著加强，在量子信息、脑科学等前沿方向已经取得一批重大原创成果，5G、人工智能等重大科技成果逐步形成产业化优势，进行自主创新的基础日益坚实。总体来讲，进入新时代必须坚持把创新作为第一动力，加快自主发展，把打造基于高水平科技自立自强的竞争优势作为新时代新征程推进新型工业化的核心动力。

4. 新时代新征程的新型工业化是新的科技革命和产业变革下数字经济和实体经济深度融合的工业化

党的十六大首次提出新型工业化战略时，明确要求"以信息化带动工业化，以工业化促进信息化"。这是新型工业化的本质特征，也是推进新型工业化的主要途径，并发展成为战略主线，在后续的战略和政策中得到不断坚持和发展。如党的十七大提出两化融合，党的十八大提出两化深度融合，党的十九大强调大力推进互联网、大数据、人工智能和实体经济深度融合，党的二十大要求促进数字经济和实体经济深度融合。对比20多年间新型工

---

1 习近平，努力成为世界主要科学中心和创新高地，《求是》，2021年第6期。

业化在这一方向上的政策演进可以发现，虽然历次中国共产党全国代表大会对信息化和工业化融合的战略表述略有差异，但本质没有变，是一脉相承的。这个不变的"脉"就是通过数字世界和物理世界的全面深度融合，利用工业化的需求牵引和信息化的供给驱动形成双重动力，推动工业化和信息化快速同步实现。同时也要看到，信息化是创新最活跃、变革最迅猛的一场革命，其已经从20多年前的初级阶段发展到了高级阶段，人工智能等新的数字技术蓬勃涌现，赋能能级发生巨变，推动着信息化与工业化融合的基础、范围、深度、速度等发生新的变化。在信息化与工业化融合的基础方面，从有限连接转变为泛在互联。过去仅有部分设备、业务流程实现了数字化改造和初步互联，以单设备、单系统数字化为标志。如今，随着5G、物联网等连接技术的发展普及，感知终端与数据采集设施的广泛部署，我们可以支持实现全要素、全产业链、全价值链的全面连接，加快了信息传递和资源共享。在信息化与工业化融合的范围方面，从局部优化转变为全局协同。过去信息技术与制造业的融合主要发生在价值链的单个环节，发生在局部。如今，基于泛在互联与深度集成，我们可在企业内实现研发、生产、管理等不同业务的协同，从而在企业整体层面探索最优运行效率；在企业外可以实现各类生产资源和社会资源的协同，从而使产业链乃至产业生态层面驱动配置效率达到最优。在信息化与工业化融合的深度方面，从辅助决策转变为智能决策。过去信息化、自动化对信息的利用停留在沟通共享、简单统计分析层面，是辅助决策的工具。如今，基于泛在感知形成海量工业数据，将工业模型与数据科学融合，可以形成新的产业洞察，并能将决策结果自动反馈作用于设备、产线、企业等各领域，构建起一个从数据、信息、知识、决策到反馈控制的闭环，可以极大地提升决策水平。在信息化与工业化融合的速度方面，从滞后分析转变为动态敏捷。

过去在信息化和自动化的支撑下，企业内的信息沟通实时性不够。如今，基于数据的高效集成，我们可以打通企业内外的壁垒和障碍，提升企业对市场的响应速度和产品交付速度。同时，我们通过对物理系统的精准描述与虚实联动，建立数字孪生，能够在线实时对物理系统的运行进行分析优化，使企业始终在最优状态运行。"泛在互联、全局协同、智能决策、动态敏捷"既是新的技术经济条件下信息化与工业化融合的新特征，又是数字化在推进新型工业化的过程中能够发挥更大作用的力量根源。例如，数字化除了可以在企业内部更好更快地提升研发、生产、管理等的效率，还可以推动企业全面绿色发展，提升产业链供应链安全、韧性和竞争力，甚至还可以通过带动并支撑产业裂变升级，为破解先进装备、工业软件等受制于人的局面提供机会窗口，助力实现产业基础高级化。适应新时代两化融合新的规律，必然要求采用新的方法论、推进手段和实施路径来促进两化融合进程健康、有序、全面、深入地发展。

5. 新时代新征程的新型工业化是新的环境约束下全面绿色发展的工业化

绿色低碳是新型工业化的生态底色和普遍要求。党的十六大提出新型工业化时，明确要求"资源消耗低、环境污染少"。其时代背景是进入21世纪，中国正处在经济高速增长和重化工业加快发展的历史阶段，粗放型工业扩张模式给自然生态带来巨大压力，工业污染和生态破坏总体呈加剧趋势。虽然"九五"时期我国明确了"一控双达标"的思路，但环保工作基本处于"有总量无控制"的状况，约束和治理效果有限。进入新发展阶段，新型工业化发展面临新约束、新形势，要求把全面绿色发展推到新的高度。一是落实"双碳"行动，提高了约束的紧迫性和刚性。当前的工业温室气体排放占全国总量70%，碳达峰和碳中和要求当前工业发展必须从能源和生产方式层面进行更加彻底的绿色化改造。二是摆脱传统能源对外依赖的需求更加迫切。2021 年，我国一次能源消耗量达 158 艾焦，占世界总量的 26.5%，其中石油、天然气对外依存度分别达 72%、45%。近年来，特别是俄乌冲突以来，全球能源格局深刻动荡，必须加快绿色发展，尽早摆脱能源对外依赖状况。三是资源环境承载能力已经达到或接近上限。工业仍是主要污染物减排的重点领域，工业源二氧化硫、氮氧化物排放量分别约占全国污染物排放总量的 80% 和 40%。国际能源署研究表明，原料用能、高品位热力等领域的可再生能源替代实现难度较大。我国是世界第一制造大国，大国工业化继续深化，对资源环境的压力会进一步增强。绿色发展不仅是发展约束，还是我国产业变革重塑和实现跨越式追赶的契机。例如，借助绿色技术变革，我国新能源汽车已成功实现追赶，同时光伏、风能、电池及输配电等新能源技术产业也实现了突破，工业互联网等数字技术和新型基础设施等则为产业节能降耗提供了新途径。总体来讲，新时代新型工业化必须把全面绿色发展作为内在要求甚至是必要条件，在严格把牢碳排放硬约束，稳步有序推动工业可持续健康发展和碳达峰、碳中和战略目标实现的同时，把握能源变革、产业动力变革中的"换道"契机，牵引更多产业实现追赶与突破。

6. 新时代新征程的新型工业化是新的资源禀赋下要素高效协同的工业化

党的十六大首次提出新型工业化战略时，明确要求"人力资源优势得到充分发挥"。这是对当时我国工业化发展比较优势、要素条件等综合考虑的正确决策。2002 年，美国、日本、德国等发达工业国家制造业从业人员平均小时工资分别为我国的 23 倍、25 倍、27 倍，我国劳动力具有极大的比较优势，构成了当时我国工业化快速发展的核心动力。到了 2020 年，我国制造业从业人员平均工资与主要发达工业国家之间的差距已缩小到 10 倍以内，同时越南、印度等国家制造业从业人员工资更低，相关数据表明，越南等国制造业从业人员工资大致相当于当前我国的 1/2，约为美国、日本等发达工业国家的 1/20，这一差距与 15 ～ 20 年前我国与发达工业国家的差距近似，劳动力比较优势相较于我国更加明显。同时，我国的生产要素结构正在发生巨变，孕育着新型工业化高质高效发展的巨大能量。一是传统要素加快升级，我国劳动力素质和结构正发生较大变革，预计到"十四五"期末，全国 15 岁以上人口平均受教育年限能够提高到 11 年以上，高等教育毛入学率预计达到 55% 以上，高水平人才、复合型人才数量稳步增长；金融要素供给深刻重组，金融领域的体制机制改革深入推进，更好地服务制造强国建设。二是数据新要素价值稳步释放。数据是数字时代的关键生产要素。我国数字化发展能力持续增强，数据资源优势明显，2023 年我国数据产量达到 32.85ZB（泽字节），预计到 2025 年，我国数据体量将超过美国，成为世界数据资源第一大国。同时，数据驱动的工业发展新模式正稳步增长，我国工业领域的数据存储量占比为 40.75%，对工业的经济贡献度约为 0.16%，未来数据要素潜力巨大。三是多要素高效协同驱动。在越来越多的领域，数据流正牵引资本流、人才流、技术流，促进资源优化配置。我国已有 48.79% 的企业利用积累的信息和数据来协助企业决策，50.93% 的企业鼓励员工应用数据分析结果来指导研发生产和管理经营，提升生产经营效率。新时代推进新型工业化，必须适应我国生产要素结构变革规律，构建以数据要素优势为牵引，科技、资本、人力等要素高效协同、结构合理的新要素组合，赋能新型工业化高质高效发展，提升工业全球竞争优势。

7. 新时代新征程的新型工业化是新的竞争环境和产业组织条件下企业主体活力足、竞争力强的工业化

工业发展归根结底要靠企业，企业强才能工业强。党的十六大提出推进新型工业化战略时，我国现代企业制度刚建立起来不久，企业规模总体较小，企业实力普遍较弱，但处于快速成长壮大的时期。当时，推进新型工业化没有对微观企业主体承担的使命任务提出明确要求。经过20多年的发展，我国已经形成了一大批顶天立地的大企业和铺天盖地的中小企业，创业创新蔚然成风，一批平台企业、"独角兽"企业蓬勃兴起。但也要看到，我国领军企业的创新能力、盈利能力等远低于美国企业，如在世界500强企业中，美国制造业入围企业平均利润约是我国相应企业的4.9倍。因此，新时代推进新型工业化，必须把企业主体作为关键力量，把提升企业能力和竞争力摆在重要位置。一是我国企业在全球产业分工和竞争格局中的位置在变，要求企业主体具备综合竞争能力。长期以来，我国企业在全球生产体系中主要集中在制造环节，产品研发和市场销售两头在外，造成了能力结构单一、创新能力和市场能力明显不足等缺陷。随着我国企业努力向全球产业链高端攀升，企业参与全球竞争成为"必修课"，加上内需导向的产业循环体系加速构建，给我国企业补齐创新能力和市场能力不足的短板提供了压力和机遇，企业只有加快补足自生能力、应变能力和抗风险能力等韧性和综合竞争力，才能成长为世界一流企业，支撑新型工业化顺利实现。二是主导产业组织形态在变，要求企业积极打造平台能力和生态竞争力。过去20多年，微观市场主体从传统企业组织向平台型组织变革，数字平台企业成为要素集聚的中心、资源配置的枢纽、利润汇集的核心，同时围绕平台涌现出大量互补企业，推动形成了新的产业生态。这场席卷全球的产业组织革命系统地改变了产业的资源配置方式、市场结构、企业组织、商业模式、就业形态等，也重塑了企业竞争力的根基，甚至成为一个国家或地区整体竞争力的决定因素和重要标志。近年来，这场划时代的产业组织革命正加速向工业领域延伸，我国企业可以顺应产业组织变革趋势和规律，凭借有利于平台企业成长的基础设施、市场和技术优势，率先在工业领域培育出更多具有全球竞争力的数字平台企业和互补企业，形成新的工业生态体系，为面向未来发展的新型工业化提供强大的依靠力量。新时代推进新型工业化，是国际竞争环境变化和组织形态变革背景下的工业化，企业作为新型工业化使命的最终承担者，其作为微观主体的质量和能力决定了新型工业化进程的成败，因此，新时代新型工业化战略必须对培育强韧、具有竞争力的企业主体提出新要求。

综合分析，与党的十六大提出的新型工业化内涵相比，新时代新征程的新型工业化应是坚持党的全面领导，立足新发展阶段、贯彻新发展理念、构建新发展格局，以全面实现工业化为历史任务，以新一代信息技术和工业深度融合为战略主线，以高水平科技自立自强为核心驱动力，以绿色发展为必要条件，以数据带动科技、资本、人力协同为要素组合，以充满活力和竞争力的微观主体为依靠力量，以产业安全韧性为发展保障，推动全要素、全产业链、全价值链深度变革和高效协同，建成创新驱动、内需导向、内外协同的现代化工业循环体系，提升产业发展质量、结构、效益和安全水平，实现工业由大到强、达到世界先进的高水平工业化过程。

新时代新型工业化这一内涵完整系统，包含着"11353"体系架构。第一个"1"是指"根本保障"，即坚持党的全面领导。第二个"1"是指一条战略主线（对党的十六大提出的"以信息化带动工业化，以工业化促进信息化"这一两化融合主线的继承和发扬），即适应两化融合发展到高级阶段的新规律，推动新一代信息技术和工业全面深度融合。"3"是指新时代的3个"发展新要求"，即立足新发展阶段，承担全面实现工业化的新的历史任务；贯彻新发展理念，并将其作为根本指导原则；服务新发展格局，把建成内需导向、内外协同的现代化工业循环体系作为总的路径选择。"5"是指新时代推动工业经济高质量发展的五大任务（对党的十六大提出的"科技含量高、经济效益好、资源消耗低、环境污染少、人力资源优势得到充分发挥"5个方面的继承和发展），即高水平科技自立自强（新动力）、全面绿色发展（新条件）、多要素高效协同（新要素）、企业竞争力强（新主体）、产业安全有韧性（新保障）。"3"是指3个发展目标，过程目标是全要素、全产业链、全价值链深度变革和高效协同；综合目标是产业发展质量、结构、效益和安全水平显著提升；最终目标是实现我国工业由大到强、达到世界先进，从而完成为建成社会主义现代化强国提供坚实的物质技术基础的重大使命。这一内涵任务体系与2023年全国新型工业化推进大会提出的政策体系总体一致。

与党的十六大首次提出的新型工业化战略相比，新时代新型工业化的内涵和特征既有不变的地方，如两化融合的主线没有变，对高科技、高效益、低能耗、少污染、充分发挥要素作用等的要求没有变，但也因为发展阶段、发展形势等的巨变而具有了许多新特征、新要求，如历史任务在变，工业循环体系和格局在变，两化融合的方法论和实施路径在变，更强调科技自立自强，更注重全面绿色发展，更关注产业链供应链安全和韧性提升，更要求企业必须具备全球竞争力等（见表2-1）。

表2-1　党的十六大提出的新型工业化和新时代新型工业化内涵比较

	党的十六大新型工业化内涵	党的二十大新型工业化内涵	变革情况
根本保障	坚持党的全面领导	坚持党的全面领导	不变
历史任务	做大工业规模，快速推进工业化	全面实现工业化，实现工业由大到强、达到世界先进	调整升级
指导原则	无	新发展理念	新增
战略主线	坚持以信息化带动工业化，以工业化促进信息化	推动信息化与工业化深度融合	调整升级
路径选择	出口导向、大进大出、两头在外的发展格局	内需导向、内外协同、安全韧性的工业新发展格局	调整升级

	党的十六大新型工业化内涵	党的二十大新型工业化内涵	变革情况
发展特征	科技含量高	高水平科技自立自强	调整升级
	经济效益好	全面绿色发展	调整升级
	资源消耗低		
	环境污染少		
	人力资源优势得到充分发挥	多要素高效协同	调整升级
	—	企业主体强韧	新增

来源：中国信息通信研究院。

　　工业和信息化系统是承担新型工业化战略使命的关键力量，必须因时而变，顺势而为，应根据新型工业化战略演进过程中的"变"与"不变"，科学制定新时代新型工业化总体战略、政策举措和实施路径，切实将新型工业化的部署要求付诸行动、见之于成效，确保到 2035 年顺利实现新型工业化的宏伟目标。

第三章

从中国式现代化看推进新型工业化的使命要求

党的二十大报告明确了新时代新征程中国共产党的使命任务，即"从现在起，中国共产党的中心任务就是团结带领全国各族人民全面建成社会主义现代化强国、实现第二个百年奋斗目标，以中国式现代化全面推进中华民族伟大复兴"。中国式现代化是一种发展状态和目标使命，是经济、政治、文化、社会、生态等各领域，以及农业、工业、服务业、交通、国防等各部门全面实现现代化的历史过程。新时代新征程，找准在中国式现代化全局中的定位、契合点、着力点，是各领域、各部门当前和今后一个时期的重要任务和职责使命。同样，推进新型工业化，必须系统地厘清其在中国式现代化中的定位和必须承担的新的使命任务，才能够更好地支撑与服务中国式现代化这个中心任务。

（一）新型工业化在中国式现代化中的定位

1. 中国式现代化和新型工业化的内涵

现代化是一个复杂的历史现象和发展过程。人们普遍认为现代化是自科学革命以来人类急剧变动的过程的统称，现代化有狭义和广义之分。狭义地看，现代化是一个国家或地区经济通过工业化进程实现从不发达到成为世界领先，处于发展前沿的过程；对后发国家而言，则主要指经济落后国家追赶发达国家达到世界先进水平的发展过程。广义地看，现代化除了经济达到世界领先，还涉及由经济跨越式发展带来的政治、社会、文化、生态等人类社会生产生活方方面面的深刻变革。

现代化是普遍性和特殊性的统一。习近平总书记强调："中国式现代化，是中国共产党领导的社会主义现代化，既有各国现代化的共同特征，更有基于自己国情的中国特色。"一方面，现代化的普遍要求和基本目标是趋同的，都是要成为世界先进、达到发达水平。同时，工业化、市场化等也是被各国现代化经验共同证明的、有效的重要路径和重要特征。另一方面，现代化也各具特色，世界上并不存在一个统一的现代化模式和放之四海而皆准的现代化标准，先发的现代化国家各自成长的路径不一样，后发国家的现代化路径也各有不同，且与先发国家现代化路径也各不相同。现代化道路是普遍性和特殊性的有机统一。一个国家选择走什么样的现代化道路，是由一个国家的基本国情决定的，走出一条具有各国特色、符合各国基本国情的现代化道路是成功的关键。

概括提出并深入阐述中国式现代化理论，是党的二十大的一个重大理论创新，是科学社会主义的最新重大成果。中国式现代化，是中国共产党将马克思主义普遍原理与中国具体国情进行有效结合而形成的具有中国特色的社会主义现代化道路，是中国共产党领导中国人民以实现中华民族伟大复兴为目标的社会主义现代化，既具有国家社会经济发展状况达到世界先进这一共同要求，又符合我国人口规模巨大、全体人民共同富裕、物质文明与精神文明相协调、人与自然和谐共生、走和平发展道路等中国基本国情和特色的要求。

工业化同样是一个复杂的历史现象和发展过程。工业化的内涵十分丰富，我国著名经济学家张培刚对工业化的定义极具洞察力和影响力，他认为工业化是"国民经济中一系列基要的生产函数或生产要素组合方式连续发生由低级到高级的突破性变化或变革的过程"。工业化是一种社会生产力的革命，是现代社会跨越式发展的核心动力。工业化有广义和狭义之分。狭义的工业化主要指工业本身的机械化和现代化。广义的工业化内涵更加宽广，既包括工业本身的现代化，也包括农业等其他行业的现代化，代指整个国民经济的进步和发展，与国家经济现代化的狭义内涵等同。

新型工业化是中国共产党不懈探索符合我国国情的工业化发展道路达到一定阶段的实践创新。这条新的工业化发展道路在党的十六大上被正式提出，在之后的每次中国共产党全国代表大会都继续坚持，党的二十大对其进一步继承巩固和创新发展。从总体来看，新型工业化既吸收发达国家工业化的一般规律和教训，又符合我国国情，且具有全新内涵。"新"的根源不仅体现在新时代背景下，新的技术条件和国际竞争格局为我国推进工业化创造了新的条件、新的路径，还体现在新征程上国家发展全局战略对作为物质技术基础的工业化提出了新的使命要求。这些条件、形势和要求共同凝聚，界定了新时代新征程新型工业化的科学内涵和体系架构。

2. 新型工业化是推动中国式现代化的基本前提和关键任务

厘清中国式现代化和新型工业化的关系，其基础在于科学把握工业化和现代化的关系。从上面的分析可以推知：从范围上来说，狭义的现代化和广义的工业化是等同的；从内容上来看，正是工业化带来的经济增长和结构变革推动了社会各方面及人的现代化，即现代化是由工业化驱动的现代社会变迁过程，工业化是现代化的基本前提和核心内涵。抓住了工业化就把握了现代化的关键。工业革命以来的世界经济史表明，没有经历成功的工业化进程，一个大国就不可能成为繁荣富强的发达国家，也就不可能实现现代化。从这个角度来看，推进新型工业化是中国式现代化的前提、基础和关键路径。

进一步厘清工业化作为现代化的前提、基础，这需要客观认清工业化，特别是制造业在我国当下的经济现代化建设全局中所扮演的角色地位。具体来看，制造业是立国之本、强国之基，一定规模和有竞争力的制造业，对未来的经济、就业、创新、安全和韧性等均有重要推动作用，是推动中国迈向高收入及中等发达国家的基础依靠。制造业的作用主要体现在以下 4 个方面。

第一，提高生产力，促进经济增长。制造业具有明显的规模经济、效率经济特征，具有前后向带动作用，是大国物质财富和经济持续增长的核心动力源。数据显示，改革开放以来，制造业对经济增长的贡献率基本保持在 40%，是拉动投资、带动消费的重要领域。2023 年，我国制造业增加值为 33.0 万亿元，占 GDP 的 26.2%。作为经济增长的重要引擎，制造业对经济增长的贡献率超越其 GDP 份额，如制造业产品消费占全部消费支出的 41%，制造业固定资产投资占比为 30%，份额最高；制造业出口占比高达 94.7%，是对外贸易的主力军。服务业的发展也离不开制造业提供的产品、设备，在服务业中间投入中，制造业占比达 20%。更重要的是，制造业是促进生产率提升和长期经济增长的核心力量，制造业的生产率高于服务业，如制造业贡献了 42% 的劳动生产率增长，远超服务业 28% 的贡献率。各国经验也表明，当步入以服务业为主的发展阶段，其生产率和经济增速都将下滑，要提升生产率，稳定长期增长动力，必须推动制造业稳步发展。制造业对地方经济也产生了强大的溢出效应，催生了密集的供应商生态系统，为当地产业发展、人员技能提升和经济增长创造了新途径，如浙江、广东、江苏、福建、上海、江苏、天津、河北、山东等省市对制造业有较强依赖性。

第二，加强创新，提升国家竞争力。创新是推动国家核心竞争力提升的最关键因素。制造业是技术创新的摇篮，广阔的应用空间提高了研发的瞄准效率和投入产出效率，是创新生态系统不可或缺的一部分，是保持国家竞争实力和创新活力的重要源泉。制造业是创新的主阵地。2022年，规模以上制造业企业研究与试验发展（R&D）投入达 18619.6 亿元，占全部研发投入总额的 60.5%；制造业授权专利数达到总专利数的 52.5%。制造业日益成为创新的主战场，它能够将创意变成实践，并不断改进产品及其制造方式。更加完善的工业生态系统可以将创新的产物快速、大规模地推向市场。

第三，吸纳就业，促进社会流动和共同富裕。2022年，第二产业就业人数为 1.67 亿人，占全部就业总量的 22.8%。虽然制造业因为更高的生产率和机器人等自动化技术的大规模使用，其就业占比低于增加值占比，但仍旧是当前吸纳就业的重要渠道。更重要的是，从长期来看，相较于服务业，特别是低人力资本密集型的服务业（如餐饮、零售等），制造业工作岗位有一定的资本和技能门槛，且随着时间推移，在制造业岗位的就业者可以逐步积累经验，促进收入水平稳步提升，有利于缩小收入分配差距。

第四，确保安全，提升国家弹性和复原力。制造能力不仅可以在繁荣时期为经济提供动力，还可以在动荡危机时刻保持经济稳定运转。制造业对一个国家或地区基础设施系统、国防、公共卫生或应急准备具有重要意义。自新冠疫情爆发以来，经济发展受到巨大冲击，服务业从 60% 左右的贡献率下降到 2020 年的 32%，在新冠疫情最为严峻的 2022 年第二季度，其贡献率甚至下降为负数，达到 −45.9%。以制造业为代表的工业贡献率，则一直保持在 40% 以上，且对拉动经济起到了关键作用。

综合来看，制造业有着强大的乘数效应、溢出效应和社会效应，创造了远超其 GDP 份额的价值，涉及经济社会发展的方方面面，是我国经济社会高质量发展的重要动力引擎。保持工业量的稳定提升和质的有效提升，为中国式现代化构筑强大的物质技术基础。

3. 我国以（新型）工业化驱动（中国式）现代化的长期实践

从中国共产党领导中国人民推进工业化，建设社会主义现代化国家的伟大实践成就来看，中国共产党始终坚持把推进工业化摆在核心位置，以工业化稳步驱动社会主义现代化建设，并取得历史性成就。新中国成立伊始，我国的基本国情是一个人口众多、底子薄弱的农业大国，在落后的生产力上推进社会主义现代化建设，工业化是必由之路，实现工业化也成为我国的发展目标和社会主义现代化建设的中心内容，一直贯彻至今。其总体可以分为以下 3 个阶段。

在社会主义革命和建设时期，我国逐步探索形成了工业、农业、国防和科学技术四个现代化发展目标，并建立了独立的比较完整的工业体系和国民经济体系，为改革开放后快速的工业化进程积累了经验，打下了较好的物质基础和人才基础，特别是重工业基础。

在改革开放和社会主义现代化建设新时期，我国进一步明确了社会主义现代化"三步走"战略，形成了充满新活力的社会主义市场经济体制，并在党的十六大上首次明确提出了新型工业化发展道路，中国工业化实现了前所未有的高速发展，由此推动中国经济增长创造了世界奇迹。我国实现了人民生活从温饱不足到总体小康、奔向全面小康的历史性跨越，中国式现代化道路初步形成。

党的十八大以来，中国特色社会主义进入新时代，我国更加强调新型工业化、城镇化、信息化和农业现代化新的"四化"同步发展、并联发展，坚持把新发展理念作为新型工业化和现代化发展的指导原则，我国工业质量效益显著提升，基本实现了工业化，迈进了向第二个百年奋斗目标奋进的新发展阶段，比历史上任何时期都更接近、更有信心和能力实现中华民族伟大复兴的目标，中华民族伟大复兴进入了不可逆转的历史进程。中国式现代化道路全面确立，中国式现代化的理论和制度体系日趋完善，物质基础更为坚实，全国人民对中国式现代化更加自信，中国式现代化在世界上的影响日益深远。

总体来讲，从新中国成立至今，我国用几十年时间走完了发达国家几百年走过的工业化历程，建立了世界最完整的现代工业体系，制造业总体规模连续 14 年位居全球第一，这些工业化的历史性成就为开启社会主义现代化新征程、进入新发展阶段、构建新发展格局、实现新的更高目标奠定了雄厚的物质基础。

（二）中国式现代化对新型工业化提出新使命、新要求

党的二十大报告创造性地发展了中国式现代化理论。中国式现代化对新型工业化提出了新的使命要求，可以具体概括为"六个坚定"。

1. 坚定推动工业由大到强、达到世界先进

这是中国式现代化共性目标落实到新型工业化上的首要要求。中国式现代化是普遍性和特殊性的统一。从普遍规律来看，世界各国现代化的共同要求是国家社会经济发展状况和发展水平达到世界先进和前沿。中国式现代化也不例外，经济社会各领域水平均达到世界先进是首要的基本要求。在各领域现代化中，经济水平达到世界先进是前提和基础。实体经济是国民经济的根基，工业是实体经济的主体。实体经济，特别是工业技术、企业、产品、服务、质量、效率等全面达到世界先进水平，实现工业由大到强的历史性跨越，是引领其他领域水平达到世界先进的关键动力。在当今时代激烈的国际竞争中，没有工业的强大，就没有国家的强大，工业强则

国强，工业先进则国家先进。实现中华民族伟大复兴要靠经济竞争力，要提升经济竞争力，还是要抓实体经济。我们这个大国，要想强大，必须靠实体经济，实体经济一定要抓在自己手里。党的二十大报告也指出："坚持把发展经济的着力点放在实体经济上，推进新型工业化，加快建设制造强国、质量强国、航天强国、交通强国、网络强国、数字中国。"这一战略部署也表明，建设制造强国、网络强国，推动工业由大到强是新时代推进新型工业化的重要战略方向。

每一时期的工业化都有其时代主题和历史使命。20多年前，我国刚刚迈入工业化中期，实现量的快速扩张是工业化的主要任务，从历史方位来看，现阶段我国工业化正处在深度追赶的初期，也是全球化深刻变革的变动期，正处在第四次工业革命纵深发展的机遇期。到2035年，正是我国工业化实现从"追赶"到"引领"伟大跨越的新拐点，此时推进新型工业化的核心要义就是要把"工业由大到强、达到世界先进"凝练为推进新型工业化的战略目标和核心历史使命。这也是中国式现代化的基本要求。其他安排都必须服务这个目标。

2. 坚定走中国特色的大国工业化强盛之路

中国式现代化是人口规模巨大的现代化。这决定了中国的现代化不能照搬外国模式，发展途径与推进方式必然有自己的特点。工业化是现代化的主引擎，走出一条具有中国特色的大国工业化道路是必然要求，也是必由之路。大国工业化道路是全面发展、并行发展的工业化，我国不能照搬德国、日本、韩国等工业强国的道路，即通过占据部分中高端产业，以高竞争力的产品出口为主要动力的工业化道路，如近10年来，德国货物出口占GDP比重保持在37%左右，贸易顺差占GDP比重在新冠疫情之前常年保持在7%左右；也不能照搬美国聚焦高端先进制造、价值链高端环节的工业化道路，如美国高技术制造业占比为 48%，比重居全球第一，竞争力全球领先。我国需要走出一条以高端先进制造为先导，高中低技术产业门类并行发展、以内为主、内外协同发展的全面工业化道路。这一道路需要处理的任务、协调的矛盾更多，艰巨性和复杂性前所未有。

大国工业化是规模优势发挥到极致的工业化。中国巨大的人口规模不仅创造出了全球最大的人口红利，并正在向人才红利转化，还创造出了全世界最大的单一市场，由此产生了超强规模经济效应和本土市场效应。这些是我国工业化行稳致远的强大支撑。我国工业化的优势和空间也前所未有。我们已经走出了一条具有中国特色的工业化规模扩张道路，创造了世界工业化历史上的增长奇迹。我们正在探索走出一条具有中国特色的工业化由大到强的道路，这条以超强规模优势为基石、全面并行发展的工业化道路必将改写世界工业化历史和理论，提供类似美国福特生产方式和日本丰田生产方式的具有范式意义的贡献，其意义和影响也必将前所未有。

3. 坚定走以人为本的包容型工业化道路

中国式现代化是全体人民共同富裕的现代化。一方面，工业是促进社会流动、缩小分配差距、助推共同富裕的重要阶梯。从美国和德国工业走过的历史经验来看，制造业产值占比和基尼系数呈现负相关关系。美国的制造业产值占比自 20 世纪 60 年代初的 37% 持续回落至 2020 年的 11%，同期基尼系数自 40% 不断上升至 49%。而德国自 1991 年以来，其制造业占比长期保持在 20% 左右，基尼系数也常年保持在 30% 附近。另一方面，工业也是劳动生产率最高、产业结构升级最快的领域，这种效率升级会对就业产生挤出效应。例如，我国制造业 GDP 占比接近 28%，但就业占比只有 18% 左右，美国的这一情况更严重。工业化进程越先进，制造业产业结构越高级，这种挤出效应就越强大。当前我国工业化进入结构升级的关键期，存在三重挤出效应：制造业升级导致中低技能制造业就业岗位淘汰、产业转移导致劳动密集型产业工作岗位较少、机器换人直接替代中低技能就业者。再加上我国工业岗位雇用了大量中低技术就业者，如2020年工业领域吸纳了未上过学、小学学历、初中学历、高中学历等城镇就业人员分别占总量的10.3%、17.8%、23.9%、22.9%，合计总数近7000万，在工业化升级中要处理的就业问题将会更加严峻。因此，新时代推进新型工业化，必须把握好产业升级的节奏，保证就业岗位接续转换，同时面向新型工业化发展需要，改革教育体系，强化在职培训，提高从业者素质，将人口红利转变为人才红利，实现人才与产业协同发展。

4. 坚定走"量稳质优"的工业化道路

中国式现代化是物质文明和精神文明相协调的现代化。实体经济和制造业是物质财富之源，也是精神文明软实力的基础依托。回顾过去，改革开放以来，制造业对经济增长的贡献率基本保持在40%左右，是促进物质财富增长、推动高质量发展的主要引擎。面向未来，2023年我国人均GDP达到1.27万美元，距离高收入国家仅一步之遥[1]。党的二十大确立了到2035年我国达到中等发达国家的宏伟目标[2]。经济发展规律和主要国家现代化正反两方面的历史经验表明，这是一个重大发展关口，拥有一定比例的制造业是跨越这个关口的基础依靠。历史上，德国、法国、日本、韩国等在此发展阶段的制造业占比不降反升（见表3-1），成功成为中等发达国家；拉美国家则相反，过早去工业化，同期制造业规模和升级不够，掉入中等收入陷阱。综合来看，我国这样的大国，在现今更为激烈的国际竞争中，推进新型工业化，必须吸取"过早去工业化"的教训，保持适当规模的制造

1　按世界银行2020年公布的高收入国家标准为人均GDP 1.32万美元。

2　预计2035年，我国人均GDP 2.7万美元，达到中等发达国家门槛值。

业体量，加快健全产业体系，补齐产业短板，推动制造业全面高质量发展，以支撑实现党的二十大提出的迈入中等发达国家的宏伟目标。

表 3-1　主要国家中等收入阶段开始到结束期间制造业比重的变化

国家	中等至高等收入时期	制造业比重（不变价）		
		开始占比	结束占比	差距
美国	1941—1962年	24.37%	22.17%	-2.2%
法国	1960—1971年	22.52%	25.74%	3.22%
德国	1960—1973年	40.26%	42.05%	1.79%
日本	1968—1977年	33.01%	35.24%	2.23%
韩国	1988—1995年	32.16%	34.27%	2.11%

来源：中国信息通信研究院根据公开数据整理分析。

保持工业量的合理增长和制造业比重总体稳定并不容易。进入工业化后期，我国工业面对量和质的双重压力，制造业在整个国民经济中的比重出现下降，同时，我国工业经济技术水平进入瓶颈期。但这种压力并不意味着制造业的重要性会随之改变，也绝不意味着可以用服务业的发展代替制造业的发展来拉动整个经济的增长。事实上，服务业当中发展最快、占比最大的是生产性服务业。我国作为一个大国，要强大必须依靠实体经济，依靠工业和服务业的共同带动，依靠第一、第二、第三产业的融合发展。在新时代新征程推进中国式现代化进程中，制造业作为技术创新和服务业发展的基础依托，其地位和作用将更加突出，其作为物质财富增长根本源泉的地位和作用也将更加突出，始终是实现经济良性循环和把控经济命脉的关键所在。

5. 坚定走全面绿色发展的工业化道路

中国式现代化是人与自然和谐共生的现代化。工业全面绿色发展是人与自然和谐共生的重中之重。当今世界，随着人们可持续发展意识的增强，特别是全球绿色发展的内涵、标准、规则与框架的加快推进，正持续推动各国产业转型，影响全球产业链发展。

从碳排放的绝对量上来看，2022年我国工业领域排放约为69亿吨，约占总碳排放量的68%。从用能的国际比较来看，我国工业用能占比为40.7%，远超日本、德国、法国、美国、韩国等，甚至是美国的两倍多。实现"双碳"目标、降低能耗水平，工业领域的任务尤其艰巨，而提升用能成本会给工业稳增长带来压力，必须科学稳步有序推动解决。

同时也要看到，绿色化不仅是工业化的约束条件，还为我国工业化"换道"突破提供了难得的历史机遇。绿色低碳是和数字化并列的重大技术变量，正深刻改变产业发展范式。要实现碳达峰、碳中和目标，需要新的技术、产品、服务和解决方案，由此催生出新的产业发展机会，如可再生能源、能效技术、碳汇技术等，这些低碳技术不仅催生了新产业，这会对许多传统产业进行替代和颠覆（如新能源汽车对传统汽车的颠覆）给众多传统产业突破先发国家技术、市场和规则封锁，在更多领域实现"换道"领先提供了新机遇。例如，我国光伏、新能源汽车领域已经借由绿色化转变实现了突破，风电、光伏发电等清洁能源设备生产规模居世界第一，多晶硅、硅片、电池和组件占全球产量的70%以上。我国在新能源、绿色化等领域的抢先布局和发展，以及由此形成的强大需求拉动了我国在上游关键矿物、中游矿产冶炼、下游能源体系建设等方面的发展，并实现了对全产业链的全球抢先控制，这为我国在更多领域把握绿色化发展机遇提供了基础。因此，推动我国工业全面绿色发展，既是硬约束下必须完成的合规任务，又是"换道"领先的历史机遇。

与数字化主要是典型的创新推动特征不同，绿色低碳更多呈现出需求拉动的特征。需求规模越大，产业发展越有可能在绿色变革中领先。我国作为制造业大国和最大的消费市场，可以凭借对绿色化技术产品的巨大需求，对未来产业的全球竞争产生重大影响，还可以主动作为，充分利用没有历史包袱的优势特点，在技术产品研发、规则标准制定等方面形成主导权，构建"以我为主"的主导技术路线，占据潜在"新赛道"的领先位置，为我国新型工业化开辟新战场、拓展新空间。

6. 坚定走公平共赢的工业化道路

中国式现代化是走和平发展道路的现代化。制造业是我国对外开放的重点领域。我国制造业出口占比高达 94.7%，是对外贸易的主力军。中国工业化在开放发展中成长，是全球开放共赢发展的受益者，更是当前维持和推动开放发展的重要贡献者。走一条什么样的工业化对外开放合作道路关系到我国对外开放全局战略的实现。当今时代，美国依靠强大的技术实力、规则主导权掌控全球工业的生产和贸易，是全球生产体系的主导者，也借此攫取了全球价值链中利润的绝大部分，我国和其他嵌入其中的发展中国家获取的利润远低于其投入。这是一种变相的掠夺，正在引发越来越多的争议。我国一贯主张开放、合作、互利、共赢的对外发展思路，以重建更加公平的全球生产和治理体系。因此建立公平共赢而非掠夺性的全球生产和治理体系是工业领域践行走和平发展道路的对外开放发展总战略的必然要求，也是我国联合更多区域和处于同等发展阶段国家，合力突破美西方主导的现有掠夺性全球生产和治理格局的重要突破口，必将为我国新型工业化拓展更大发展空间。

总体来看，要实现中国式现代化，新时代新型工业化应该是"量稳质优"的工业化、以人为本的工业化、绿色发展的工业化、公平共赢的工业化，最终走出一条中国特色的由大到强、达到世界先进的工业化道路（见表 3-2）。

表 3-2　中国式现代化对新型工业化提出的新使命、新要求

共同点与不同点	中国式现代化的特征	新型工业化必须承担的使命要求
各国现代化的共同特征	国家社会经济发展状况和发达水平达到世界先进和前沿	坚定推动工业由大到强、达到世界先进
中国式现代化的特色特征	中国式现代化是人口规模巨大的现代化	坚定走中国特色的大国工业化强盛之路
	中国式现代化是全体人民共同富裕的现代化	坚定走以人为本的包容型工业化道路
	中国式现代化是物质文明与精神文明相协调的现代化	坚定走"量稳质优"的工业化道路
	中国式现代化是人与自然和谐共生的现代化	坚定走全面绿色发展的工业化道路
	中国式现代化是走和平发展道路的现代化	坚定走公平共赢的工业化道路

来源：中国信息通信研究院。

理论篇

▷ 第四章

新时代推进新型工业化的形势挑战与方向路径

新时代推进新型工业化，历史起点、发展阶段、外部形势、使命要求等发生巨大变化，赋予新型工业化新的时代内涵、新的使命任务，同时，新型工业化也面临新的艰巨挑战，必须走出一条新的战略路径，为推动中国式现代化、全面建成社会主义现代化强国奠定坚实的物质技术基础。

（一）新时代推进新型工业化的理论基础

1. 工业化的朴素认知论

工业化发展认知可以回溯到"物质（M）—— 能量（E）—— 信息（I）"三者之间的关系。从直观上来看，物质、能量和信息相互区别但又紧密联系，是人类社会赖以生存和发展的三大基础：世界由物质组成，能量是一切物质运动的动力，信息是人类了解自然及人类社会的凭据。历次工业革命较好地展示了这种三位一体的结构演化模式。第一次、第二次工业革命时，物质变革是最大主线，全球化浪潮和技术创新最为显著，能量、信息作用有限；到第三次、第四次工业革命时，能量、信息发挥了更为关键的作用。

从物质方面来看，物质变革最初是在全球化、创新条件下实现的，物质产品从纺织到化工、金属材料、汽车，到生物医药、电子产品、航空航天设备。从能量方面来看，能量获取从生物质能到粮食家畜，到机械能、化石能源，再到绿色能源。从信息方面来看，从获取信息到应用信息，从电报、电话到计算机、移动互联网，从信息化走向数字化、智能化，信息的渗透能力在不断增强。特别是人工智能大模型（如 ChatGPT、Sora 等）出现以后，依托训练信息来创造新信息，极大地改变了资源配置的方式，深刻地影响着生产关系。

总体判断，工业化本质是物质、能量、信息发展的融合升级，各国在不同转换条件、不同要素禀赋条件、不同技术条件下探索适合本国的工业发展道路。新型工业化则是在一定历史阶段、时代特征、要素禀赋、技术条件下适合中国特点的工业化道路。

2. 新型工业化的逻辑推演

工业化是一个国家或地区人均收入提高和经济结构高级化的经济发展和经济现代化过程，其本质是国民经济中一系列基要生产函数（或生产要素组合方式）连续发生由低级到高级的突破性变化（或变革）。在理想情况下，工业化是从一个相对较低的工业化状态（A）向一个相对较高的工业化状态（B）转变的过程，这是一条阶梯式增长路径。

然而，考虑到内外部动力的转变和新技术变量的出现，理想情况下的工业化阶梯式发展路径会被打破。这里考虑以下 4 种情形（见图 4-1）。

情形一：全球深度调整。全球化是工业化在大历史方位下发展的重要推动因素。从工业化发展初期，全球化就与工业化深刻绑定在一起，贸易和投资因素（如原材料、中间品、最终品和资金）的流动，会对一个国家或地区产业结构、经济结构、技术结构带来综合影响。假设在工业化发展的某个时间点 T_1，全球化这个最大的外部动力发生调整，如从深度融入全球化到逆全球化，此时工业化水平将围绕着理想的阶梯式增长路径上下波动，这种波动在很大程度上取决于如何调整工业化与全球化的关系。

情形二：自主创新能力。主要经济体的工业发展规律表明，其内部动力经历了从要素依赖向技术、创新依赖的转变过程，越是发展到后期，依赖自主创新的要求和标准越高。假设在工业化发展的某个时间点 T_2，内部动力发生调整，如要素比较优势减弱、传统"引进 —— 消化 —— 吸收 —— 再创新"的创新模式难度加大。要实现工业化高水平发展必然要增强自主创新能力，实现产业科技创新能力提升。

情形三：数字经济和实体经济深度融合。数字化是这个时代最大的技术变量，也是影响生产方式、生活方式和组织方式的最大因素。2002 年党的十六大首次提出新型工业化时，明确指出以信息化带动工业化、工业化促进信息化，工业化和信息化是两条并行发展的路径。党的二十大再提新型工业化时，数字技术和实体经济的融合被摆在了突出位置，二者深度融合不仅形成了新的融合发展路径，还催生了数字经济这种新经济形态。对比来看，以蒸汽机的发明和应用为主要特征的第一次工业革命和以电力的发明和应用为核心的第二次工业革命并没有改变工业经济的具体形态，仅仅是新技术在工业经济领域的渗透应用，以信息技术的飞速发展和应用为主要特征的第三次工业革命中则在某种程度上推动了信息经济的出现，新经济形态开始萌芽。随着新一轮科技革命和产业变革加速演进，数字技术日益融入经济社会发展各领域、全过程，不断带来新产业、新业态、新模式。假设在工业化发展的时间点 T_3，数字经济成为抓住新工业革命机遇的战略选择，这也是新时代新型工业化发展与先前新型工业化发展的最大不同。

情形四：绿色转型发展。新型工业化发展的另外一个时代变量就是绿色化。与数字化不同，绿色化的影响是双向的，只有越过临界点才能实现更大范围的绿色高质量发展。早期绿色化强调的是低碳减排和节能环保，这个时候绿色化本身是经济发展的硬约束，这个约束条件在很大程度上会让工业化发展水平处于一种相对较低的状态。假设在某个时间点 T_4，随着绿色低碳的硬约束放松，如清洁能源、储能、碳捕集利用与封存等绿色技术取得关键突破，新能源和新材料等绿色产业发展壮大，碳中和目标实现等，绿色化会从约束条件转变为动力条件，成为工业发展的重要牵引力量。

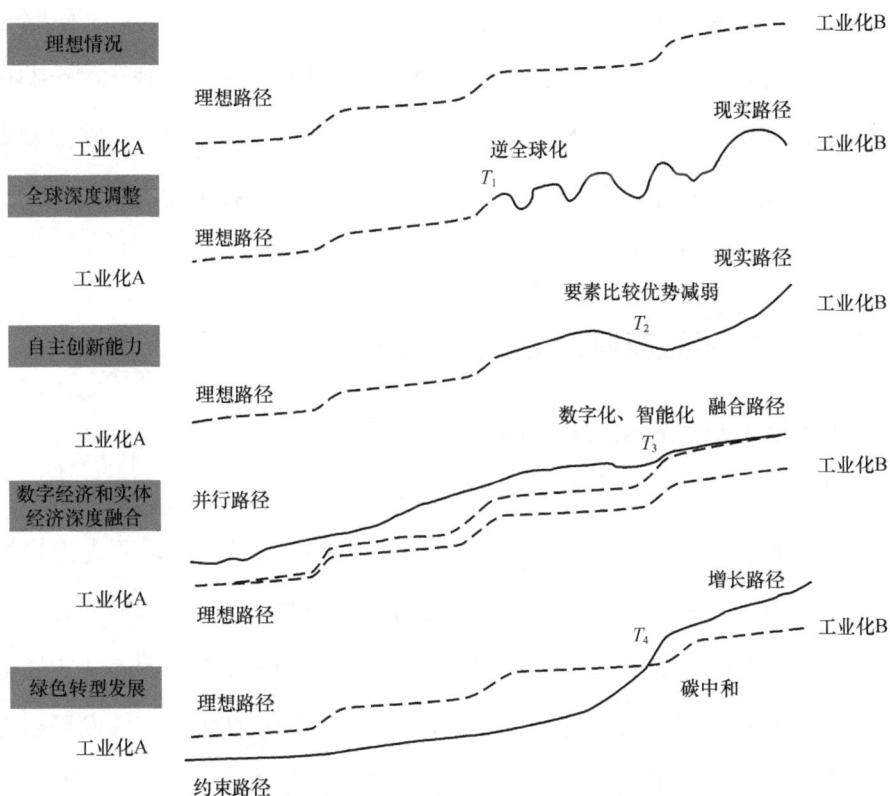

来源：中国信息通信研究院。

图 4-1　不同情形下推进新型工业化的逻辑推演

3. 新型工业化逻辑推演的定量检验

结合不同情形下推进新型工业化的逻辑推演，可以基于向量自回归模型从新型工业化4个关键理论维度（全球化、创新、数字化、绿色化）对我国工业化的发展影响进行定量测算。在代理指标选取上，对于新型工业化发展水平的度量选取了工业增加值增速，对全球化、创新、数字化、绿色化的度量分别选取了进出口总额占全球 GDP 比重、研发投入增速、计算机及信息通信业增加值增速、清洁能源消费增速。新型工业化逻辑推演的定量分析如图 4-2 所示。定量分析结果显示，总体来看，4 个维度可以解释工业增加值增速 90% 以上的变动，具有非常显著的统计意义。分项来看，数字化成为影响工业化的最大变量，贡献比例接近 50%；全球化的影响正在减弱，特别是与我国刚加入世界贸易组织时相比，贡献比例下降幅度明显；创新能力的贡献比例整体呈现稳步提升的趋势；绿色化对工业化的贡献比例整体为负，更多地表现为一种约束条件。

（二）新时代推进新型工业化的新形势

1. 新工业革命进入加速新阶段

从工业化发展历史的中长期发展来看，工业革命是改变产业体系、工业化进程和全球工业格局的最大时代变量，是后发经济体实现工业追赶和跨越式发展的首要战略性因素。演化经济理论表明，新工业革命酝酿的新技术提供了"第二种机会窗口"[1]，对后发经济体实现全面赶超具有决定性影响。20 多年前，我国首次提出新型工业化时，以信息技术的飞速发展和应用为主要特征的第三次工业革命进入成熟期。近年来，以数字化、网络化

1　佩雷斯（Perez）和苏特（Soete）在1988年提出了后发国家实现经济追赶的两种机会窗口。在技术体系成熟的情况下，后发经济体依靠劳动力成本低廉的比较优势的追赶被称为"第一种机会窗口"。在新技术酝酿阶段，后发经济体如果能够以更快的速度进入新的技术体系，就能实现跳跃式发展，甚至有可能取代先行者的技术和制度领导地位，这就是"第二种机会窗口"。

和智能化技术的广泛应用为特征的第四次工业革命进入加速发展阶段。据测算，全球工业领域的数字化渗透率已经超过 20%，已经处在新技术的加速扩张期，对工业化进程乃至世界工业格局的影响将会持续释放。

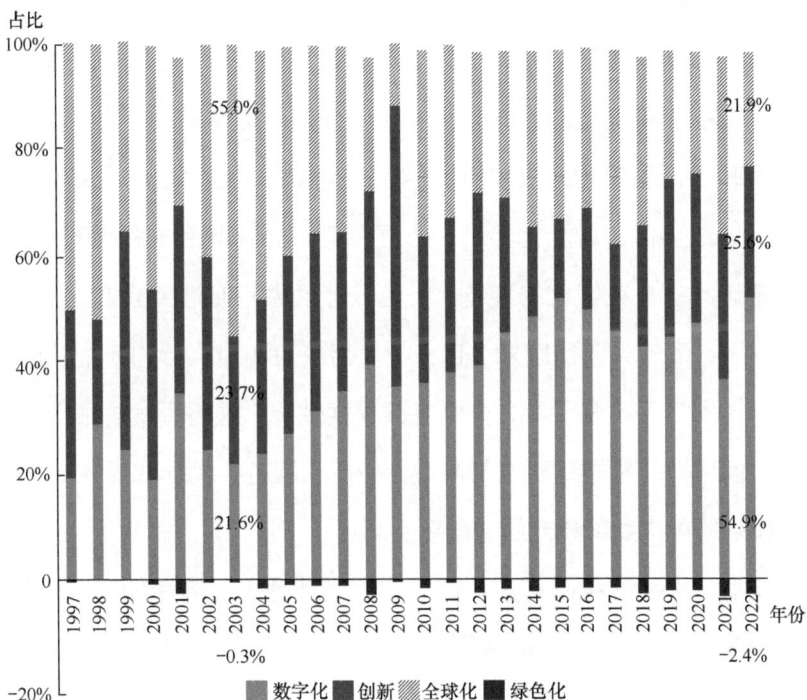

来源：中国信息通信研究院。

图 4-2　新型工业化逻辑推演的定量分析

新技术带来新的生产要素。生产要素变革的影响是划时代的，将从根本上改变一个时代的价值创造方式，在几十年乃至上百年的时间内带来广泛影响。第二次工业革命和第三次工业革命推动资本、技术和知识成为关键生产要素，催生了资本密集型、技术密集型产业，改变了整个工业的价值创造方式和竞争逻辑，对工业产生了颠覆式影响。第四次工业革命推动数据成为数字时代的关键生产要素。作为新生产要素，数据在工业中的应用正日益增多，改善效应愈发显著。有研究显示，数据要素使工业企业业务和生产效率平均提高 40% 以上，产品研发周期缩短 15%，能源利用率提高 10%[1]。近年来人工智能等技术进步让数据应用和价值释放跃上了新台阶。

新技术带来新的制造体系。制造体系是工业革命的主阵地。前三次工业革命把能源动力转换、组织结构变革等带来的红利推到极致，制造体系在物理世界中变革优化的空间越来越少。当前的数字革命，创造了一个全数字、高联通、强智能的数字新世界。一是装备、软件、工艺等物质制造要素升级为数字化、智能化要素，为更大范围的制造系统和生产方式变革奠定了基础。二是数字化的装备、工艺、劳动力等制造要素在工业软件的串联集成下，形成具备自感知、自分析、自决策和自执行的新型制造系统。三是数字技术与工业全要素、全价值链深度融合，重塑研发、生产、销售、服务等价值环节，并推动研发与制造、生产与服务、供给和需求深度集成，为工业体系的再次变革和升级开辟新空间。

新技术带来新的组织形态。组织形态变革是工业革命颠覆式影响的又一重要表现。前三次工业革命带来了严格科层结构和高度分工的现代企业、垂直一体化的现代大企业及开放、外包、分散化等新组织实践形式。第四次工业革命中数字平台成为生产组织的新方向。数字平台汇聚海量用户、数据、资源和能力，成为数字时代最具活力、成长力的组织。据 IoT Analytics 统计，近几年平台市场规模年复合增长率约为 32%，工业数字平台迅速崛起对工业生产的影响日益增大。数字平台改变了产业协作方式，大量企业以平台为纽带开展互补合作，实现互利共赢，从而推动现代产业从封闭的纵向体系成长为以平台为中心的开放型产业生态体系，协同效率得

---

1 来源：中国数据要素市场发展报告（2021—2022 年）。

到显著提升。

新技术带来新的战略性产业。工业革命是由重大科技革命引发的产业变革。每次科技革命浪潮都会打破既有边界,继而与重大现实需求相结合,催生新产业,改造传统产业,驱动新一轮增长繁荣。前三次工业革命分别孕育出纺织等劳动密集型产业,电力、石化、钢铁、汽车等资本密集型产业,以及航空航天、电子信息等知识密集型产业。第四次工业革命则以新一代信息技术、新能源技术、新材料技术、新生物技术为主要突破口,开辟大量新产业领域。数字化作为高技术产业、新兴产业、未来产业的核心策源地,是推动产业结构高端化的先导力量。在新一代信息通信技术产业领域,人工智能、大数据、区块链、物联网、量子计算、下一代通信、机器人、先进计算、虚拟现实和增强现实等产业正快速发展壮大。

2. 工业化进入深度追赶新阶段

我国是后发大国,工业化历程、规律与发达工业国家相比既有共性,也有独特性。一方面,我国将遵循工业化一般规律,从工业化起步、初期、中期、后期到全面实现工业化的全过程。另一方面,我国将遵循后发国家工业追赶规律,与发达工业国家达到工业化后期通常也站在了世界前沿不同,后发国家的追赶进程往往落后于总体进程,给工业化发展带来更大的复杂性和独特性。

从工业化一般规律来看,结合中国社会科学院提出的工业化阶段判断指标,我国当前仍然处于工业化后期,尚未进入后工业化阶段(见表4-1)。新中国成立以来,我国工业化经历了4个阶段。从新中国成立到2002年首次提出新型工业化前,我国工业化经历了起步期和初期两大历史阶段,初步建成了完整的工业体系,从农业大国跃居为世界工业大国。从2002年首次提出新型工业化开始,我国迈入工业化中期,加入世界贸易组织后开始深度嵌入全球分工体系，工业增加值年均增速达到了创世界纪录的 22.5%，2010 年我国成为世界第一制造业大国，实现了历史性突破。从 2012 年起，我国开始进入工业化后期。其中，2012—2021 年是工业化后期的前半段。受多种因素综合影响，工业增速换挡，平均增速回落到 5.4%，制造业 GDP 占比下降，但制造业增速仍明显高于全球其他国家，使我国连续 14 年保持世界第一制造业大国地位，制造业增加值全球占比不断攀升，到 2023 年超过 30%，制造业占比呈现出独特的"内外差"现象，对我国这样一个制造业劳动生产率尚处于较低水平的国家而言，这种"异常"折射出我国制造业在"大而不强"的现阶段已存在"未强先降"的整体衰退风险，工业稳增长面临的重重困难亟待加速克服。2021—2035 年，我国会进入工业化后期的后半段。制造业作为实现赶超的"扶梯"和"引擎"，必须承担跨越工业化后期关口的重要使命，这一阶段将是我国工业化历程中的关键期，也是攻坚期。

表 4-1　工业化阶段的判断（基于 2020 年数据）

指标	中国	美国	日本
人均GDP（2010年不变价美元）	10358美元	53749美元	49000美元
农业产值占比	7.7%	1%	1%
工业（I）与服务业（S）产值比较	$I<S$	$I<S$	$I<S$
制造业增加值占总商品增加值比重	58%	58%	67%
人口城市化率	64%	83%	92%
第一产业就业占比	24%	1%	3%
综合判断	工业化后期向后工业化阶段过渡	后工业化阶段	后工业化阶段

来源：国家统计局、世界银行、经济合作与发展组织（OECD）。

从后发国家工业追赶规律来看，结合发展经济学理论判断，目前我国工业化正进入深度追赶期。从新中国成立到 2002 年提出新型工业化前，我国工业化处在初步追赶期。新中国成立后，为快速赶上发达工业国家，通过实施重工业优先发展战略，我国建设了以 156 项重大工程为代表的工业项目，在较短时间内基本建成了较为完整的工业体系。改革开放后，在开放市场经济下，扭曲的赶超型产业结构得到极大改善，资本密集型重工业占比下降，劳动密集型产业平稳增长，部分技术密集型产业开始兴起。更大的产业规模和更优的产业结构为我国工业化进一步追赶奠定了坚实基础。从 2002 年到 2021 年是我国工业化的快速追赶期，这一时期我国工业化追赶绩效出众。中低技术制造业总体上成功实现了追赶，服装、家电等部分领域涌现出一批国潮品牌、全球品牌。同时工业化、城市化及基础设施建设的快速增长对资本密集型产业提出广阔需求，推动资本密集型中技术产业再次快速增长、占比扩大，产业结构明显优化。更重大的进展是，在需求牵引、政府引导、企业创新等多重因素作用下，我国部分中高技术制造业抓住历史机遇，成功实现了追赶，如通信设备、工程机械、高铁、光伏、新能源汽车等。这一系列成绩将我国的总追赶进程推向了中间偏后阶段。未来 15 ~ 20 年我国将处于深度追赶期。这一时期是我国社会主义现代化强国建设的关键时期，工业化作为现代化引擎，必须承担起实现工业全面由大到强深度追赶的历史使命，即在传统产业国际化上迈出坚实步伐，推动更多中高技术产业达到世界领先水平，并突破关键零部件、基础材料等受制于人的长期瓶颈等。综合来看，我国工业化正处在进入深度追赶的新阶段，只有推动实现工业由大到强的历史性跨越，才能引领经济社会其他领域水平达到世界先进，为推动中国式现代化提供强大的物质技术基础。

3. 实现深度追赶迫切需要寻找到新动力源

工业追赶越到后期越难。首先，我国工业量的增长先于质的追赶达到世界领先，导致美西方与中国的关系从以合作为主转向以竞争为主，使西方国家诉诸技术竞争以限制中国追赶，对中国的技术打压和限制方式更加激烈和多样，这进一步增加了我国工业深度追赶的难度。其次，中高技术制造业领域是美国、德国、日本等现有工业强国的优势领域，也是其技术积累最深、壁垒最高、利润最厚的领域，完成这些深水区的追赶任务本身就十分艰巨。最后，我国还面临摆脱传统跟随式工业化发展路径，在更多"无人区"进行探索的情况。这些都对我国工业化发展理念、战略、能力、动力等提出了全新要求。

发展经济学理论表明，工业化起步、追赶、赶超是难度层层升级的非线性过程，工业化越接近赶超，越强调动力的重要性。从国际经验来看，追赶到中途面临增长失速、升级承压是后发国家在工业化过程一般会遇到的问题。巴西等拉美国家在 20 世纪 80 年代中期和东亚地区经济体在 20 世纪 90 年代中期先后遇到了这一难关。拉美国家失败、东亚地区经济体取得突破的正反两方面经验表明，底层能力、动力的升级是跨过这一关口的基础依托和前提。

表 4-2 分析对比了中美之间的工业能力基础。我国工业化三大基础动力中，劳动力比较优势是我国工业化初期、中期的主要动力，支撑了劳动密集型产业和价值环节量的增长，但近年来，我国劳动力比较优势在减弱。超大规模优势和产业链优势是我国当前工业化的核心动力，也是我国相较于全球其他国家最大的优势所在，支撑了资本密集型产业的发展壮大，也是我国抵御外部冲击和制造业外迁等压力的主要依靠。但超大规模优势和产业链优势是一种静态的、被动的优势，无法独立支撑当前深度追赶任务。创新能力特别是自主创新能力是新时代我国破解深度追赶难题的根本动力。近年来，尽管我国自主创新能力在持续增长，如规模以上工业企业的技术获取结构已经发生转变，2002 年国外获取是国内获取的近 10 倍，2012 年

消化吸收和国内获取显著增长，到 2021 年，国内获取已经是国外获取的近 2 倍。但总体上，创新能力特别是原始创新能力仍然不足。我国基础研究投入强度仅为美国的 42%。由于技术进步缺少足够的源泉，我国工业全要素生产率增长开始放缓，已经从 2002—2007 年的 4.6% 降低到 2008—2015 年的 4%，并在最近 5 年下降到 2.3%。强化自主创新能力，特别是原始创新能力是我国工业实现深度追赶的关键支撑。

表 4-2　中美工业能力基础对比

工业能力基础比较		年份及数据			
工业利润率比较	中国工业利润率	9%（2011年）		8.5%（2012—2021年）	
	美国工业利润率	16.4%（2011年）		18.1%（2012—2021年）	
劳动力比较优势（逐渐减弱）	中美制造业平均工资之比	1：23（2002年）		1：4（2021年）	
	中美制造业劳动生产率之比	1：10.6（2002—2011年）		1：5.3（2012—2021年）	
超大规模优势+产业链优势（持续增长，但正在放缓）	中国制造业增加值占全球比重	8.4%（2004年）	22.5%（2012年）	30%（2021年）	
	中国工业年平均增速	11.6%（2002—2011年）		6.3%（2012—2021年）	
自主创新优势（自主创新能力在增长，但原始创新能力不足）	中国工业全要素生产率增长	7.7%（1992—2001年）	4.6%（2002—2007年）	4.0%（2008—2015年）	2.3%（2016—2022年）
	规模以上工业企业技术获取结构 引进国外：消化吸收：购买国内	305：23：35（2000年）	394：157：202（2012年）	460：76：839（2020年）	
	中国基础研究投入占比	5.7%（2002年）	4.8%（2012年）	6.32%（2022年）	
	美国基础研究投入占比	18.1%（2002年）	17%（2012年）	15%（2021年）	

来源：国家统计局、OECD、联合国工业发展组织（UNIDO）、美国国家科学基金会（NSF）。

（三）新时代推进新型工业化的新挑战

1. 量的挑战：制造业比重过早过快并行下降

近十年来，我国制造业比重进入趋势性下降通道。世界银行数据显示，我国制造业比重在2006年达到32.5%的峰值，此后在32%左右徘徊。2011年开始这一比例逐渐下降，2020年下降到26.3%，因新冠疫情、地缘政治冲突等影响略有回升，到2023年回升到27.9%，但总体上已处于趋势性下降通道之中，未来下降压力仍较大。尽管从全球范围来看，主要发达国家制造业比重达到30%～40%的峰值水平后，在多种经济力量的驱动下，均会出现下降，我国制造业比重下降有其合理的一面。但与各国相同发展阶段制造业比重的变化情况相比，我国制造业比重存在过早过快并行下降的问题，这也是造成后发国家无法跨越中等收入陷阱的关键因素，如阿根廷和巴西等（见图4-3）。

具体来看，一是我国制造业比重"未富先降"。主要发达国家制造业比重趋势性下降时的人均GDP水平无一例外显著超过高收入国家门槛标准（人均GDP一般在1.2万美元），即主要国家基本是成为高收入国家后再下降，是"先富后降"。2012年我国制造业比重开始下降时人均GDP仅为6152美元（2015年不变价美元），远未进入高收入发展阶段，下降时点过早。2023年我国人均GDP约为1.27万美元，接近高收入国家门槛值，直观比较来看，我国制造业比重下降至少提前10年。

二是我国制造业比重"未强先降"。主要发达国家制造业比重趋势性下降一般是在制造业强大后才出现。美国在20世纪20年代成为当时世界第一制造大国和制造强国，而美国制造业GDP趋势性下降则是在20世纪70年代。同样，日本制造业比重相对下降是在20世纪70年代末和80年代初，此时日本制造业已经较为强大，并冲击了美国汽车、机床等制造业领导地位。我国制造业比重在由大到强的中途下降，2012年制造业比重开始下降时，以中国工程院测定的制造强国指数81.42为基准，还处在全球制造业第三梯队的前列，离强国还有较大距离。

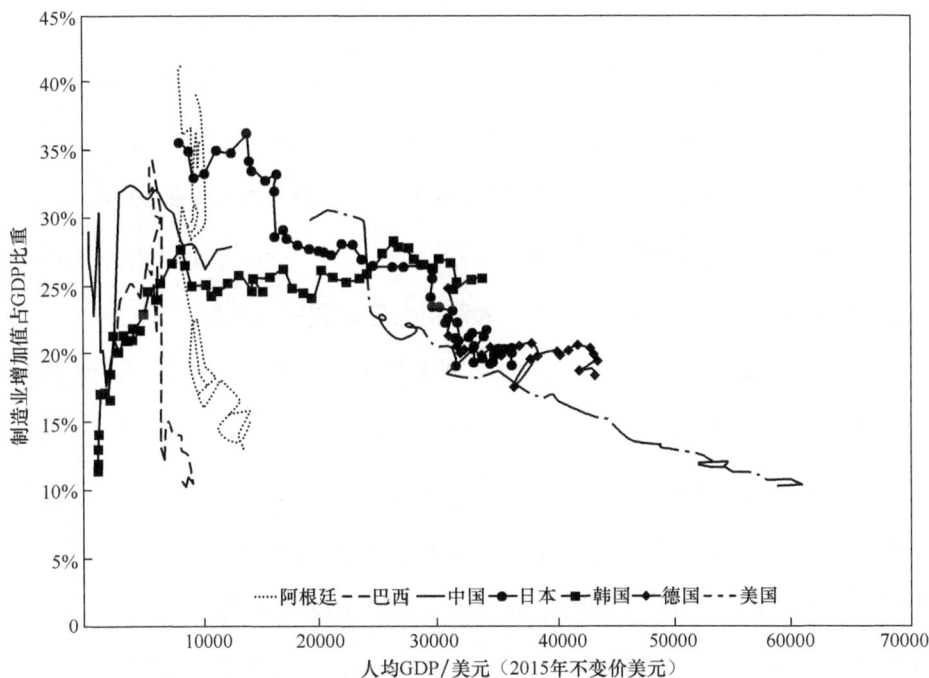

来源：世界银行。

图4-3 主要经济体制造业比重与人均收入趋势

三是我国制造业比重"过快下降"。我国制造业比重从2011年的32.1%降至2020年的26.3%，不到10年下降5.8个百分点，年均下降0.64个百分点。下降速度远高于发达国家同期水平。而美国制造业比重从20世纪50年代达到峰值到20世纪80年代完成工业化的近30年间下降8个百分点，年均下降约0.30个百分点。日本制造业GDP占比达到峰值后的下降也较平缓，从20世纪60年代34%的峰值水平下降到20世纪80年代的29%，近20年间下降了 5 个百分点。

四是我国制造业比重"并行下降"。从细分行业来看，主要发达国家制造业比重是从低技术到高技术制造业的梯次下降过程，即首先下降的是低技术制造业，然后是中技术制造业。例如，美国制造业在 20 世纪 70 年代，首先下降的是纺织、服装、箱包、家具等低技术、劳动密集型产业，此时中、高技术产业基本维持稳定；到了 20 世纪 80 年代，汽车、消费电子产品等中等附加值的产业开始下降和转移，高技术产业不仅没有下降，反而上升。但近 10 年来我国制造业比重却表现为并行下降，2012—2020 年，我国高、中、低技术制造业的 GDP 占比均在下降，分别下降 2.5%、1.2%、2.3%。

2. 质的挑战：产业结构、效率水平和绿色发展差距明显

从产业结构来看，我国产业结构高端化不足。国际经验表明，制造业结构与国际分工和全球价值链地位密切相关，短期内实现改变极为困难，是一个需要久久为功、抢抓工业革命"机会窗口"完成突破的过程。当前世界制造业"金字塔"分工格局已经形成，且相对稳定，美国、德国、日本高技术制造业全球遥遥领先，极大地增加了后发国家技术追赶和产业结构升级的难度。我国制造业结构升级行到中途，向上攀升任重道远。纵向来看，过去 20 多年，我国制造业结构完成了从低技术制造业到中技术制造业的跃升，正在向中高技术、高技术制造业升级。OECD 国家间投入产出表（ICIO）数据测算，2002—2020 年，我国低技术制造业占比从 34.9% 变动至 35.4%，同期中技术制造业占比从 31.9% 变动至 31.5%，高技术制造业始终维持在 33.1% 左右（见图 4-4）。全球对比来看，我国中高技术制造业占比不足。相较于美国，我国中技术制造业占比虽然接近，但高技术制造业占比比美国低 14.1 个百分点（美国高技术制造业占比 46%）。尽管我国在通信设备、工程机械、高铁、新能源汽车等部分中高技术制造业中已成功

实现追赶，但高端装备制造、高端生物医药等产业及其他产业的核心环节长期难以突破。这些行业的竞争力主要取决于行业诀窍知识（Know-How）的积累。在这些领域中，美国、德国等领先国家已经占据了近乎垄断的市场地位，我国产品质量的可靠性和一致性较差、试验验证环境缺失等薄弱环节长期存在，市场无法扩展带来的更严重后果是技术积累缺少学习应用场景，无法破解工业知识积累的"冷启动"难题，带来技术和市场的双重低端锁定。数据显示，我国关键技术对外依存度在50%以上，发达国家普遍在30%以下，美国、日本仅5%左右。

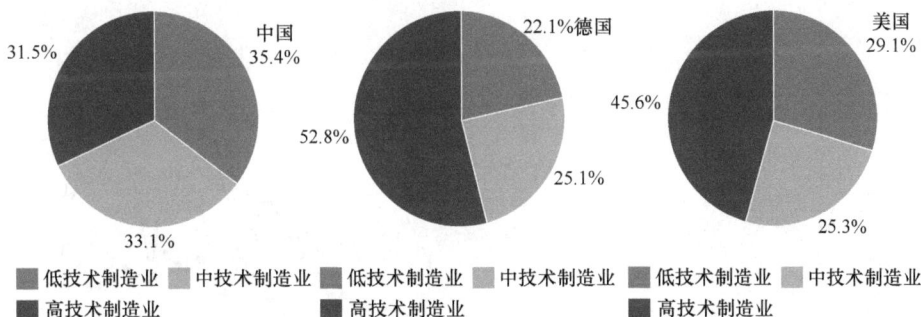

中国
35.4%
31.5%
52.8%
33.1%

22.1%德国
25.1%

美国
29.1%
45.6%
25.3%

■ 低技术制造业　　■ 中技术制造业　　■ 低技术制造业　　■ 中技术制造业　　■ 低技术制造业　　■ 中技术制造业
■ 高技术制造业　　　　　　　　　　■ 高技术制造业　　　　　　　　　　■ 高技术制造业

来源：OECD。

图4-4　制造业技术结构比较（中国、德国与美国）

从效率水平来看，我国制造业效率同前沿经济体差距依然巨大。制造业是开放度最高的产业，也是效率进步最快、效率竞争最激烈的产业，效率是决定制造业全球竞争力最关键的因素。我国作为后发国家，只有在长时间内实现更快的效率提升，才能真正牵引制造业整体的追赶和跨越，也只有依靠更快的生产率提升速度，才能化解我国要素成本快速上升的压力，延缓制造业转移速度，保持制造业比重总体稳定。我国制造业劳动生产率突破面临"天花板"。UNIDO数据显示，过去10年，我国虽然是全球主要经济体中制造业劳动生产率增长速度最快的国家，但到2022年，我国制造业劳动生产率仅为 6.52 万美元 / 人，相当于德国的 65%、日本的 58%、韩国的 49%、美国的 32%（见图 4-5）。国际经验显示，后发经济体在制造业劳动生产率接近美国 30% 左右时，进入追赶临界点，要实现生产率差距加速缩小必然要依赖更大的增量市场，这个增量市场创造难度极高。全要素生产率相对差距缩小但绝对差距仍较大。2002 年我国进入工业化中期，制造业全要素生产率仅为美国、德国 1/4 的水平，到 2023 年，同美国、德国之间的差距在大幅缩小，但仍不足美国的 1/2、德国的 1/3。

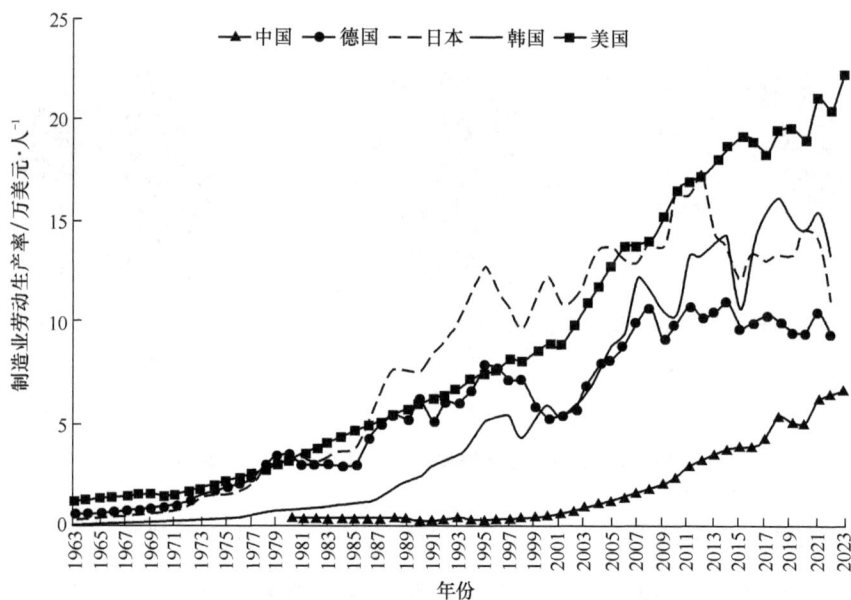

来源：UNIDO。

图 4-5 主要经济体制造业劳动生产率长期变动趋势

从绿色发展来看，我国工业各领域绿色低碳发展压力巨大。实现"双碳"目标，工业领域减碳首当其冲，且任务艰巨。从各行业的碳排放规模和强度来看，主要工业领域碳排放量大，实现"双碳"目标压力巨大。非金属矿物、金属冶炼、化工等少数高耗能工业的碳排放强度超过 1，其碳排放总量远超占 GDP 50% 以上的服务业碳排放总量。从全球来看，我国工业绿色低碳发展压力超过美国、欧盟、日本、韩国等国家和地区。与欧盟、美国和日本、韩国相比，我国高耗能产业的能源成本占总成本比重更高，碳排放强度也更高，这与我国高耗能产业多、某些细分高耗能产业的能耗高、煤电占比高、能效相对较低等因素有关（见图 4-6）。绿色低碳发展短期内对制造业稳定产生冲击。尽管从长期来看，绿色低碳发展的成本可能更低，但在当前技术条件下，绿色转型会通过碳成本内化等方式增加能源使用成本，而能源使用成本上升最终会导致各个产业，特别是高耗能产业的产量下降、产品价格上升，甚至会使部分产业转移到绿色约束更低的国家和地区。以非金属矿物、金属冶炼、化工等高耗能产业为例，这些产业的用能成本占比均超过 10%，假定其他因素不变，能源使用成本上升 10% 会导致这些产业的总成本上升 1% 以上，若各国能源使用成本上升幅度相同，我国高耗能产业受到的负面影响比欧盟、美国和日本、韩国更大。研究表明，假如我国以美国的碳排放水平为目标，预计约下拉制造业增加值增速 0.15 个百分点。按照国家发展和改革委员会、国家能源局确定的能源控制目标，即 2021—2030 年能源消费总量控制在 60 亿吨标准煤以内，可以推算到 2035 年能源约束将下拉制造业增加值增速 0.4 个百分点，资源环境约束对我国制造业的综合实力有着显著的负面影响。

3. 动力挑战：创新能力仍然偏弱，创新生态仍不完善

当前，我国工业化中量质问题、新老问题等交织叠加，且都是难啃的"硬骨头"。突破这些难题既需要在产业层面直接应对，又需要另辟蹊径突破，更需要从底层源头处根除病灶。综合来看，自主创新能力不强是上述所有问题的深层次根源，提升自主创新能力是解决我国工业化当前所有问题的共同途径。高技术制造业主要包括航空航天、信息通信及生物医药等

产业，从起源来看，这些产业大部分源自基础研究的产业化，政策制定者、研究者常将这类产业命名为"基于科学的产业"。产业效率的提升，除了依靠产业组织变革，更重要的是通过创新提高产品质量和附加值。产业链供应链韧性和安全的根基就在于摆脱工业基础对外依赖，实现高水平科技自立自强。绿色化发展刚性约束的突破也需要绿色创新来实现。

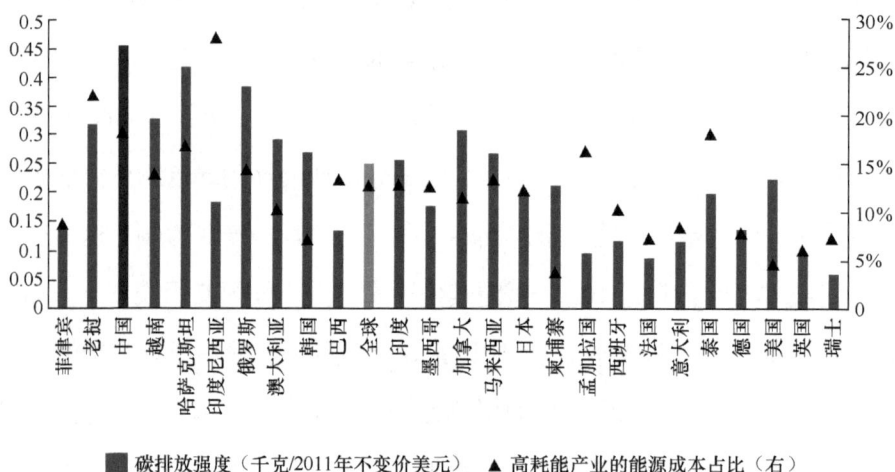

■ 碳排放强度（千克/2011年不变价美元） ▲ 高耗能产业的能源成本占比（右）

来源：亚洲开发银行（ADB）世界投入产出表。

图4-6 各国高耗能产业能源成本占比和碳排放强度

一方面，我国原始创新乏力，基础研究存在投入不足、结构不优、产业化生态不完善等问题，难以支撑可持续的原始技术创新。数据显示，我国基础研究投入规模较低。2022年，美国基础研究投入约1300亿美元，我国基础研究刚过300亿美元，不到美国的1/4。如果考虑美国在过去70多年内长期投入所形成的基础研究设施、人才等存量，中美差距会更大。在美国，企业成为基础研究日益重要的主体，占全部基础研究比重的32%以上，生物医药、信息技术和交通设备是基础研究投入的主要领域。日本、韩国企业基础研究也在持续上升并不断突破新高，日本企业基础研究占全部基础研究的比重是 39%，韩国这一比重更是达到了 58%。我国高校和研究院所是基础研究主力，企业基础研究占比刚过 6%。

另一方面，我国产业科技创新体系不优，科技成果转化率需要提升。以美国为例，美国国家科学基金委员会（NSF）、美国国防高级研究计划局（DARPA）、美国能源部高级研究计划局（ARPA-E）、美国健康前沿研究规划局（ARPA-H）、军工综合体等形成了从科学突破到试验试制再到初步产业化衔接顺畅、运转高效的创新体系，《拜杜法案》等知识产权制度也激发了基础研究产业化的活力，这些共同构成了美国强大且高效的从基础研究到产业化的产业科技创新体系。而德国 1949 年成立的弗劳恩霍夫协会聚焦于支撑产业发展的共性技术研发，桥接了基础研究到产品开发的"死亡之谷"。经过 70 多年的发展，弗劳恩霍夫协会已成为世界上最高效的科技成果转化机构之一，见证并支撑了德国工业的腾飞。我国在基础研究、产业科技创新体系建设等方面与发达国家相比仍存在较大差距，以专利实施率作为科技成果转化率的主要衡量指标，我国仅为 6%，美国为 50%。这表明我国与美国科技成果转化率的差距巨大。

（四）新时代推进新型工业化的战略选择与方向路径

1. 中心任务

新型工业化是一个系统工程，内涵极其丰富，涉及科技与产业、效率与安全、效率与公平、对内与对外、发展与安全、目标与手段等多方面工作的推进和平衡。只有从我国工业化所处的历史方位出发，把握其核心要义和根本性判断，抓住关键矛盾、突出主要制约，才能更好地理解其丰富内涵，推动新型工业化实践更好地落地见效。

从历史方位来看，这一阶段既是我国工业化正处在深度追赶的初期，也是全球化深刻变革的变动期，也是第四次工业革命纵深发展的机遇期。到 2035 年，我国工业化将实现从"追赶"到"引领"的伟大跨越，此时推进新型工业化的核心要义就把"工业由大到强、达到世界先进"。这也是中国式现代化的基本要求，是全面建成社会主义现代化强国的必然选择，在新型工业化各目标中居首要位置。

2. 战略方向

我国工业化进入深度追赶期后，对解题路径提出了更高要求。工业化不同时期，面临的主要矛盾和问题各异，解决思路和路径也各不一样。人类工业化进程近 300 年，面临数次工业革命巨大机遇，但仅有 27 个国家和地区，不足 10 亿人全面完成了工业化（占全球人口的 15%），第二次世界大战以来后发国家成功实现追赶的更少，仅有日本、韩国、新加坡等极少数国家成功实现追赶。大量后发国家在追赶到达中途后因无法解决难题而出现停滞甚至掉头向下，如巴西、阿根廷等拉美国家。我国当前工业化正处在这个关键关口。跨过深度追赶关口，对我国的战略选择、实施路径等提出了新的更高要求。

抓住新工业革命开辟的"跨越式追赶机会窗口"是破解深度追赶难题的新道路、新主线。历史上的工业强国，大部分是抓住新工业革命机遇实现了全面赶超，如美国、德国抓住第二次工业革命的技术变革机遇实现了对英国的超越。从把握新工业革命机遇的角度来看，新时代推进新型工业化的新道路可以概括为"两纵两横"的发展模式。其中，"两纵"是数字化和绿色化两大技术浪潮所推动形成的新型工业化两大新引擎，"两横"中的一横是处于底层动力的自主创新，另一横是处在顶层的全球化，这是在数字化、绿色化、自主创新综合作用之上创造出的工业增量发展新空间。

要以数字经济和实体经济深度融合为战略主线，开辟工业由大到强新路径。数字化正在全面重塑工业生产函数，推动形成新的生产要素、制造体系、研发范式和组织形态，是重塑工业体系、工业化进程和全球工业格局最大的技术变量、时代变量，为我国工业从源头打造新优势、另辟蹊径实现工业基础、核心技术追赶跨越，以及以更高效率稳住发展动力提供了新的可能，是我国工业实现由大到强必须把握的历史性机遇。我国抓住了信息化革命成熟期的机遇，实现了数字经济的跨越式发展，已经具备抓住新一轮数字化变革机遇的基础、资源和能力。在推进新型工业化过程中，数字经济和实体经济深度融合不应只定位为一个部门的任务或一项具体工作要求，而是必须上升为战略主线，贯穿新型工业化发展的每个环节、每个角落。

要以绿色发展为历史契机，走出工业可持续发展新路径。绿色低碳是和数字化并列的重大技术变量。当前，绿色化变革在新能源、光伏等领域已经出现，但在更多领域总体上仍处于探索期，主导技术路线尚未形成。我们应把握绿色化发展格局未定的历史机遇，推广普及光伏、新能源汽车等产业突破经验，依靠我国超大规模市场需求，把握能源变革、产业动力变革中的"换道"契机，牵引更多产业实现追赶突破，并在新技术产品研发、新规则标准制定等方面抢夺更多主导权，为我国新型工业化开辟新战场、拓展新空间。

要以制度创新强化自主创新，打造工业全球竞争新优势。自主创新能力的持续提升主要依靠国家和产业科技创新体系建设，这在本质上是一个制度创新问题，即建立一套有效的激励机制和协同机制，诱导企业强化研发投入，助力产学研不同主体加强创新协同，最终形成系统性的自主创新能力。我国长期以来形成的是跟随和依附型国家和产业创新体系，难以产生颠覆性创新，与工业化实现深度追赶的路径选择难以匹配。因此迫切需要加快形成激励自主创新的政策框架，完善自主创新所需的基础制度建设，建成更高效率的产业科技创新体系，为实现深度追赶提供持久动力。

要以国际市场、国际资源推动建设高水平全球化，开辟新型工业化增量空间。高水平全球化是推动新型工业化的重要外部动力。经济发展史表明，后发国家全球化往往经历从低水平嵌入向高水平再嵌入转变，通过提升国内产业链的技术水平、制造水平等内生能力，为升级价值链带来更大增值空间，推动工业发展质与量的双重跃升和突破。高水平全球化更是新型工业化高质量发展的综合体现。其具体表现为以数字化、绿色化、自主创新能力为强大支撑，通过对标国际高标准经贸规则，稳步扩大制度型开放，建设市场化、法治化、国际化一流营商环境，推动企业积极"出海"、产业加速海外布局，以竞争力更强的出口产品（如"新三样"）抢占国际市场。全球化为我国推进新型工业化开辟了第二增长曲线，这在全球工业增速持续放缓的约束条件下，为新型工业化量的稳定增长与质的优化升级提供了根本保障。

3. 实施路径

发展经济学理论表明，工业强国的国家发展路径遵循着"劳动密集型产业（A阶段，中低技术制造业）→资本密集型产业（B阶段，中等技术制造业）→工业知识密集型产业（C阶段，中上技术制造业）→基于科学的产业（D阶段，高技术制造业，核心技术、关键零部件）"。如果从某个具体产业的技术或产品升级路径来看，其具体表现形式会有所不同，但一般会遵循一定的发展阶段进行演化。当前，我国已经完成了C阶段的追赶，部分领域完成了整个追赶过程。我国要在2035年基本实现新型工业化，全面实现工业由大到强追赶存在以下4种可能路径（见表4-3）。

第一种模式是基于效率追赶的跟随式发展路径。这是一种在现有技术和投入水平下的追赶路径。在这种模式中，我国企业或产业沿着发达国家的发展路径，但强调在现有发展模式中通过更好的优化资源配置、更快的效率提升，追赶上先发国家。效率的提升有利于缩小我国与发达国家之间的效率差距，提升产业链供应链韧性和安全，并使我国产业效率相较于其他后发国家而言具有优势，从而有利于维持制造业比重。具体手段包括利用数字化提升效率，推进产业组织和管理变革，提升企业和产业竞争力，优化产业空间布局等。从产业层面来看，我们以装备制造业为例（以下相同），最典型的案例是处于萌芽期的大飞机产业，全球大飞机产业高度成熟，配套产业链业务布局非常完善，我国大飞机 C919 项目主要采用全球招标、自主装配的成熟技术路线，是一个典型的效率追赶产业。

第二种是阶段跳跃式发展路径。这是一种创新和改变现有技术组合形式的发展路径。在这种模式中，我国企业或产业总体上沿着与发达国家相同的发展路径前进，但是通过新技术等手段，跨过了某些发展阶段，因此可以极大地缩短追赶时间。跳过一定发展阶段，有利于解决我国工业基础差、工业知识积累不足的难题，加快缩小我国与发达国家之间的差距。具体手段包括利用人工智能等数字技术加速工艺积累，以高标准绿色发展约束跳过先污染后治理的老路等。从产业层面来看，最典型的案例是处于成熟期的挖掘机产业，我们借助大规模投资建设对挖掘机的巨大需求，特别是在重点零部件等没有完全掌握的情况下，在整机组装行业实现快速攀升。

第三种是"换道"突破的发展路径。这是一种引入新生产要素投入的发展路径。在这种模式中，我国企业或产业在跟随发展到一定阶段后，在具备一定的基础条件下，在产业变革中利用另辟蹊径的机遇，用新要素拓展新空间，探索出自己独特的发展路径，并抢占到竞争的上游位置。另辟蹊径是我国打破发达国家设置的技术和市场封锁、实现领先的关键道路。在现实中，我国大量领域通过这一模式实现了突破，新能源汽车最为典型。

具体手段包括抓住数字化、绿色化及制造业与服务业融合等带来的全新机遇实现突破。从产业层面来看，最典型的案例是处于转型期的船舶产业，这一产业正在向绿色化、智能化"换道超车"。

第四种是源头创新的发展路径。这是一种探索颠覆式创新的发展路径。在这种模式中，我国企业或产业在一定发展基础上，基于基础研究取得的颠覆创新成果，并将其产业化，从而打破传统发达国家所走道路，开辟一条全新的发展路径，从一开始就实现领先。源头创新是我国打破过去外源性技术进步困境，推动产业结构升级、保障产业链供应链安全、构建新发展格局的根本动力。具体手段包括强化基础研究及其产业化，完善产业科技创新体系，利用数字化手段提升创新效率。从产业层面来看，最典型的案例是处于成长期的工业机器人产业，如国内机器人产业正在从源头开展创新，成为新的发展力量。

表 4-3　新时代推进新型工业化的实施路径

发展路径	表现形式	可破解难题	破解手段
发达国家的路径	A阶段→B阶段→C阶段→D阶段		
基于效率追赶的跟随式路径	A阶段→B阶段→C阶段→D阶段	1.缩小我国与发达国家之间的效率差距； 2.提升产业链供应链韧性和安全； 3.维持制造业比重	1.利用数字化提升效率； 2.推进产业组织和管理变革； 3.提升企业和产业竞争力； 4.提升劳动技能； 5.提升品牌质量； 6.优化产业空间布局
阶段跳跃式发展路径	A阶段→B阶段→D阶段	1.解决工业知识积累不足，产业结构高端化不足的难题； 2.解决工业基础差的难题； 3.提升工业绿色化发展水平	1.利用人工智能等数字技术加速工艺积累； 2.实施产业基础再造； 3.干中学、用中学、研中学； 4.利用本地市场效应加快学习积累； 5.推动工业全面绿色发展

发展路径	表现形式	可破解难题	破解手段
"换道"突破的发展路径	A阶段→B阶段→C'阶段→D'阶段	1.解决产业结构高端化不足的难题； 2.打破先发国家技术和市场封锁； 3.发展新兴产业，培育更多优势产业	1.数字化带来另辟蹊径的机遇； 2.绿色化带来另辟蹊径的机遇； 3.制造业与服务业融合带来"换道"机遇； 4.产业政策支持
源头创新的发展路径	A'阶段→B'阶段→C'阶段→D'阶段	1.优化产业科技创新体系； 2.实现高水平自立自强，提升产业链供应链韧性； 3.提升高技术产业竞争力； 4.维持制造业比重	1.强化基础研究及其产业化； 2.完善产业科技创新体系； 3.利用数字化手段提升创新效率

来源：中国信息通信研究院根据公开资料整理。

▷ 第五章

提升产业链供应链韧性和安全水平

党的二十大明确提出，要"着力提升产业链供应链韧性和安全水平"。当前，世界百年未有之大变局加速演进，世纪疫情影响深远，逆全球化思潮抬头，单边主义、保护主义明显上升，世界经济复苏乏力，局部冲突和动荡频发，全球问题加剧，世界进入新的动荡变革期，自主可控、安全可靠的产业体系愈发变成一种稀缺资源，为后发国家推进工业化提供前提条件和战略支撑。当前，我国产业链供应链正处在"全而不强""韧中有脆""连而不畅"等复杂局面交织叠加之下，面临的形势更加严峻紧迫。提升产业链供应链韧性和安全水平已经成为关乎新型工业化发展的最紧迫命题，是推进新型工业化的首要任务。

（一）产业链供应链韧性和安全水平的内涵发生根本转变

从本质上看，产业链供应链作为一种社会分工协作网络，由主体要素和结构要素组成。其中，主体要素是产业链供应链的"节点"，结构要素是产业链供应链主体之间的"关系"。随着时代需求和内外部环境的变化，主体要素和结构要素也会发生相应的改变，从而使产业链供应链韧性和安全水平在不同时期具有不同的基本内涵[1]。

1　如无特殊说明，本章不加区分使用产业链、供应链、价值链3个相似的概念。

1. 主体要素：从企业属性向国家属性转变

2016 年之前，产业链供应链的主体要素是企业，也就是企业构成了这个网络中的节点。在这一时期，导致产业链供应链中断的潜在因素多是特殊的、偶发的，如经济危机中个别关键企业破产、洪水和地震等自然灾害冲击造成关键零部件和中间品供应商的生产环节或流通环节出现断裂。这些影响通常是局部的、短期的、相对有限的，在公司层面可以控制。企业层面产业链供应链韧性和安全是一个可以留给私营公司和物流公司、供应链管理策略师和运营研究专家处理的议题。例如，2011 年日本"3.11"大地震导致汽车产业链出现临时性中断，第一次敲响了全球产业链断裂的警钟。尽管受此次地震影响，全球汽车日产量削减 10 万辆，零部件短缺造成的供应链问题拖累了全球 30% 左右的汽车产能，但仅仅 4 个月后，全球汽车生产已趋于全面恢复。从总体上看，企业层面的产业链供应链韧性和安全强调的是要防范极端自然灾害、经济危机等造成的罕见风险，目标是要确保原材料供应、中间品投入和车间生产不间断，追求的是及时响应。

2016 年以来，全球产业链供应链韧性和安全面临的形势发生了根本性转变。美国纽约联邦储备银行构建的全球供应链压力指数（GSCPI）显示，1998 年 1 月至 2017 年 12 月，这一指数平均水平仅为 −0.31，但 2018 年 12 月至 2024 年 4 月，该指数平均水平升至 1.01，2021 年 12 月更是飙升至 4.36 的历史峰值。究其原因，中美贸易战、经济脱钩、逆全球化和地缘政治冲突等因素频发、多发，叠加新冠疫情造成的全球性危机[1]，使全球产业链供应

1　约尔达（Jordà）、辛格（Singh）和泰勒（Taylor）的研究发现，战争和自然灾害对于经济社会的影响通常在 5～10 年后完全消退，但全球性的大流行病对于经济社会的影响在 20～30 年甚至会长达半个世纪后才会完全消退，新冠疫情对经济社会长期冲击要远远超过战争和自然灾害。

链面临的冲击从短期、局部向长期、全局转变。从深层次来看，产业链供应链韧性和安全问题已经不再是企业层面所面临的原材料不足、关键零部件短缺等一般性的微观生产问题，而是涉及国家层面的生产能力、产业基础、技术水平与资源利用等系统性的宏观稳定问题。宏观稳定问题是一个企业层面无法应对的难题，需要国家广泛介入，产业链供应链的主体要素已经从企业转变为国家，国家构成了产业链供应链网络中的关键节点，成为提升产业链供应链韧性与安全水平的主体力量。

2. 结构要素：从效率优先向效率和安全并重转变

产业链供应链是在全球分工体系下衍生、发展出的概念。传统全球化理论强调，一个国家或地区基于比较优势参与全球价值链分工能够获得最大化的福利水平，这里的比较优势本质上就是效率优势。全球价值链分工按照效率优先的原则，追求价值链各环节所需的要素投入与全球各地区的要素供给实现最优匹配，从而生产出质量最优、成本最低的产品，这就意味着效率构成了产业链供应链主体之间的"关系"。这种全球价值链分工具有供应链运输距离长、涉及国家多、某些产品的生产国或企业地理集中等特点。但应当看到，这种全球价值链以效率优先进行分工的原则有着极其严格的前提假设，包括原材料、中间品、最终产品等进出口顺畅，生产过程中所需要的设备、器材、关键零部件和关键矿物等获得顺畅，人员和企业交流顺畅等，也就是不存在长期的自然阻断或者人为的故意限制。

近年来，重大突发事件对全球产业链供应链产生了巨大冲击，表现在以下两个方面。一是受新冠疫情这个全球公共卫生危机影响，美西方由于基础工业产品（如口罩和呼吸机）和高端工业产品（如芯片、光刻机）等受冲击明显，纷纷积极推动产业链供应链分散化、本土化、近岸化发展，着力降低供应链过长、过于集中可能带来的风险。二是全球经贸力量正在进入"修昔底德陷阱",全球制造业"东升西降"尤其是"中升美降"态势持续深化,"西方"传统大国作为守成国家必然会对"东方"新兴国家进行遏制和打压,国家力量开始介入,造成当前逆全球化、单边主义、保护主义思潮暗流涌动,进一步增加全球产业链供应链安全风险。美国知名智库布鲁金斯学会的研究指出,长期复杂的全球供应链在生产模式上是脆弱的,传统全球供应链以牺牲稳健性和韧性的方式来换取效率和低成本,现在则完全不同,安全问题愈发突出。综合研判,产业链供应链主体之间的"关系"正在从效率优先向效率和安全并重转变。

(二)提升我国产业链供应链韧性和安全水平的现实逻辑

1. 大国经济必须具备的重要特征

产业链、供应链在关键时刻不能掉链子,这是大国经济必须具备的重要特征。大国经济具有 3 种基本特征,即规模性特征(人口规模和经济规模)、结构性特征(发展差异和多元结构)、内源性特征。其中,内源性特征是在规模性特征和结构性特征基础上形成的高级特征,即大国不仅拥有庞大规模的自然资源、人力资源供给,可以形成经济发展的内部推动力量,还拥有庞大的消费需求和投资需求,可以形成国内市场的拉动力量。国内资源供给和国内需求推动的结合,使大国经济可以依靠国内资源实现内源性增长,依托国内市场实现内生性发展。国际发展经验表明,大国经济通常以内需为主导、内部可循环,内外需市场相互依存、相互促进。

当前,我国正在加快构建以国内大循环为主体、国内国际双循环相互促进的新发展格局,实现新发展格局的关键在于实现经济循环畅通无阻,而这取决于一个国家或地区产业链供应链的韧性和安全水平。一方面,实现国内大循环畅通,要求国内供应体系安全可靠、自主可控,供应链不"断链"，充分保障国内重点行业领域在外生冲击下的正常运转，关键时刻发挥自我循环的韧性特征。另一方面，实现国内国际双循环相互促进，保证安全高效地"引进来"和"走出去"是参与国际经济大循环的基本要求，更加强调中国供应链在国际市场中的自主可控，这关系到国家产业发展在国际竞争中的地位。

2. 推进新型工业化的前提条件和战略支撑

推进新型工业化，加快建设制造强国，关键是要有自主可控、安全可靠的产业链供应链体系。当前，世界经济正处于重塑未来制造业竞争发展格局的关键时期，加快提升产业链供应链韧性和安全水平是推动制造业向较高产品质量、生产效率和可持续性的发展状态动态演进的必经之路。

提升产业链供应链韧性和安全水平是推进新型工业化的前提条件。新型工业化是把规模优势发挥到极致的工业化，只有这样才能为中国式现代化提供强大的物质技术基础。我国作为全球唯一拥有联合国产业分类中全部工业门类的国家，拥有 41 个工业大类、207 个工业中类和 666 个工业小类，在全球 500 种主要工业品中有 40% 以上的产品产量居世界第一，工业增加值占全球比重接近 30%，我国制造业总体规模连续 14 年居世界首位。提升产业链供应链韧性和安全水平关键是要增强制造业产业链供应链核心环节的自主可控，这有助于我国抓住新一轮科技革命和产业变革带来的战略机遇，培育出更多的新产业、新业态，应对日趋激烈的国际产业竞争，保持我国制造业比重基本稳定，稳固其在全球供应链制造中心的地位。

提升产业链供应链韧性和安全水平是推进新型工业化的战略支撑。作为后发国家，我国正处在由被动跟随式创新向自主引领式创新的过渡时期。我国工业创新能力不断增强，570 多家工业企业入围全球研发投入 2500 强，工业企业发明专利申请数从 2012 年的 17.6 万件提高到 2022 年的 55.5 万件。近年来，全球创新博弈和技术竞争日益激烈，如果没有足够的核心技术支撑，就很难摆脱低端锁定和模仿，难以形成具有竞争力的产业体系。只有依靠提升产业链供应链韧性和安全水平来营造稳定的发展环境，才能更好地通过提升自主创新能力来增强自身工业核心竞争力，掌握全球产业链供应链竞争主动权。

3. 应对可预期和不可预期冲击的必然要求

当前，全球经济发展面临的外部冲击正呈现出可预期冲击变得超预期，不可预期冲击变得频发、多发的趋势。尤其是随着世界经济已经形成多层次、多维度交织融合的全球产业链供应链网络体系，复杂的产业链供应链布局于全球各个区位，牵一发而动全身。任何一个冲击对全球产业链供应链的影响都会被持续扩散和显著放大，产业链供应链的任一环节出现梗阻都可能会酿成产业安全甚至是国家安全问题。

从应对可预期冲击角度来看，美西方以牺牲自己利益为代价的"囚徒困境"式做法对我国实施全方位的压制和密集的封堵，纷纷寻找"中国 +1"的多元化采购模式，造成全球产业链供应链"脱钩""断链"风险越来越大，这对我国产业发展造成较大影响。提升我国产业链供应链韧性和安全水平，避免因链条断裂而导致更多产业发展受损，有效提升产业发展的内生性、稳定性和自主性。

从应对不可预期冲击角度来看，门类齐全的产业体系、强大的生产制造能力和产业配套能力使中国制造业在应对外部冲击时表现出更强的韧性和回旋能力。以纺织服装为例，在应对新冠疫情过程中，凭借完整的产业链优势，我国及时实现了口罩、防护服等关键医疗物资的产能调度和应急生产，同时承接大量全球订单，进一步展现出独特的产业链韧性优势。提升产业链供应链韧性和安全水平，能够为我国带来系统性、集体效率的优势和能够增强产业的抗冲击能力与恢复能力。

（三）提升我国产业链供应链韧性和安全水平面临的风险挑战

我国产业链供应链是在经济全球化和我国市场化改革背景下逐渐形成和发展的。随着市场化改革和对外开放，我国通过"来料加工""来件装配""来样加工"和"补偿贸易"（"三来一补"）嵌入全球产业链供应链，并成为其不可或缺的重要一环。随着工业化进程的不断深化，我国制造业已形成总体富有韧性的产业链供应链。配套完善的产业体系、不断增强的研发能力、持续优化升级的产业结构，为产业链供应链抵抗不可预知的外部因素冲击提供了保障，为我国提升产业链供应链韧性和安全水平打下了坚实基础。但也应当看到，当前，我国发展进入战略机遇和风险挑战并存、不确定难预料因素增多的时期，提升产业链供应链韧性和安全水平面临着更加复杂严峻的内外部形势。

1. 美国对我国的限制性产业政策依然是最大风险源

现代博弈、经济和地缘政治等理论均表明，当领先大国与新兴国家之间的差距较大时，合作是主基调，当新兴大国规模逐渐接近领先大国时，领先大国为保持领先地位，会千方百计地阻挠新兴国家的赶超，两国关系的主基调将从合作主导转为竞争主导。近年来，随着我国产业和经济总量日益接近美国，中美竞争与合作关系从合作为主转向以竞争为主。美国遏制打压是我们产业链供应链韧性和安全面临的最大外部挑战。美国政府将我国视为"最严峻的竞争者"，极力推进产业链供应链多元化、区域化战略，推行全球供应链"去中国化"行动，不断升级科技脱钩、技术封锁、贸易限制等策略，维护美国产业链供应链安全和全球霸权地位，给我国产业链供应链带来更大的风险与挑战，表 5-1 所示为近年来美国对我国的限制性产业政策。

表 5-1　近年来美国对我国的限制性产业政策

类型	手段	政策
投资限制	建立对华投资的全面审查	2018年，美国出台《出口管制改革法案》和《外国投资风险审查现代化法案》
		2021年，美国参议院提案《国家关键能力防御法案》
	设置企业层面投资黑名单	特朗普2020年11月签署第13959号行政令，禁止所有美国人参与"中共涉军企业"有关的投资活动
	加大对细分领域的限制	2023年8月，美国总统拜登签署了对华投资限制的行政令
	收紧中方对美投资	2018年，特朗普政府出台《外国投资风险评估现代化法案》
科技限制	制定管制清单	2020年以来多次更新《出口管理条例》，2021年美国海关发布暂扣令
	限制出口领域	2022年10月，拜登政府以出台"临时规则"形式更新《出口管理条例》
		2023年10月，美国管理和预算办公室发布"半导体制造项目出口管制、实体清单修改"法规
	联盟制约	联合日本、韩国，以及中国台湾组成芯片四方联盟，推动美欧贸易和技术委员会成立
贸易限制	特殊贸易保护手段	301调查：基于贸易公平启动的调查，232调查：基于国家安全启动的调查
	常规贸易保护	反倾销、反补贴调查
	贸易制裁	2022年6月21日，美国发布《防止在中华人民共和国使用强迫劳动开采、生产或制造的货物进口战略》和《美国海关和边境保护局进口商操作指引》

来源：中国信息通信研究院整理。

从手段来看，在科技限制方面，美国按照"小院高墙"思路加大对我国科技封锁和围堵力度。通过打造联盟化、集团化的"小圈子"凝聚形成所谓的"新共识"，如在信息通信技术、半导体、人工智能等领域组建了下一个 G 联盟、芯片四方联盟（Chip4）、人工智能全球合作伙伴（GPAI）等，与盟友抱团抢占全球技术前沿制高点，构筑美国再工业化和产业链重构的"护城河"。在贸易限制方面，美国政府沿用关税"大锤"对我国部分产品加征差异化、歧视性关税，同时还高举所谓"人权""安全"大棒，捏造各种议题在国际社会抹黑我国纺织、光伏等产业，使我国成为仅次于俄罗斯受美国"长臂管辖"制裁最多的国家。据不完全统计，美国累计将我国超过 1100 家高科技企业列入出口管制实体清单，集中在半导体、航空航天、人工智能、生物技术等领域，受制裁企业短期内的海外市场拓展受到严重限制。在投资限制方面，从建立对华投资的全面审查到设置企业层面的投资黑名单再到当前对细分领域的限制，美国对华投资限制政策更为精准有力。美国政府用行政令建立"分层监管机制"，以避开国会争论、减少商界阻力，特别明确提出针对半导体和微电子、量子技术、人工智能领域的投资限制。

从领域来看，新兴领域受阻碍。美国围绕人工智能、量子计算等高技术领域对我国"脱钩""断链"、断供动作愈发频繁，芯片更是成为竞争焦点。美国《芯片和科学法案》为美国半导体产业提供了 527 亿美元的芯片补贴，规定获得资金资助的企业 10 年内不能在我国投资建厂。高端芯片是人工智能算力支撑和创新关键，为遏制我国在人工智能领域的追赶势头，美国对英伟达和超威半导体等顶级芯片公司实施出口管制，禁止用于训练人工智能模型的高端芯片对华出口。优势领域被打压。美国通过技术断供、需求替代等手段对我国光伏、新能源汽车等优势产业实现合围。例如，为打击我国新能源汽车产业的先发优势，美国通过断供车载高科技芯片、抢夺全球锂矿资源、提供国内消费税收抵免等手段，对我国新能源汽车产业的围堵已初具雏形。短板领域难突破。美国正在从关键设备、关键零配件和元器件出口管制延伸至关键工艺、关键材料的控制，实现对短板产业链上游的全面控制。例如，美国从限制我国购买 EUV（极紫外线）光刻机制造高端芯片扩大到限制我国使用 EDA（电子设计自动化）软件进行芯片设计。

2. 关键产品对外依赖程度仍然较高

关键产品指关乎国家主权、领土完整，关乎国计民生、国家经济命脉，属于产业发展规划重点或被频繁打压的产品。这 3 个标准符合其中一个，即为关键产品。欧盟委员会 2021 年提出了"战略依赖产品"自下而上的分析方法，如图 5-1 所示。对于任何一个国家来说，如果某项进口产品进口超过 40%，同时进口总额高于出口总额，那么这个产品即为"战略依赖产品"。

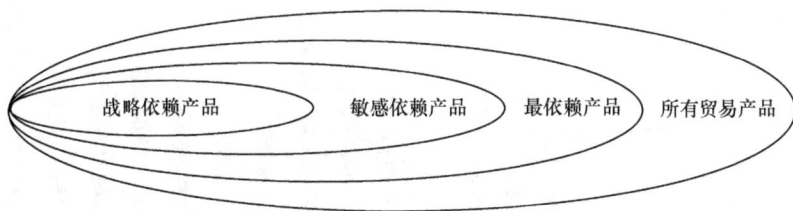

来源：欧盟委员会。

图 5-1　"战略依赖产品"自下而上的分析方法

根据法国国际信息和展望研究中心（CEPII）发布 BACI 数据库，按照其中 HS6 位码的双边跨国货物进出口贸易数据，结合欧盟委员会标准计算可知，2002—2021 年，我国内地（不包括港澳台地区）战略依赖产品数量从 665 项下降至 511 项，但战略依赖产品进口总额却从 365 亿美元上升至 3734 亿美元。从领域来看，大宗商品是我国对外依赖程度最高的敏感领域，包括主粮产品、工业金属及能源化工产品。2021 年，大宗商品领域战略依赖产品种类超过 80 种，进口总额接近 2000 亿美元，占比超过 50%。从种类来看，2021 年，制造业行业中有机化学制品、钢铁、动植物油分别有 34、23 和 22 个小项均属于战略依赖产品，排在数量的前三位；矿砂（含矿渣及矿灰）、钢铁和矿物燃料进口总额分别为 1548 亿美元、195 亿美元、180 亿美元，排在总额的前三位。从区域来看，2002 年，我国战略依赖产品进口数量排名第一的经济体是美国，占比 6.3%，战略依赖产品从排名前十的经济体中进口数量比重为 46.4%，到 2021 年，我国战略依赖产品进口排名第一的经济体依然是美国，但占比下降至 4.7%，战略依赖产品从排名前十的经济体中进口数量比重下降至 32.2%。2002—2021 年我国战略依赖产品数量及进口总额如图 5-2 所示。

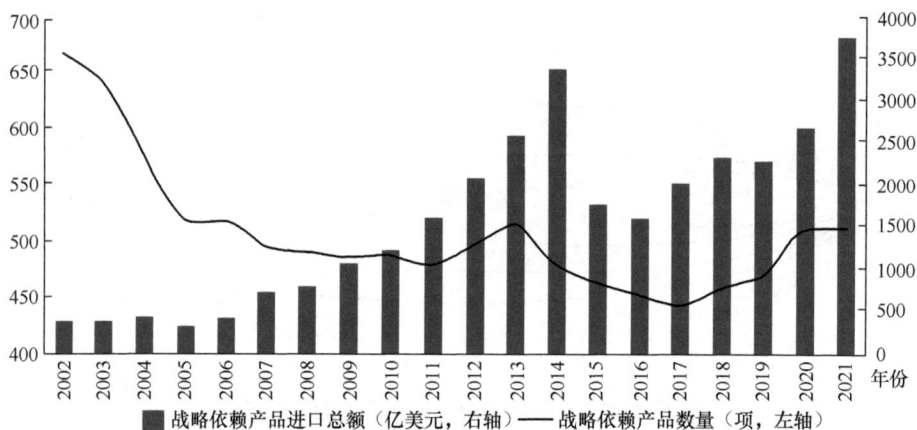

来源：根据CEPII-BACI数据库计算。

图 5-2　2002—2021 年我国战略依赖产品数量及进口总额

关键领域对美国及其盟友国家和地区的高进口依赖度给我国产业链安全带来极大影响。一方面，相关产品进口高度集中于美国及其盟友国家和地区，使西方国家在产品出口中具有较强定价权，可索取远超成本的售价，损害我国进口企业利益，抬升下游企业生产成本。以自澳大利亚进口的铁矿石为例，澳大利亚是我国最大的铁矿石进口来源地，2021 年我国从澳大利亚进口的矿砂（含矿渣及矿灰）总额超过 1020 亿美元，占矿砂（含矿渣及矿灰）全部进口总额比重的 66%，造成澳大利亚在铁矿石贸易和定价上的不对称权力。近年来，澳大利亚频繁利用铁矿石贸易对华施压，威胁对华"断供"，给下游钢铁等行业产业链安全带来较大影响。另一方面，在高新科技行业对美国及其盟友国家和地区的高依赖度，使美国可以有恃无恐地频繁使用限制性产业政策，对我国芯片、通信、超级计算机、先进计算等行业进行遏制。

3. 工业基础能力薄弱亟待加速破解

产业链供应链问题在本质上是国家间的技术和产业竞争。产业链供应链韧性和安全，从美国的角度来看，是要保持技术领先优势，从我国的角度来看，是要保持有关国计民生重大产业和核心技术的自主可控。我国作为后发国家，产业基础能力弱，部分领域关键核心技术受制于人，断供风险极大。工业和信息化部对全国 30 多家大型企业 130 多种关键基础材料的调研数据显示，32% 的关键基础材料在我国仍为空白，52% 的关键基础材料依赖进口，计算机和服务器中通用处理器使用的 95% 的高端专用芯片、70%以上智能终端处理器及大部分存储芯片依赖进口。在装备制造领域，高档数控机床、高档装备仪器、运载火箭、大飞机、航空发动机、汽车等关键件精加工生产线上逾 95% 制造及检测设备依赖进口。即便是同样的产品，由于行业诀窍知识（Know-how）掌握差异，国产通用零部件产品寿命一般为国外同类产品的 30% ～ 60%，模具产品使用寿命比国外低 30% ～ 50%。

国家产业基础专家委员会编制的《产业基础创新发展目录（2021 年版）》显示，在 21 个制造业领域，包括信息通信设备、基础软件及工业软件、机床与基础制造装备及机器人、先进轨道交通装备、智能网联汽车、节能与新能源汽车、电力装备、新材料、高性能医疗器械、仪器仪表、工程机械、农业装备、钢铁、有色金属、石化、建材、食品、纺织、家用电器、环保低碳及资源综合利用装备、能源电子，工业基础核心的基础零部件和元器件、基础材料、工业基础软件、基础制造工艺及装备、产业技术基础合起来有 1047 项是急需突破领域（见表 5-2），产业基础高级化水平有待进一步提升。

表 5-2　我国工业基础的"短板"情况

领域	基础零部件和元器件	基础材料	工业基础软件	基础制造工艺及装备	产业技术基础
信息通信设备	29	1	—	7	7
基础软件及工业软件	—	—	67	—	—
机床与基础制造装备及机器人	6	6	5	3	4
先进轨道交通装备	16	4	—	11	3
智能网联汽车	6		1	—	3
节能与新能源汽车	26	7	4	24	10
电力装备	30	14	3	5	20
新材料	13	64	1	37	3
高性能医疗器械	19	20	3	8	3
仪器仪表	37	—	—	—	16
工程机械	21	8	1	7	9
农业装备	26	2	2	5	6
钢铁	1	13	4	6	5
有色金属	2	21	1	15	—
石化	2	8	1	9	1
建材	3	40	—	14	—
食品	1	3		18	9
纺织	13	12	2	33	4
家用电器	12	4	2	10	13
环保低碳及资源综合利用装备	10	19	—	27	4

续表

领域	基础零部件和元器件	基础材料	工业基础软件	基础制造工艺及装备	产业技术基础
能源电子	16	23	3	21	9

来源：产业基础创新发展目录（2021年版）。

4. 部分产业外迁压力日益增大

随着要素成本上升、资源环境约束加大、发达国家再工业化、东南亚等发展中国家工业化加速、中美经贸摩擦升级等多重因素叠加影响，我国制造业出现加速外迁现象，产业根植性面临严峻挑战。特别是美国通过近岸外包、友岸外包、制造业回流等方式削弱我国传统产业配套优势，加快传统产业链向东南亚、印度分散或本土回迁。德国伊弗经济研究所（Ifo）研究显示，美西方涉华产业链全面重构将造成我国 GDP 损失高达 1.49%，远远超过给美国（0.40%）、德国（0.55%）和欧盟（0.37%）带来的 GDP 损失。

从行业端来看，传统产业被动加速转移。要素成本持续上涨削弱了我国成本优势。工资、土地等要素价格会随着经济发展而提高，根据联合国工业发展组织的数据，2022 年，我国从业人员平均月工资 867 美元，是马来西亚的 1.1 倍、越南的 1.9 倍、泰国的 2.2 倍、菲律宾的 2 倍、印度尼西亚的 3 倍。即使考虑到良好的基础设施、完善的产业配套、高素质的劳动力供给等因素的影响，我国在劳动密集型产业的综合成本也已不具备优势。目前我国外迁行业主要集中在服装、家具、电子产品组装等劳动密集型产业，2012 年以来这些行业陆续向东南亚国家转移。总体来看，我国在美国全部进口中所占比重已经从最高时的 21% 左右下降至不足 15%，东盟五国（泰国、越南、马来西亚、菲律宾、印度尼西亚）在美国全部进口中所占比重上升至 8% 左右，在一定程度上对我国在美国进口中的角色形成替代。从细分行业来看，我国纺织服装占美国纺织服装进口比重已经从 2018 年最高点的 30% 左右下降至 2022 年的 15%，东盟五国则从约 4% 升至约 7%（见图 5-3）。类似地，电子信息制造业等"两头在外"的劳动密集型加工制造环节外迁也比较普遍，2018 年以来外迁速度更是进一步加快。例如，我国手机产量在全球中的占比由 2016 年的 75% 逐年下降至 2021 年的 67.4%，与此同时，印度与越南的手机产量不断攀升，印度与越南手机产业链大致形成"中国与韩国生产零部件 —— 印度或越南加工生产 —— 出口发达国家"的分工模式。

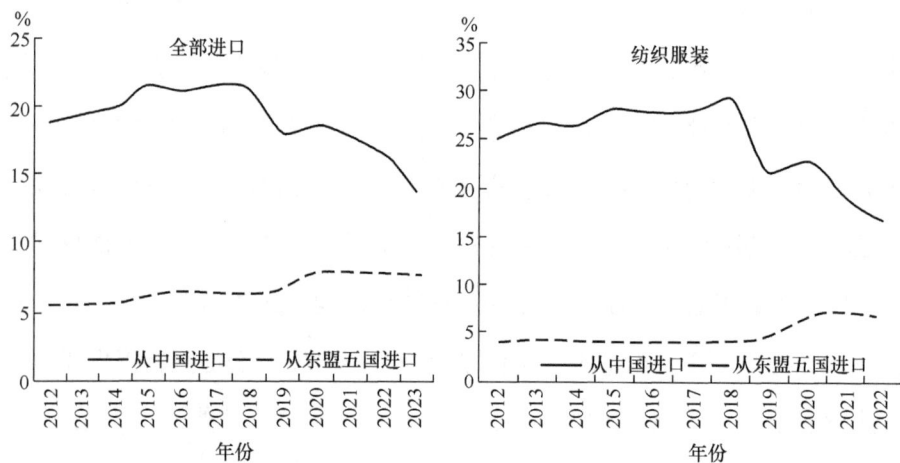

来源：司尔亚司数据信息有限公司（CEIC）数据库。

图 5-3　东亚五个主要国家（泰国、越南、马来西亚、菲律宾、印度尼西亚）在美国市场对中国的替代

从企业端来看，外资企业特别是跨国公司是我国制造业产能外迁的主力军和先锋队。这一点在电子信息行业表现最为突出，三星电子（2012 年）、西铁城（2015 年）、飞利浦照明（2016 年）、尼康（2017 年）、希捷（2017 年）、欧姆龙精密电子（2018 年）等陆续转向东南亚。例如，苹果正推动笔记本计算机产能向越南转移、iPhone 手机产能向印度转移，2019—2021 年苹果公司在我国的供应商生产基地占比从 47％降至 36％。民营企业外迁现象、中小企业"组团式外迁"趋势也在增加。综合来看，目前制造业外迁仍以劳动密集型产业、加工组装环节为主，但一些行业供应链核心企业外迁带动配套企业集群式转移的苗头已经显现，案例也越来越多，且外迁行业逐渐从短链条、低附加值的加工制造环节向长链条、高附加值的中高端制造业蔓延。

5. 大国间战略资源博弈竞争加剧

战略资源在关键时刻发挥保底线的作用。工业化早期，传统资源作为基础设施建设、大型机械原材料、工业生产能源的重要性不言而喻。进入新工业革命时期，随着数字化和绿色化的爆发式演进，数字基础设施和绿色基础设施所依赖的关键矿物资源（锂、钴、镍、稀土等）、竞争性战略资源（如频谱资源等）的争夺进入白热化阶段。以关键矿物资源为例，我国关键矿产制造规模大、竞争力强，但资源储备及开采、回收利用及技术创新能力较弱，呈现"中间大、两头小"的总体发展情况，尤其从关键矿物供应端来看，净进口的矿产远多于净出口的矿产（见表 5-3）。随着关键矿产资源国际竞争日益激烈，风险在不断增大。一方面，资源民族主义兴起，我国海外矿产安全风险增大。近几年来越来越多资源国收紧特许权年限、严控海外并购、限制矿产出口，甚至将关键矿产收归国有，资源民族主义快速上升。资源民族主义指数显示，从 2017 年到 2021 年，有 66 个国家或地区的资源民族主义风险显著增加，资源民族主义使我国对海外矿产控制权的难度扩大，对已掌握矿产的可持续供给风险增大。另一方面，美西方全力抢夺国际矿产，我国获取海外矿产资源受限的风险增大。美西方愈发重视关键矿产安全，近年来加紧推出、调整关键矿产战略，展开全球布局以应对关键矿产风险。美西方还通过签订"矿产安全伙伴关系"等组建排华区域化、集团化矿产资源供应体系，限制我国获取海外矿产资源。

表 5-3　中国关键矿产进出口百分比

进出口	矿产	合计
净进口>90%	锰、铌、锆、铪、铬、镍、钴、铂族、高纯石英、氦气	10种
净进口>50%	铁、铜、铝、锂、铍、钽、铼、金、硼	9种
净进口>0	钾盐、钛、锡	3种
供需基本平衡	锶、铷、铯、钒	4种
净出口	稀土、锗、碲、锑、石墨、萤石	6种
净出口>50%	铟、镁、钨、铋	4种
净出口>90%	镓	1种

来源：中国信息通信研究院根据公开数据整理。

（四）提升我国产业链供应链韧性和安全水平的重点任务

1. 多措并举提升我国工业基础能力

充分发挥我国超大规模市场优势和新型举国体制优势，聚焦事关发展和安全的战略需求，深入实施重大技术装备攻关工程，围绕国家重大战略目标和重大战略任务，聚焦航空航天、船舶、海洋工程、能源安全、基础制造、民生保障等领域，滚动实施大飞机、绿色电力装备、高端工业母机等攻关工程，突破一批战略性标志性装备。深入实施产业基础再造工程，聚焦"五基"（基础零部件和元器件、基础软件、基础材料、基础工艺、产业技术基础），集中力量、集中资源，补齐部分关键核心技术短板，加快提升产业基础能力。不断强化重点领域的基础研究和自主创新能力，用好首台（套）首批次首版次等政策，构建国产首台（套）首批次首版次产品大规模应用的生态系统，加快自主创新产品的推广应用和迭代升级速度，努力解决基础研究"最先一公里"和成果转化、市场应用"最后一公里"的有机衔接问题，构建产业链供应链协同创新机制。

2. 瞄准重点产业链强链补链稳链

着力拉长长板，巩固提升优势产业的国际领先地位，聚焦稀土、光伏、新能源汽车、5G、高铁、电力装备、通信设备等优势产业链，锻造一批"杀手锏"技术，打造国际产业链对我国的依存关系，形成对国外人为断供的强有力反制和威慑能力。加快建设一批世界级先进制造业集群，提升产业质量。围绕重点产业链，实施"一链一策"，强化产业链上下游协同攻关，化点成珠、串珠成链，确保产业链供应链稳定畅通。发挥"链主"企业带动作用，强化产业链上下游、大中小企业协同攻关，促进全产业链发展，优化企业兼并重组市场环境，加快培育一批具有国际竞争力的大企业和具有产业链控制力的生态主导型企业。发挥中小企业在强链补链中的重要作用。要切实优化中小企业发展环境，支持中小企业走专精特新发展道路，推动"小巨人"企业规模持续壮大。

3. 分类应对产业外迁对冲产业转移风险

根据产业外迁的不同动因，强化研判，分类采取应对措施，增强产业根植性，提升我国产业链韧性和安全水平。强化关键环节管控，不能把传统劳动密集型产业视为低端产业放任自流，要把纺纱、印染等有技术含量的生产环节留在国内，以维持产业链的掌控力，尽可能减缓产业外迁速度。调整优化产业布局，加强东部地区与中西部地区产业对接，对于东部地区仍有市场订单、带动就业强的产业，立足国内大循环，以带动就业、促进中西部地区发展为出发点，推动其向中西部转移。做好重点企业管控。对于因跨国公司产业布局调整而造成的产业外迁，既要为在国内尚有市场空间的跨国企业提供更优更好的产业环境，又要对主动"脱钩""断链"的跨国企业依法合规监控，从而降低外资企业外迁对供应链和就业产生的冲击。

对于被迫向国外布局部分产能的国内企业，鼓励以抱团的方式"走出去"，在投资地建立上下游协同的产业生态圈，提高与东道国谈判筹码和抗风险能力，降低"走出去"成本，合力拓展国际市场，不断提升产业链供应链控制力。提升合作开放水平，加强与日本、韩国、东盟、非盟、拉美、中东欧等国家和地区的产业深度合作，推动采购来源多元化，运输通道多元化，产业链合作网络化，对冲风险、增强韧性。继续办好产业链供应链韧性与稳定国际论坛，引导推动全球化健康发展，共同维护好产业链供应链全球公共产品属性，畅通世界经济运行脉络。

4.持续健全产业链供应链动态评价机制

要开展重点领域产业竞争力调查和产业安全评估。充分借鉴美国和欧盟重点领域的风险评估方法，构建更完善、更符合我国国情的产业链供应链风险评估体系，全面刻画和比较我国与其他国家产业链供应链风险情况，为从全球视野看我国风险提供参考依据。在具体操作上，选择重点产业链供应链，对其进行逐层分解分析，厘清重点产业链供应链的关键环节、重点企业的对外依赖度、技术差距等关键薄弱点信息，构建完整、系统的重点产业链供应链风险图谱。加快建立健全产业救济机制和政策体系，完善产业安全发展环境。加快建设全国一体化工业应急平台，对全部关键战略资源进行摸底调查及汇总，发挥信息技术手段，更好防范和应对突发事件对产业链供应链韧性和安全造成的极端冲击，确保在关键时刻可以做到自我循环，在极端情况下可以做到正常运转。

▷ 第六章
制造业的核心就是创新

推动自主创新是把握新技术革命机遇和破解深层次难题的必由之路，是新型工业化的"元路径"。自主创新不仅是抓住新工业革命的基本条件，也是破解工业化中其他难题的底层路径，是我国推进新型工业化的根本动力。工业追赶的历史和现实均表明，没有自主创新的提升，就无法解决工业化深层次问题，就无法实现深度追赶，那么推动工业由大到强这个中心任务就会成为无本之木、无源之水。

（一）自主创新是新型工业化的根本动力

后发经济的工业发展在本质上是一个追赶处于世界前沿技术位置的目标国的过程。工业化越到后期追赶愈发困难，这必然要求内部动力不断增强，即自主创新能力不断增强。自主创新以技术水平提升、产业基础再造、融合发展应用为主线，在保持工业量的稳定方面，主要是通过技术改造做强传统产业、扩大新技术规模化应用来实现，在推动工业质的提升方面，主要是通过推动中高技术产业突破、增强产业链供应链安全韧性和促进产业链创新链融通来实现（见图6-1）。

1. 做强做优传统产业

传统产业是在国民经济中长期占主体地位的产业。我国传统制造业增加值占全部制造业的比重接近80%。过去很长一段时期，我国具有较强竞争力的传统制造业，基本上是以劳动密集型产业为主，这种竞争力的主要来源是相对丰富的劳动力资源和相对较低的劳动力成本，其典型代表是纺织服装业。但随着我国劳动力资源相对成本的上升及其他发展中国家在传统产业领域的快速崛起，我国传统产业难以单纯依靠要素比较优势实现进一步发展，亟须向传统产业附加值的中高端迈进，这就必然要求依托更加强大的创新能力来确立绝对竞争优势。当前，我国传统产业在高品质产品设计、工艺水平和品牌运营环节与国际前沿水平还存在着明显的差距，无法满足市场对于传统产业个性化、差异化、定制化的新要求和新趋势。只有通过技术创新引领传统产业改造升级，推动传统产业从低端向中高端迈进，稳定工业经济增长基本盘。一方面，技术创新可以降低传统产业的生产成本并提高生产效率。通过引入先进的生产技术和设备，传统产业可以实现自动化、智能化生产，提高生产效率，降低人工成本，从而提高竞争力。另一方面，技术创新可以改善产品质量和提升产品附加值。通过研发新产品、改良现有产品，传统产业可以提升产品质量，增加产品附加值，满足消费者不断升级的需求。

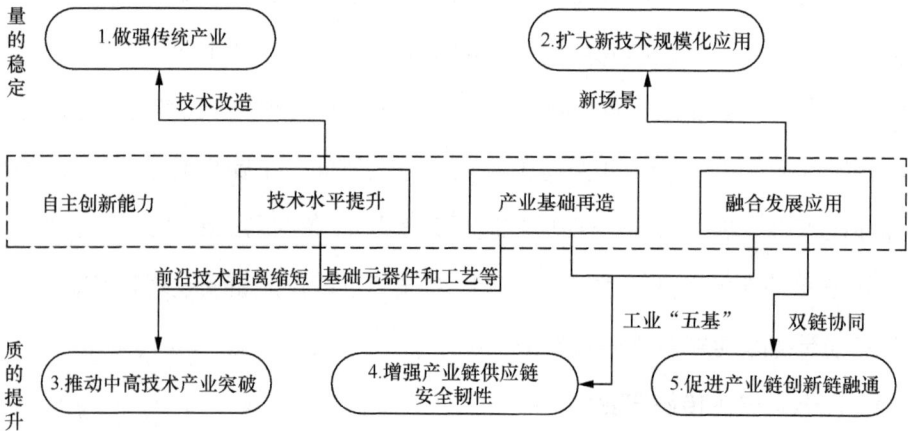

来源：中国信息通信研究院。

图 6-1　自主创新破解新型工业化难题的传导路径

2. 扩大新技术规模化应用

当前，新一轮科技革命和产业变革深入发展，数字技术、生物技术、能源技术、绿色技术、深空深海深地技术等持续涌现，人工智能领域出现重大颠覆性创新，跨领域科技交叉融合不断推进，科研范式和创新方式深刻调整，新技术在千行百业的广泛应用带动产业发展日新月异。依托科技创新和新技术的新兴产业、未来产业将决定未来几十年乃至更长时期内产业的根本走向，是未来竞争制高点。把握新兴产业早期发展机遇，从一开始就奋力争先，保持与发达国家同步甚至领先发展，可以一改过去从成熟技术切入，在核心领域长期很难摆脱与发达国家的技术、生产率等方面存在较大差距的困境，抢抓"第二机会窗口"。例如，我国信息通信业持续增强自主创新能力实现了迭代跨越，已建成全球规模最大、技术领先的5G网络，5G关键技术取得整体性突破，已构筑形成涵盖系统、芯片、终端、仪表等环节较为完整的5G产业链，在全球率先实现规模化应用。截至2024年4月底，我国累计建成5G基站374.8万个，每万人拥有5G基站数超26个，5G标准必要专利声明量全球占比超42%。当前，5G应用已融入97个国民经济大类中的74个，在采矿业、电力、医疗等重点行业实现规模复制，工业领域5G应用逐步从外围环节向研发设计、生产制造等核心环节深入。中国信息通信研究院相关测算表明，自2019年6月6日正式发放5G商用牌照以来，5G直接带动经济总产出约5.6万亿元，间接带动总产出约14万亿元，有力促进了经济社会高质量发展。

3. 推动中高技术产业新突破

中高技术制造业的突破路径主要有两种：一种是依靠国内统一大市场的牵引和持续的技术积累、技术并购等方式，久久为功取得突破，如高铁、工程机械等；另一种是依靠技术变革机遇实现"换道"突破，如新能源汽车。但无论哪种方式，中高技术产业突破必然依赖关键核心技术和产品所提供的强大支撑，这也是技术壁垒更高、对产品可靠性等要求更高的领域。一方面，关键核心技术和产品对基础科学具有较强的依赖性，知识复杂性和嵌入性也较强。关键核心技术和产品一旦实现创新突破，往往会对主流技术形成较大程度的颠覆和替代，产生新的技术轨道，并从根本上变革已有的市场竞争格局。另一方面，关键核心技术和产品的关联带动效应较为突出。关键核心技术和产品的创新突破往往从特定领域开始，然后通过成果转化和产业化引发特定产业的深刻变革，并进一步向其他产业领域延伸，从而引发更多产业领域的深刻变革，进而更大程度地影响和带动一个国家或地区的产业转型升级和新型产业体系建设。发达国家依靠先发优势已经在关键核心技术和产品上形成了强大的垄断地位，我国作为后发国家，只有依靠自主创新，才能打下坚实的技术、产业基础，打赢关键核心技术攻坚战，利用突破性技术创新成果开发应用新技术、新产品，推动我国中高端产业不断取得新突破。

4. 增强产业链供应链安全韧性

我国当前正处于产业升级的关键时点。过去我国产业发展基本采用全球化集成制造模式，即采用全球关键零部件、系统。我国智能终端如手机、机器人等，就是买来芯片、传感器等各种关键零部件，通过本体制造、组装形成自己的产品。当前，我国产业正在从过去简单的零部件集成制造向精密零部件、核心部件、核心系统自主研发生产转型，并逐步延伸到关键零部件、芯片等领域。以强大的自主创新能力支撑产业基础能力再造，补齐产业链短板、弱项，提升产业链供应链安全性、可靠性和自主可控能力。我国建设现代化产业体系面临着错综复杂的国际环境，目前在某些核心零部件、关键材料和设备方面进口依赖度较强。只有不断提升自主研发与科技创新能力，减少对外部关键技术、核心部件及原材料依赖，突破供给约束的堵点、卡点，提升本土产业链的自给自足能力，才能降低外部风险对产业安全的影响。

5. 实现产业链创新链融通发展

构建现代化产业体系本质上是立足创新驱动的产业创新体系，形成产业链与创新链的双链融合机制。任何一次重大的技术革命或科学突破均能形成引领生产力重大变迁的产业基础。自主创新目标下产业高质量发展实质上是"科学—技术—生产"范式下的技术创新与产业发展的全新融合，即创新链推动产业链，最终实现产业链与创新链融通共促。我国产业迈向全球价值链高端必须形成产业链与创新链之间的融通共促机制。改革开放以来，我国逐步构建起了完备的产业体系，但是支撑产业发展的创新链主要来自发达国家的技术扩散、转移及技术溢出等。整体上我国关键产业、战略性新兴产业发展依赖于发达国家主导的创新链，我国产业长期处于全球价值链的中低端环节，这为我国产业链与创新链的长期脱节及产业内生创新能力的培育埋下了安全隐患。目前我国通过自主创新支撑产业链，围绕创新链布局产业链，发挥产业链带动创新成果工程化和落地应用作用，使产业链成为创新链落地生根的载体，推动创新驱动发展战略向产业领域纵深发展。

（二）以自主创新推进新型工业化进入新阶段

新型工业化道路的实质是抢抓新工业革命历史机遇，实现对发达国家的技术与经济追赶甚至超越。后发国家的追赶是一个技术不断趋近世界前沿的过程，从最开始的引进、消化、模仿到再创新，最终的目标是增强原始创新能力，实现自主创新。技术追赶的前半程重在促进特定产业"从无到有"的规模扩张，而后半程的重点在于关键技术的突破。历史经验表明，抢抓技术革命浪潮的机会窗口，增强自主创新能力，在新技术经济范式发展的早期，在核心技术和关键设备的发明上取代先行者的领先地位，是取得工业化成功的基本条件。创新在美国对英国的追赶、日本对美国的追赶，以及韩国对西欧国家的追赶过程中发挥了重要作用，有效支撑后发国家实现跨越式发展。

从我国工业追赶史来看，前 30 年通过引进与学习先进的工业技术，基本上建立起了以重化工业为基础的现代工业体系，此后，我国从技术引进转向了吸收、消化、模仿，积极学习先进的工业技术和现代工业的组织模式，极大地缩小了我国与世界先进工业化国家之间的技术差距。

在技术追赶前期（1949—1978 年），我国主要是进行科技的引进和消化。新中国成立以后，我国由于其科技基础薄弱且全社会可投入科技发展中的资源匮乏，科技水平远远低于世界先进科技水平。这一时期主要将大力引进先进技术和优化引进结构相结合，提高产品设计、制造工艺等方面的专利或专有技术在技术引进中的比例。例如，1953—1957 年，我国从苏联和东欧国家引进了 156 项重点工矿业基本建设项目（"156 项"工程），包括高效率机床、自动化高炉等设备。20 世纪 70 年代初期，我国又从西方国家进口 43 亿美元的成套设备和单机（"四三"方案），包括大型化肥成套设备装置、大型化纤设备、大型石油化工设备等。

在技术追赶中期（1978—2012 年），我国主要是进行科技的模仿和再创新。在此阶段，我国的科技水平获得大幅提升，但仍然低于世界先进科技水平，不过追赶效率较高，与世界领先国家之间的差距在短时间内不断缩小。把引进技术和开发创新结合起来，强化技术引进与消化吸收的有效衔接，注重引进技术的消化吸收和再创新，使企业在核心产品和核心技术上拥有更多的自主知识产权。这一时期，我国通过"三来一补"（来料加工、来件装配、来样加工、补偿贸易）等方式引进国外技术，进口西方国家的成套设备或直接引进各国的领先技术，在通信电子、家用电器、日化用品、纺织工业等技术产业领域建立了完整的技术体系。在中华人民共和国经济和社会发展第七个五年规划期间（1986—1990年），国家又通过了大型露天矿成套设备、大型核电站成套设备、超高压输变电成套设备、大型复合肥料成套设备、民用飞机等11项重大技术装备引进研制项目。2006年，《国家中长期科学和技术发展规划纲要（2006—2020年）》发布，鼓励创新主体开展"引进—消化—吸收—再创新"，提出了建设创新型国家的定量目标。在这一阶段，"引进—消化—吸收—再创新"等跟随型创新虽然仍处于主导地位，但自主创新意识愈发清晰。

在技术追赶后期（2013—2035年），作为实现追赶超越的关键阶段，我国主要是进行科技的自主创新，重视原始创新。在此阶段，科技水平接近世界先进科技水平，在一些领域甚至领先世界科技发展水平，但追赶速度逐渐变慢。这一时期又分为两个阶段。2013—2025年，我们应把整体推进和重点扶持结合起来，通过将发展高新技术产业和改造传统产业结合起来，实现传统产业结构优化和创新升级，尤其是围绕关键核心技术和零部件薄弱环节，集中优质资源合力攻关，通过提升原始创新能力实现科技水平的提升。2025—2035年，我们需要通过强化自主创新建设，培育我国从创新突破期向创新引领期转变的内生动力，建立自主、可控、安全、开放创新链，以创新引领提高工业发展质量、效益和国际竞争力，加快推进实现新型工业化。

（三）以自主创新推进新型工业化面临的主要挑战

1. 研发强度落后工业化进程

经济规模大国在研发投入总量上天然具备优势。OECD研发统计数据显示，我国研发投入规模总量持续增长，2004 年首次超过德国，2009 年首次超过日本，2022 年我国研发投入总量达到 5147.9 亿美元，仅次于美国。国际经验表明，后发国家赶超的一个重要途径是研发强度快速赶超前沿国家。从历史比较来看，日本、韩国和北欧国家崛起过程中研发投入强度都超过了美国，与低研发投入强度的拉美国家和其他亚欧国家形成鲜明对比。实证研究进一步证明，研发投入强度每提高 1 个百分点，全要素生产率（TFP）增速提升 0.63 个百分点。

理论表明，一个国家或地区的研发强度趋势大致呈现出 S 形曲线，有 3 个明显的发展阶段。研发强度从 0 到 1% 是科技起步阶段，1% 到 2.5% 是科技起飞阶段，超过 2.5% 是科技稳健发展阶段。其中 1% 和 2.5% 是研发强度阶段划分的两个重要拐点。基本规律在于一个国家或地区处于科技起步阶段时，研发强度到达 1% 这第一个拐点需要漫长的过程，当进入科技起飞阶段之后，由于"研发惯性"，研发强度会快速上升。表 6-1 比较了全球主要经济体自 1996 年以来的研发投入强度。数据显示，2000 年以前，我国研发投入强度与全球主要经济体差距十分明显，甚至远远落后于全球平均水平。2000 年之后，我国研发投入强度逐渐开始提速，2002 年跨越 1% 的拐点，2006 年《国家中长期科学和技术发展规划纲要》出台之后研发投入强度更是快速提升，2022 年研发投入强度达到 2.54%，跨越第二个拐点。世界知识产权组织发布的《2023 年全球创新指数》报告显示，尽管我国研发投入强度快速提升，但相较于创新前沿国家，我国全球排名始终位于十名以外。与此同时，2010 年起，我国制造业增加值超过美国成为世界第一制造大国，并且制造业总体规模连续 14 年位居全球第一。从总体上看，我国 2021 年研发投入强度相当于美国 1996 年的水平，2022 年规模以上工业企业研发投入强度更是仅有 1.39%，相较于制造业总体规模第一的排名，我国研发投入强度明显落后于工业化进程，研发投入强度与工业化发展水平极不相符。

表 6-1　主要经济体研发投入强度

国家	1996年	2000年	2004年	2008年	2012年	2016年	2020年	2021年
中国	0.56%	0.89%	1.21%	1.45%	1.91%	2.10%	2.41%	2.43%
法国	2.22%	2.09%	2.09%	2.06%	2.23%	2.22%	2.28%	2.22%
德国	2.14%	2.41%	2.44%	2.62%	2.88%	2.94%	3.13%	3.14%
日本	2.64%	2.86%	2.98%	3.29%	3.17%	3.11%	3.27%	3.30%
韩国	2.22%	2.13%	2.44%	2.99%	3.85%	3.99%	4.80%	4.93%
英国	1.57%	1.61%	1.53%	1.61%	1.58%	2.31%	2.93%	2.91%
美国	2.45%	2.62%	2.49%	2.74%	2.67%	2.85%	3.47%	3.46%
全球	1.44%	1.54%	1.53%	1.61%	1.64%	1.73%	1.95%	1.93%

来源：OECD。

2. 研发投入部门结构仍不合理

研发投入部门结构占比与一个国家或地区具体的产业部门竞争力密切相关。图 6-2 显示了主要国家制造业研发投入技术密集型部门的占比（从下到上依次是化学制品，生物医药，计算机、电子、光学产品，电气机械，运输设备，其他）。在化学制品，生物医药，计算机、电子、光学产品，电气机械，运输设备等技术密集型部门研发投入方面，美国、日本、韩国制造业上述部门的研发投入分别占比为 82.1%（2019 年）、76.4%（2020 年）、77.8%（2019 年）。具体来看，美国制造业研发投入中 33% 投向生物医药和化学制品行业。美国作为全球药品创新投入与成果的主要贡献者，贡献了全球近 50% 的新药分子，拥有全球近 50% 的生物科技企业数量，制药工业在全球范围内竞争力难以撼动。日本制造业研发投入中 37% 投向运输设备领域。日本工程机械竞争力领跑全球，2022 年全球工程机械制造商 50 强中，有 11 家日本企业上榜，日本为上榜企业数量最多的国家，稳居第一梯队。

韩国制造业研发投入中 60% 投向计算机、电子和光学产品。韩国大力投入电子信息制造业抢占先机，在半导体芯片生产和研发方面实力较强，拥有韩国三星、SK 海力士、现代等一批技术水平领先的半导体芯片企业，特别是全球闪存芯片（NAND）和动态随机存取存储器（DRAM）等存储芯片在市场的占有率超过 50%。

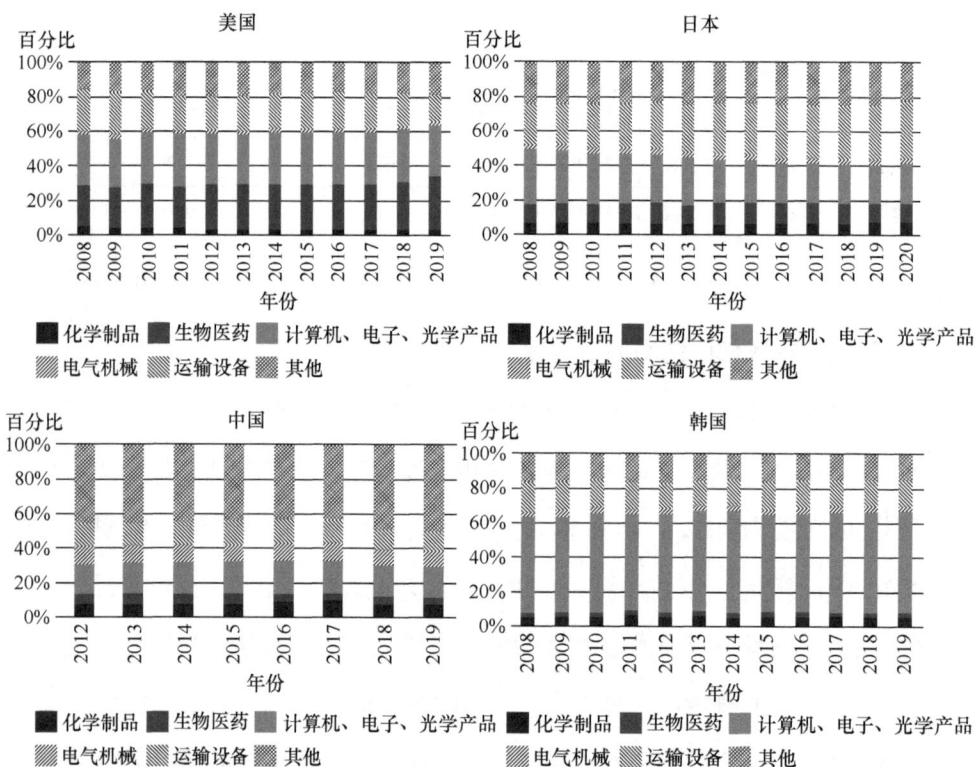

来源：OECD、NSF、全国科技经费投入统计公报、日本文部省科学技术指标。

图 6-2　主要国家制造业研发投入技术密集型部门的占比

研发投入结构问题是我国制造业创新中的短板。从制造业研发投入来看，制造业研发投入比重在日本、德国、中国、韩国分别为 87.8%、85.1%、85.6%、88.6%，美国为 61.2%，我国制造业研发投入占总研发比重与主要经济体持平。但从化学制品，生物医药，计算机、电子、光学产品，运输设备等技术密集型部门来看，我国仅为54.5%，落后美、日、韩30个百分点，这意味着我国制造业研发投入进入高技术密集部门偏少，研发投入存在明显错配。

3. 基础研究能力依然偏弱

全球正进入新一轮科技革命和产业变革的活跃期，也是基础研究及其产业化范式变革的关键期。只有加快基础研究及产业化的追赶，才能真正支撑我国在中长期全面完成高技术制造业的追赶。从当前现状来看，我国基础研究能力仍然偏弱，2022年，中国基础研究投入约为300亿美元，高于日本、韩国，但同期美国基础研究投入为1294亿美元，我国基础研究投入不到美国的1/4。尤其在投入端存在以下3个"比重偏低"的情况（见图6-3）。

一是我国研发投入中基础研究比重过低。我国基础研究占研发投入比重在2019年才超过6%（6.04%），日本和美国早在20世纪80年代以前就已经超过10%。韩国1989年制定并通过了《基础科学研究振兴法》，强有力的基础研究投入成为韩国基础研究飞跃式增长的关键，也为韩国信息通信产业的崛起提供了根本技术支撑。此后，韩国研发投入中基础研究比重更是一路上升，在2012年接近19%。

二是我国企业研发投入中基础研究比重过低。最新数据显示，2021年我国企业研发投入中基础研究占比仅为0.78%，而同时期日本、韩国和美国企业研发投入中基础研究占比分别为7.52%、10.86%和6.72%。我国企业基础研究占比与上述国家差距十分明显，企业研发结构不够合理。日本和韩国等后发优势国家的经历表明，企业高度重视基础研究为产业尖端技术突破奠定了坚实的基础。例如，从日本分行业基础研究投入占比趋势来看，日本基础研究多集中在医药制造领域，这与美国十分类似。近年来，日本交通机械设备制造业也不断壮大，交通机械设备制造业基础研究投入占全部基础研究投入比重从 2008 年的 7.25% 上升至 2018 年的 19.94%。

三是我国企业基础研究占全部基础研究投入比重过低，明显落后主要发达经济体。2022 年，日本、韩国和美国全部基础研究投入中企业基础研究占比分别为 46.63%、58.13% 和 35.78%，而我国 2021 年这一比重仅为9.18%。我国创新体系以大学从事基础研究、企业从事应用研究和试验开发为主，这种创新体系参考了美国第二次世界大战以来建立的科研分工体系。随着我国逐渐接近全球技术前沿，或将面临美国在基础研究领域遇到的类似挑战，即从基础研究到应用开发的"死亡之谷"的跨越难度加大。

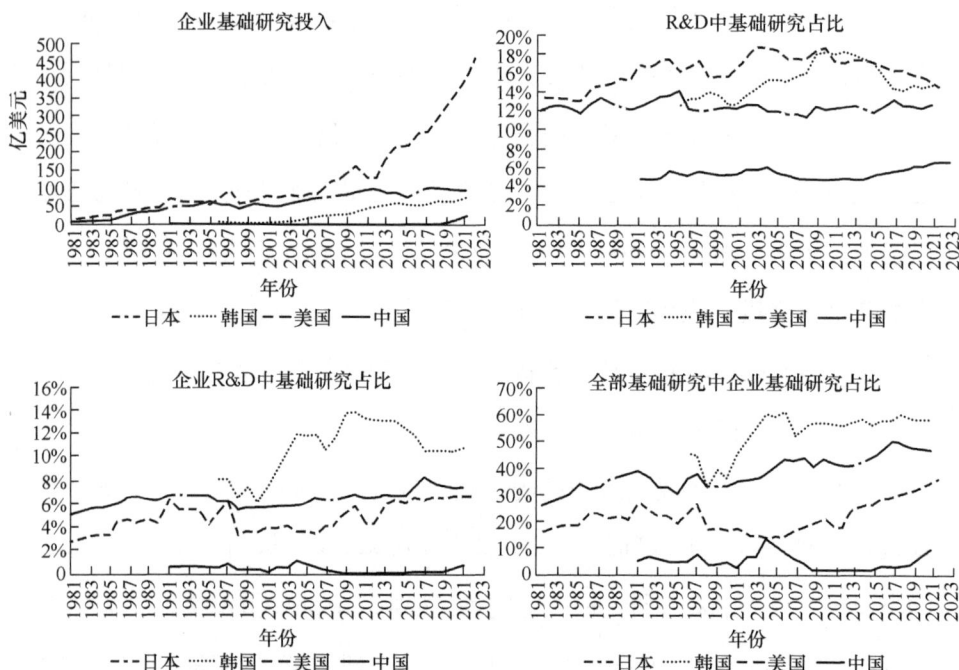

来源：国家统计局、OECD、NSF、全国科技经费投入统计公报、日本文部省科学技术指标。

图 6-3　中国、美国、日本、韩国四国基础研究投入比较

4."产研"方面前沿技术商业化缓慢

从长期来看，国家间的技术竞争、产业竞争，不在于某项特定技术的领先与落后，而在于这个国家系统性、持续性地产生新知识、新技术和新产品的能力。基于这一理解，实现高水平科技自立自强、实现制造业创新竞争力的全面突破，关键并不在于实现某一项技术、产品和产业的自主可控，而在于建立和完善国家创新体系特别是制造业创新体系，以确保不断产生具有经济可行性的创新技术和产品。

与美国等科技强国相比，我国在产业科技创新体系建设、科技成果转化机制方面仍需进一步改善。如果以专利实施率作为科技成果转化率的主要衡量指标，我国仅为 6%，美国为 50%（见表 6-2）。这表明我国与美国科技成果转化率差距巨大。究其原因，我国发明专利的标准相较于美国更宽松，同时高校也更热衷于申请专利。例如，我国高校研发投入约为美国的 1/3，但专利总量约为美国高校总量的 10 倍，我国高校专利占比高达 23%，美国则不足 4%。这导致我国专利数量增长速度很快，但出现了大量质量不高的专利，这也是我国纸面意义上科技成果转化率仅为美国 1/8 的重要原因。事实上，由于我国科技成果转化政策设计得不合理和实施过程走样，科技成果转化会产生过度商业化激励的负面作用，对专利授权许可收入和商业性专利活动缺乏必要约束，对高校基础研究能力形成损害，从长期来看，这不利于高校基础研究对制造业高质量发展的支撑。以美国为例，20 世纪 80 年代初期颁布的《拜杜法案》，把保护高校基础研究元功能作为美国所有科技政策设计的前提，既强调激励研究人员参与必要的科技成果转化活动，允许研究人员从学术专利交易中获利，同时对高校教授为企业提供咨询服务、在创业企业任职等方面附加严格约束。

表 6-2　中国、美国高校科技成果转化率比较

指标	中国	美国
高校获得发明专利数量	77843项	7625项

续表

指标	中国	美国
高校转化收入占科研投入比重	3%	4.1%
企业经费占高校研发投入比例	28.3%	7%
科技成果转化率（专利实施率）	6%	50%

来源：数据均为2018年口径，成果转化收入（合同额）和成立衍生企业数据来自《科技成果转化年度报告》调查数据，其他数据来自美国大学技术经理人协会（AUTM）年报和教育部高校统计数据资料汇编。

5. 共性技术研发机构效率偏低

我国产业科技创新体系与创新强国相比差距仍然较大。从全球范围来看，20 世纪 70 年代以后，美国全力推动科技成果转化，逐步建成了全球领先的科学技术创新和转化体系，且不断根据新的技术和竞争形式进行补充完善。产业科技创新体系是否健全的一个突出表现是共性技术研究机构在解决从技术突破到产业化之间的"死亡之谷"问题上是否有效。例如，金融危机以来，美国为更好地推动制造业创新发展和抢占制造业创新制高点，在吸纳德国弗劳恩霍夫协会经验的基础上，2012 年宣布启动"国家制造业创新网络（NNMI）计划"，计划在若干制造业重点技术领域建设创新中心并形成网络，核心目标是填补美国制造创新体系空白，通过大小企业、高校、政府之间合作，创造一个制造业研究基础设施，完成创新到产业化，至今已经推动建立了 17 家制造业创新中心，成为新的区域创新系统和制造业创新载体。2014 年 12 月，美国国会通过的《振兴美国制造业和创新法案》（RAMI 法案）正式确立了国家制造业创新网络计划的法律地位。最新数据显示，美国制造业创新中心形成的创新网络合作成员超 2300 个（其中 63% 是制造商，72% 是小企业），开展重大技术和人才研发项目 708 项，在先进制造业领域培训人才 9 万人，为美国制造业的振兴和繁荣提供了强大支撑和助力。

当前，我国产业科技创新体系在快速推进，但因后发、起点低等多重因素，在技术转移体系、知识产权管理制度、技术转移机构及技术转移队伍等多个方面相较于美国仍有较大差距，尤其是共性技术研发机构存在明显短板。2016年以来，我国陆续布局26家国家制造业创新中心，覆盖动力电池、增材制造、工业机器人等重点领域，并在省级层面成立239家制造业创新中心，致力于将制造业创新中心打造成为共性技术研发和供给的重要载体。但是在调研中发现，这些创新中心在管理运营方面存在很多问题，表现为重孵化、轻研发，自主创新的成果产出不足、对制造业支撑作用还不够；以省内企业，甚至是同市企业为主，缺乏产业链上下游知名骨干企业，部分以高校牵头的创新中心与企业协同合作不够；主要依赖股东单位的出资和支持，市场化进程较慢等。总体而言，我国制造业创新中心作为共性技术研发机构，在推动产业科技创新体系建设过程中效率偏低，亟待从体制机制、运营管理、组织模式等方面加以完善和提升。

（四）以增强自主创新能力推进新型工业化的策略体系

1. 总体思路

党的十八大以来，党中央将创新摆在国家发展全局的核心位置。当前，随着世界百年未有之大变局加速演进，全球各国面向产业科技创新领域的竞争都达到前所未有的程度。《2023年欧盟工业研发投资记分牌》数据显示，2022年全球前2500家顶级公司的研发支出是2013年的4.5倍，过去20年研发投入年均增速超过8%。我国传统"追赶型""学习型""并跑型"的科技创新战略日益难以适应复杂国际经济与政治不确定性的要求和全球产业链布局的新趋势，实现高水平科技自立自强的战略紧迫性与实现进程的重要性日益凸显。

从总体战略上来看，新时代应以创新推进新型工业化，必须深入实施创新驱动发展战略，以科技创新推动产业创新，催生新产业、新模式、新动能，发展新质生产力。应立足新发展格局，坚持把产业放在更加突出和核心的地位，把产业发展基点放在创新上，最终形成以产业发展为目标、以应用为导向、以企业为主体，各类创新主体相互协作的创新体系。

要"重基础"，以全面自主创新强化企业与产业内生创新能力，加大基础研究投入和配置效率，强化世界一流企业与创新型领军企业在产业领域中的主导地位，引领企业要素变革与产业升级转型，实现产业关键核心技术攻关突破，保障我国产业链与创新链的安全性与高水平竞争力。

要"重生态"，改变长期以来外循环主导下我国各类产业与微观企业过度注重开放式创新而忽视内生创新能力建设的状况，摒弃单一"引进—消化—吸收—学习"的技术创新模式，逐步构建面向本土创新链核心创新能力形成与积累的引领性创新体制机制，不断提升产业科技创新能力。

要"重转换"，合理布局创新资源，有效推动科技成果转化，加快完善各重点产业领域基础研究、中试、产业化的创新组织建设，提升各类创新资源的协同度，打通技术和创新从实验室通向产业化、市场化的难点和堵点，跨越从基础研究到应用开发的"死亡之谷"，提高科研成果转化率。

2. 重点任务

打造一个主体，即强化企业科技创新主体地位。要规避纯粹市场化的单一思路，发挥企业内部化一体化研发、基础研究和应用研究桥接的天然优势，特别要发挥国有企业规模、市场和体制的独特优势，充分利用企业在调动科研资源、实现内部转化、针对问题导向、满足现实需求的独特能力，引领探索一条有中国特色的创新道路。鼓励企业的内部研究机构积极从事前沿创新研究。中央企业等要"勇挑重担、敢打头阵",根据自身发展需求和业务经营领域,以原始创新、颠覆性创新为目标,在紧抓应用技术研发基础上,鼓励内部研究机构更多从事基础研究,充分发挥企业业务目标与国家发展战略保持一致、与市场需求保持一致的双重作用,推动企业内部建立从基础研究到应用开发的全环节产业链。落实企业研发费用加计扣除等税收优惠政策,推动科技型中小微企业加快成长,培育一批科技领军企业。突出企业在校企创新分工体系中的关键角色,消除碎片化分工机制,打通高校、企业、科研机构等创新主体的功能边界。

瞄准一个方向,即重点领域关键核心技术攻关。分类梳理关键技术需要解决的科学问题,加大基础研究投入,以夯实基础科学为支撑突破关键核心技术,确保战略性产业安全。面向未来前沿技术的科学问题,作为战略储备持续稳定支持。面向国家重大战略产品、工程需求,凝练相关科学问题,系统设计、超前部署,为后续技术研发打好基础。加强产业供应链安全评估,确定突破部分关键核心技术所需解决的科学问题,以龙头企业牵头,产学研用联合攻关。对重要产业所需关键共性技术,政府和企业合作构建产学研用平台,持续滚动研发。

用好两条途径,即围绕推动产业创新和科技创新融合发展,建设高水平的产业创新平台体系和加强产业科技创新服务支撑。一方面,优化制造业创新中心建设和布局。在关键材料、重大装备、工业软件等关键领域建设一批试验验证平台和中试平台。发挥好国家自主创新示范区作用,大胆探索优化创新机制,加快打造世界领先科技园区和创新高地。另一方面,加快标准提档升级,实施新产业标准化领航工程。加强重点产业专利布局和运用。深化国际标准化交流合作,加快检验检测、认证认可、计量测试、产业信息、知识产权、成果转化等科技服务业高质量发展,培育专业化、市场化、国际化科技中介组织。

汇聚三类资源，即人才、资金、数据。在人才资源方面，创新归根到底依靠创新型人才，依靠与产业相匹配的科技创新人才培育体系。要长期坚持本土科学家、工程师和技术工人多层次人才的梯度培养，畅通制造业人才发展通道。要完善人才合理流动的培育和工作机制，坚决破除从高校去企业"易"，从企业回高校"难"等情况，真正畅通产业和高校间的双向流动机制。要瞄准关键行业的高质量人才加强顶层设计，形成"高被引科学家""关键领域专利科学家"合作图谱，并对具有成长为顶级研究人员潜力的青年研究人员加大引进力度。在资金资源方面，要积极发展风险投资，不断壮大耐心资本，推动"科技—产业—金融"良性循环。面对前沿技术和基础研究领域的高壁垒，离不开资金的持续大量投入。要鼓励金融机构加大对科技创新类企业的信贷支持力度，助力有技术、有科技含量的企业做大做强。要借助资本市场的资本激励机制和风险分担机制，吸引更多长期资本投入科技创新和科技产业发展中，充分发挥市场在资源配置方面作用，提升科技创新能力。要吸引社会资本投入产业科技创新，鼓励长期资本参与产业发展和科技创新，探索高水平科技人才长期激励机制，为创新发展提供持续性金融支持。在数据资源方面，数据作为新型生产要素，通过充分发挥数据要素乘数效应，支持工业制造类企业挖掘融合设计、仿真、实验验证等数据，以数据驱动发现新规律，创造新知识，加速科学研究范式变革，提升企业创新能力，推动产业创新发展。

第七章

把握数字化这个最大技术变量

数字经济和实体经济深度融合（简称数实深度融合）是新型工业化的鲜明特征，是我国推进新型工业化一贯的战略主线。党的十六大提出新型工业化战略时，明确要求"坚持以信息化带动工业化，以工业化促进信息化"，党的十七大将其概括为"两化融合"，党的十八大进一步将其升级为"两化深度融合"，党的十九大提出"推动互联网、大数据、人工智能和实体经济深度融合"，党的二十大进一步提出"加快发展数字经济，促进数字经济和实体经济深度融合，打造具有国际竞争力的数字产业集群"。尽管历次中国共产党全国代表大会中的表述不同，但把推进数实深度融合作为重要发力点，利用数字技术推动实体经济特别是工业高质量发展的本质是一样的。数实深度融合不仅是推进新型工业化的一项具体任务，更贯穿在各项任务中，为新型工业化开辟新道路，打造新优势。

（一）数实深度融合是新型工业化发展难题的破解之道

当前乃至未来较长时间，我国工业化仍处于深度追赶期，向上突破关键核心技术，实现高水平自立自强，在更多核心环节、先进制造领域打造全球竞争优势是关键任务。这是发达国家优势最大、壁垒最厚的领域，沿传统道路突破面临的难度和挑战极大。数实深度融合从根本上改变了工业发展范式，不断催生新的生产要素、塑造新的制造体系、创造新的组织形态、开辟新的战略产业，为提升制造业整体效率、加快产业结构升级、推动发展动力转换提供了新的方法论和新途径（见图7-1）。

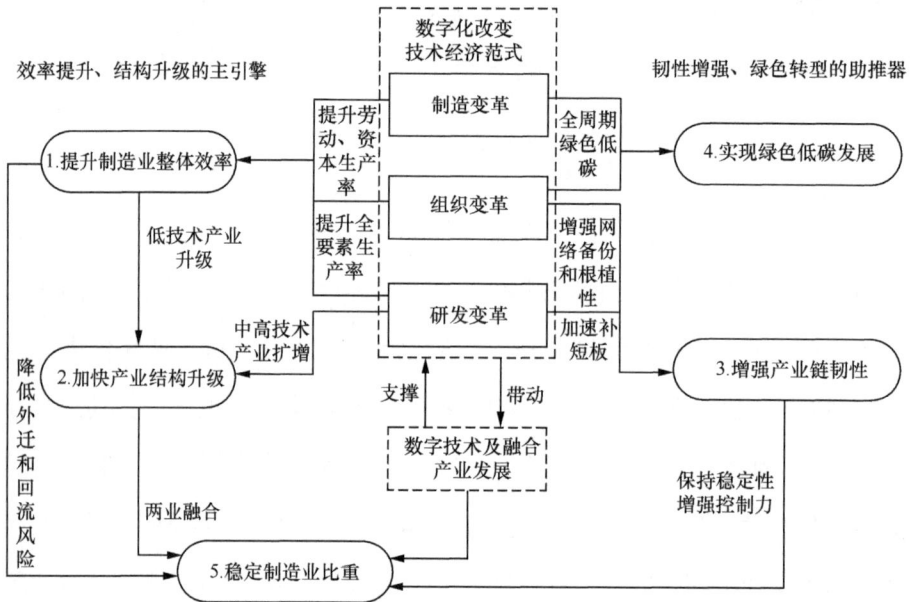

来源：中国信息通信研究院。

图7-1　数实深度融合破解新型工业化难题的传导路径

1. 数字化推动制造业效率提升

提升效率是数实融合赋能作用的最核心机制。加快推进新型工业化，实现效率追赶是关键。从底层经济逻辑来看，制造业是开放度最高的产业，也是效率进步最快、效率竞争最激烈的产业，效率是决定制造业全球竞争力最关键的因素。改革开放以来，我国制造业效率有长足的进步，但同前沿国家相比依然存在巨大差距。数字技术对效率提升的作用最为直接、效果最为明显，日益成为提升工业效率重要的方法手段。中国信息通信研究院测算，近年来数字化投入对我国工业生产率贡献逐年攀升，其2021年对我国工业劳动生产率贡献已达 21.2%，对我国工业全要素生产率贡献达 31.3%（见图 7-2）。

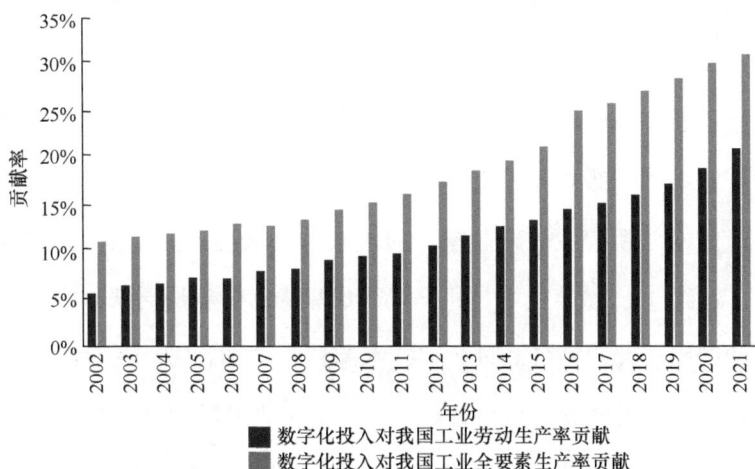

来源：中国信息通信研究院测算。

图 7-2　数字化对工业劳动生产率和全要素生产率的贡献

　　从机制来看，数字化之所以能显著提升工业效率，源于数字技术改变了既有工业生产函数，驱动了制造、研发、组织 3 方面的重大变革，推动形成了新的要素组合、新的价值创造方式。数字技术与工业融合程度越深、范围越高，对工业效率的提升作用越明显。具体来看，应用数字技术提升工业生产效率的方式有两种。一是对企业制造体系进行数字化、智能化再造，提升劳动生产率和资本生产率。对于劳动密集型产业，通过推广"机器换人"、人机协作等方式，提高劳动生产率；对于资本密集型产业，通过升级装备、软件、工艺和制造系统，使"哑"设备数字化、网络化，提高资本生产率。二是应用数字技术加速研发创新和组织变革，提升全要素生产率。对于技术密集型和知识密集型产业，应用数字化研发方式，以"数据 + 知识 +AI"方式，从知识库中学习生成设计规则和模型算法，加速新品研发，提升创新效率。例如，在药品研发领域，应用人工智能可缩减 50% 的研发时间。

2. 数字化推动产业结构优化升级

数字技术正在成为引领新一轮科技革命和产业变革的关键力量，数字产业规模不断增长壮大，数字技术与各行各业不断融合创新，有利于打破过去的产业结构升级规律，有利于后发国家突破产业升级面临的困境。一是数字产业作为新产业、新业态、新模式的代表性产业，是构筑国家竞争优势的"新赛道"。数字技术是研发投入最集中、创新最活跃、应用最广泛、辐射带动作用最大的领域，以数字技术为核心的 5G、人工智能、工业互联网、物联网等新兴产业，为培育具有国际竞争力的数字产业集群夯实根基，为抢占"新赛道"创造了历史机遇。二是数字化推进中低技术产业、传统产业的转型升级。数字技术推动制造变革、研发变革和组织变革，可改变制造业发展属性，将劳动密集型产业升级为资本密集型和技术密集型产业，显著提升产业质量效益。例如，我国纺织工业通过自动化、智能化生产设备的投入及对工艺流程的改造，实现向高效率、高质量的转型。截至 2022 年年底，我国纺织行业生产设备数字化率达到 55.6%，数字化生产设备联网率达 49%，数字化转型取得长足进步。三是数字化加速中高技术产业、新兴产业、未来产业的创新突破。通过开展基于人工智能、仿真建模、大数据等数字技术辅助研发的示范验证和规模应用，加速石化、材料、医药等中高技术产业的创新突破。同时，我国超大规模市场优势带来的海量场景和数据资源优势，为数字技术产业（如人工智能、大数据、下一代通信、先进计算等）和各类融合产业（如智慧能源、智能材料、空天信息、智能汽车等）的技术转化和产业落地创造试验场，促进中高技术产业、新兴产业发展壮大，开辟未来产业发展新空间，抢占未来竞争制高点。

3. 数字化提升产业链供应链韧性和安全水平

产业链供应链安全的本质是技术自立自强和供应链管理的安全稳定，数字技术通过开创"换道"创新和加速追赶新路径，促进基础技术突破和产业链根源稳定，通过赋能网络协同制造模式促进供应链韧性提升。一方面，在数字技术带来的"换道"和加速追赶领域，采用多技术路线布局、多主体攻关的方式抢抓自主可控机遇，提升供应链稳定性。对于数字技术带来的关键"换道"领域，如智能工业控制、高端智能装备、工业软件、工业人工智能等，通过超大规模市场优势，探索多种技术创新方式，布局多条技术路线、组织多主体并行攻关，推动"换道"技术的快速成熟。对于在工业知识和机理上存在较大差距的短板领域，应用"数据+AI"的方式促进工业知识显性化，改变创新范式，加速突破。另一方面，面向重点行业和关键环节，建设协同平台和培育龙头企业并举，打造具备更高水平韧性和稳定性的产业链供应链网络。通过构建社会化生产网络，针对重点行业和关键环节构建多企业的互相备份，保证在异常情况下单点的失灵不会影响整个供应体系的稳定，同时培育龙头企业，提升企业的供应链网络控制力，增强产业链韧性。例如，德国、法国、日本、韩国、印度等近30个国家的91家工厂共同打造了智能工厂网络，基于统一数据标准实现了工厂之间的信息互操作和产能、资源共享，在全球范围内实现了制造过程的智能组织和供应链网络管理。

4. 数字化助力制造业绿色转型发展

数字技术通过赋能产品全生命周期的能源优化调度、碳排放监测和管控等方式，可以高效助力能耗降低和碳减排，发挥绿色转型发展"助推器"作用。一是数字化助力制造业用能"绿色"。利用数字技术实现对源网荷储各环节的信息打通与集中处理，以"削峰填谷"优化等方式，提高可再生能源消纳比例，真正实现绿色能源与传统化石能源的多能互补和高效利用。二是数字化助力生产耗能"绿色"。数字技术对生产设备、生产工艺等进行绿色化升级改造，数字技术通过赋能清洁高效生产和循环利用，降低制造过程能耗，提高工业绿色发展质效。三是数字化助力产品全生命周期"绿色"管理。运用大数据、区块链等技术及数字化管理平台，清晰了解产品从"摇篮到坟墓"各环节碳排放数据，并借助人工智能、大数据分析等手段开展碳足迹分析追踪，为产品各环节降碳提供策略建议，切实服务企业辨识自身产品碳足迹，有效提升产品碳足迹管理水平，增强产品绿色竞争力，最终带动产业链上下游绿色低碳转型。

5. 数字化助力稳定制造业比重

全球产业转移正成为影响我国制造业比重下降的第一因素。究其原因，我国传统产业体量大，在制造业中占比超过 80%，而多种要素成本已经高于东南亚、印度等国家和地区，对成本敏感的传统产业特别是劳动密集型产业正在加速转移。数字化可以通过推动传统产业数字化转型升级，通过效率提升来对冲成本压力，重塑竞争优势，有助于从根本上放缓劳动密集型产业的转移趋势，稳定制造业比重。图 7-3 显示了细分行业单位制造业增加值的综合劳动报酬。按照传统比较优势理论，处于综合劳动报酬平均水平之上的行业更加容易转移出去。假定通过数字化转型推动制造业劳动生产率提升 30%，则专用设备制造业，皮革、毛皮、羽毛及其制品和制鞋业，纺织业，食品制造业，金属制品业，橡胶和塑料制品业这六大行业的综合劳动报酬会下降至平均水平以下，从而可以更好地把这些行业留在国内进行生产。当前，这六大行业增加值总规模约 4.6 万亿元，过去 10 年这些行业 GDP 占比减少了 3 个百分点，是造成制造业比重下降的重要因素。

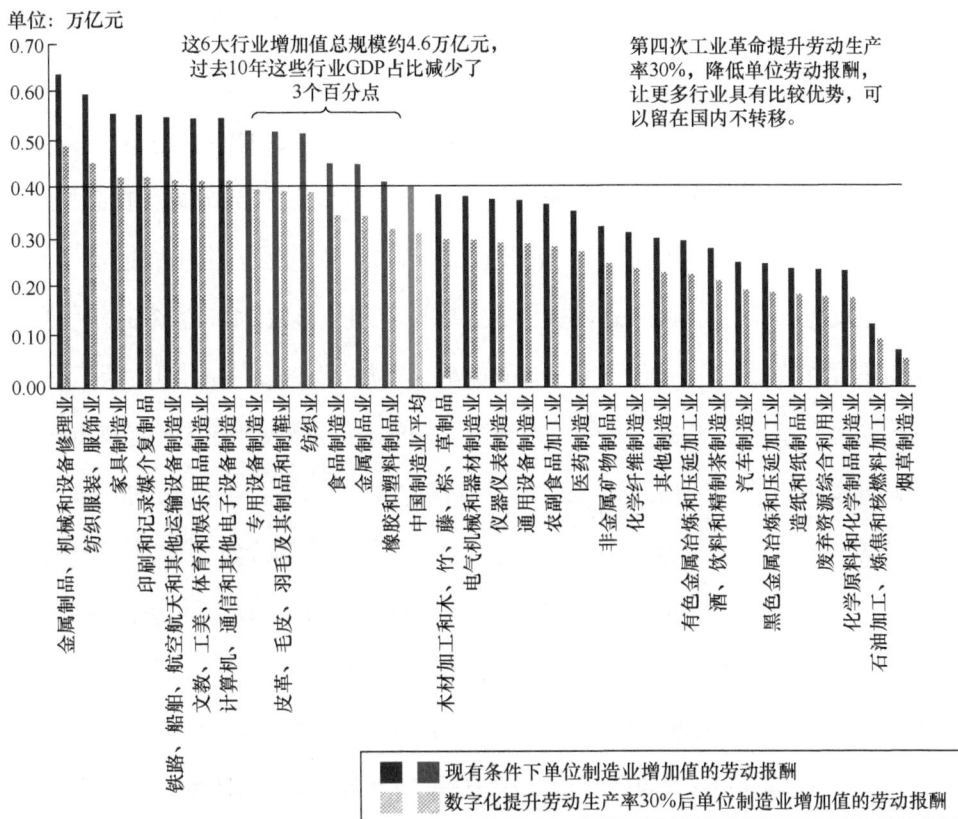

图 7-3　细分行业单位制造业增加值的综合劳动报酬

（二）数实深度融合推进新型工业化面临着新形势

1. 数实深度融合已迈入规模扩张的加速发展新阶段

从数实深度融合实践来看，数实深度融合是一项复杂系统工程，其发展历程遵循"筑基—试点—扩张—引领"的客观规律（见表 7-1）。我国工业化和信息化发展进程相对较短，数实融合基础薄弱，需要先通过筑基来解决短板问题。筑基补短阶段最大的特点是聚焦两化融合战略，加快自动化、信息化改造升级，通过硬件基础设施的补短板，提升工业企业自动化水平和信息化工具应用水平。在补足基础能力之后，面对新一代信息技术繁荣与创新所带来的诸多潜在变革机会，还需要以试点方式来探索推进数实深度融合的可行路径和方法。试点攻关阶段最大的特点是5G、云计算、大数据等新一代信息技术蓬勃发展，通过系统谋划布局智能制造和工业互联网发展，释放数字技术在制造业生产过程中的巨大应用潜力。一方面，推动重点工业企业打造智能化试点标杆应用，形成2100多个高水平数字化车间和智能工厂试点。另一方面，深入实施工业互联网创新发展工程，打造新型数字基础设施，开展关键技术攻关转化，加速制造方式变革突破。进入规模扩张阶段，借助试点探索形成普遍共性的路径与经验，加速数字化在各个行业中普及推广，实现数实深度融合，带动行业整体转型升级。未来，随着数实深度融合的范围持续扩大、程度不断加深，还将进入变革引领阶段，这种"量变引起质变"将带来全产业体系的蝶变跃迁，最终深刻改变资源配置方式和使用效率，推动经济社会实现结构性变革。

表7-1　我国数实深度融合发展的4个历史阶段及特点

阶段	时期	特点
筑基补短	2002—2015年	加快自动化、信息化改造升级
试点攻关	2015—2022年	制造变革探索，智能化试点、技术攻关
规模扩张	2022—2030年	制造变革普及，研发和组织创新探索
变革引领	2030—2035年	产业体系全面变革

来源：中国信息通信研究院。

从新技术扩散史来看，传统产业应用新技术的转型过程是长期的，常常呈现"S形"曲线扩散轨迹：前期缓慢，中间快，成熟后又变慢（见图7-4左图中的电力技术）。经济史研究表明，核心技术在制造业中的渗透率达到20%～30%是进入加速发展阶段的临界值。数实融合也同样会经历类似的扩张过程。2021年，我国数字化在工业中的渗透率达到22.8%（见图

7-4），处在加速发展的临界阶段。这意味着我国数实深度融合已经迈过了以筑基补短、试点攻关为主要特征的初期阶段，正迈入规模扩张的加速发展新阶段。从国际比较来看，我国工业数字化渗透率仅为德国的 1/2、美国的约 2/3，工业数字化水平与发达工业国家相比还有明显差距，加速追赶刻不容缓。因此，面向未来 5 ~ 10 年，规模普及和智能升级将成为数实深度融合的逻辑主线和政策着力点，这就要求把数字技术全面融入制造业，融入包括中小企业在内的全部企业，包括传统产业在内的所有行业和包括核心领域在内的各个价值环节，最大化释放数字技术的变革作用。

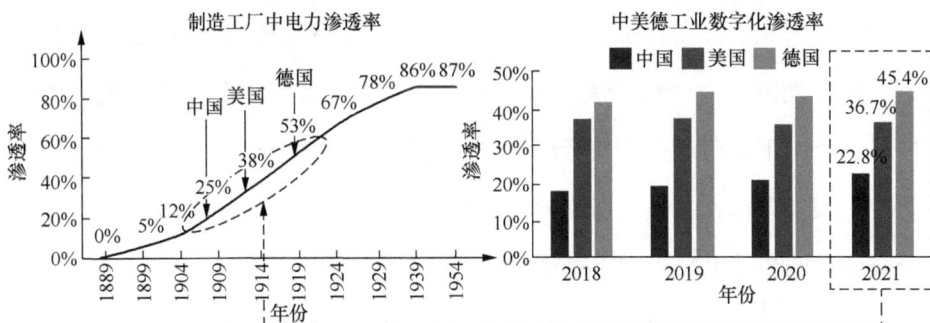

来源：中国信息通信研究院。

图 7-4　电力技术"S 形"曲线扩散轨迹与工业数字化渗透率对照

2. 人工智能成为决定制造业未来发展的核心变量

人工智能是引领这一轮科技革命和产业变革的战略性技术，具有溢出带动性很强的"头雁"效应。当前，我国积极推进的新型工业化与第四次工业革命历史性交汇，新工业革命为我国推进新型工业化，实现工业由大到强提供了宝贵的历史机遇，是新时代推进新型工业化的最大战略性因素。从更长历史视角来看，工业革命时期往往是大量新技术密集涌现且快速实现转化和应用的时期，通用目的技术（GPT）对加快工业化发展发挥着关键性和主导性作用。生成式人工智能具有通用目的技术所要求的普遍适用

121

性、进步性和创新孕育性等特征，正在成为这场新工业革命的通用目的技术，孕育了一场新工具革命。

人工智能凭借其广泛的渗透性、较强的替代性、明显的协同性、突出的创新性、全面的赋能性、强大的自生成性等特征，使以生成式人工智能等为代表的智能经济活动正在快速增长，越来越多面向垂直场景的行业大模型涌现出来，人工智能正在深度融入制造业的研发设计、生产工艺、质量管理、运营控制、营销服务、组织协同和经营管理的方方面面，设备、产线、工厂、企业中的智能体将无所不在，数据要素的价值将得到最大程度的发挥，制造业正在加速走向智能化，产业发展和分工格局正在发生深刻变化。麦肯锡全球研究院（MGI）报告显示，将生成式人工智能与其他技术结合，工作自动化可使劳动生产率每年提升 0.2 个至 3.3 个百分点。高盛研究报告显示，在人工智能得到广泛应用后的 10 年内，基准情形下可以使全球年均劳动生产率增速提升 1.4 个百分点。

智能制造的本质是新一代信息技术与制造业的深度融合。在这一过程中，与制造业融合的信息技术从以数字技术、网络技术为主到以人工智能技术为主，融合范围越来越广，融合程度越来越深，融合模式越来越多元，智能制造水平也在不断提升。以 ChatGPT、LLaMA、Sora 等为代表的生成式人工智能的快速发展，标志着弱人工智能向强人工智能的加速转变，标志着人类社会正在快速进入高度智能化时代。毫无疑问，人工智能正在掀起新一波数字革命浪潮，是下一个阶段数字化的前沿技术和"枢纽"环节，是决定未来制造业发展质效与模式的核心变量。

（三）数实深度融合推进新型工业化面临着新挑战

当前阶段的核心任务是加快数实深度融合规模化推广，全面释放数字

122

化对工业的放大、叠加和倍增效应，助推实现工业由大到强的新型工业化中心任务。与这一目标相比，我国面临数字化转型大国竞争日趋激烈、制造业数字化转型基础不牢固、企业数字化转型差距明显和工业数据价值未充分释放等多方面深层次挑战，亟待系统解决。

1. 数字化转型大国竞争日趋激烈

数字化是全球的共同机遇，是各国近年来发展战略的核心所在。回归实体经济，向先进制造发力、聚力是金融危机以来主要国家产业政策的中心所在。"数字化 + 先进制造"随之成为本轮国际产业竞争的新焦点，相关产业政策正以前所未有的力度回归，工业数字化竞争形势日趋激烈。2022年美国更新《先进制造业国家战略》，再次强调保持先进制造业全球领导地位，拜登政府颁布的《两党基础设施法》《芯片和科学法案》及《通胀削减法案》等主要法案，也在强调提升先进制造竞争能力，其中数字化是重点方向。近年来，日本政府制定了三大数字战略，《综合数据战略》《科学技术创新基本计划（2021—2025 年）》和《综合创新战略 2021》，努力抢抓数字经济和实体经济融合的制高点。德国和欧盟在"工业 4.0"战略基础上，向"工业 5.0"发展，打造更有韧性和可持续发展的工业。这些充分表明当前美西方各国的"再工业化"已经不是简单地提高制造业产值比例，而是通过推动数字技术与制造业深度融合，积极打造面向数字时代具有全球竞争力的新型工业。美西方在重塑数字化发展内部优势的同时，从未抛弃大国竞争、零和博弈思维，一方面通过数字技术关键硬件设施（如芯片）出口管制甚至是断供，另一方面通过将我国 5G、高端芯片、先进计算、人工智能、机器人等企业列入实体清单，以全方位立体式制裁手段排挤竞争对手，遏制我国在数字化转型和数字产业领域的蓬勃发展势头。

2. 制造业数字化转型基础不牢固

从硬件设施来看，我国数字化基础设施相对薄弱。我国大部分制造企业仍然处在自动化和信息化补课过程中，现有生产、经营水平还无法满足制造体系智能化变革的要求。全国制造企业关键工序数控化率刚刚超过60%，有40%企业不具备数字化转型基础，这明显增加了数实融合的推进难度。此外，我国在一些技术门槛高、产业化难度大的基础技术领域还依赖于国外产品，如流程模拟软件是石油化工设计、生产必不可少的基础工具，但国产化软件市场份额不足10%，基本被艾斯本（Aspen）等国外企业垄断，严重影响并制约着新兴融合产业的培育和发展壮大。

从技术能力来看，我国行业诀窍知识积累不足。数字技术的工业应用，行业诀窍知识是基础。没有坚实而强大的知识基础，训练出的模型精度不高，甚至可能出现训练失败，从而拉长制造企业智能化变革周期，抬高变革成本。我国是后发工业国家，工业化时间短，大量制造企业工艺、知识、模型等行业诀窍知识积累不足，限制了基于数据分析的研发创新、服务创新等新模式的探索。

从行业现状来看，行业禀赋特点决定切入点和路径具有差异性，抬高推广难度。《工业数字化／智能化2030白皮书》的数据显示，我国制造业细分行业的数字化转型指数已经超过40，如半导体、汽车、航空航天、石油化工等，有些行业的数字化转型指数较低，不到15，如采矿、纺织等。在数字化小规模试点攻关阶段，行业禀赋差异大不是主要问题，但在规模扩张阶段，过于个性化、碎片化的推进要求难以带来规模效率，会提高转型成本，拖慢转型进度，推进难度和复杂度也明显提升。

3. 企业数字化转型差距明显

从大型企业来看，我国缺少西门子、达索、施耐德这样的国际工业巨头，无法以龙头企业为核心开展技术产品研发和市场转化推广。国外数字技术及其产业化历程普遍是以技术创新攻关为起点，通过打造标准化产品实现一定规模的商业变现，再持续推动产品迭代优化，最终带动产业成熟。而我国目前 80% 左右的数字化服务企业将主要精力放在定制化项目的交付上，解决的是点状问题而非共性需求，也就无法形成可复制推广的标准化产品。这种相对低效率、重负担的项目制发展模式不但会拉低单个企业成长的"天花板"，也会因无法满足日益增长的市场需求而拖慢整个新兴产业融合的成长步伐。

从中小企业来看，中小企业占我国企业总数 90% 以上，但中小企业在数字化转型过程中不愿转、不敢转、不会转等问题仍然有待深度破解。因企业规模、实力、能力等方面客观差距明显，我国中小企业数字化转型进展较为缓慢，目前约 80% 的中小企业仍处于数字化转型的初步探索阶段，仅有 3% 的中小企业进入深度应用阶段。其中需要特别关注的一个现象是中小企业数字化转型试点初期阶段失败率极高，大约 70% 的企业在试点实施阶段即宣布放弃转型，只有 26% 的企业进入随后的规模化阶段，这一现象也被称为"转型陷阱"（见图 7-5）。究其原因，资金、人才等资源保障不足是中小企业落入"转型陷阱"的重要因素。数据显示，单个智能制造场景的建设平均成本在 150 万元以上，普通企业因经营利润情况通常难以承担较高的初始资金投入。数字化人才也

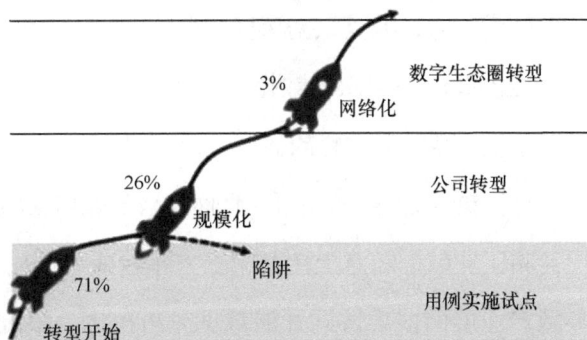

来源：麦肯锡咨询公司。

图 7-5 "转型陷阱"

125

存在结构性短缺。制造业企业中普遍缺乏既懂制造又懂信息技术的复合型人才，难以支撑开展高水平的智能化应用设计、部署和运维。

4. 工业数据价值未充分释放

中国信息通信研究院数据显示，我国工业企业平均数据存储量与服务业企业平均数据存储量相比为 0.96∶1，但工业企业数据整体经济贡献度与服务业企业相比仅为 0.38∶1，工业数据潜在价值在所有行业中最高，开发应用潜力最大，工业数据价值未充分释放。

从数据源头来看，我国工业数据基础采集条件较差。我国制造业企业生产设备的联网改造和信息化系统部署的规模化应用普及有待推广，面临无法产生工业数据或采集不到工业数据的问题。即使是具备数据采集能力的企业，也受制于数据标准不统一和数据治理体系不成熟，面临着无法有效保障数据质量的困境。

从数据应用来看，我国工业数据应用深度不够。数据的真正价值在于通过挖掘分析来实现对企业生产制造、经营管理背后规律性趋势的洞察、预测，进而指导实践优化提升。然而，由于制造业企业自身分析能力不足、与信息技术企业协同不充分等，国内工业数据应用大部分还停留在可视化这一较浅层次，涉及数据深度挖掘分析的应用场景数量较少。仅有不足34%的企业涉及较深层次的数据分析优化，数据驱动制造系统优化提升的作用和价值没有得到充分释放。

从数据流通来看，我国工业数据未能自由流通。一方面，企业普遍不愿意将工业数据随意上传至第三方平台或者传输至企业外部进行处理使用，导致产业层面很难协同开展数据分析挖掘，限制了工业数据发挥更大的价值。例如，某风电装备企业在提供远程运维服务中，用户要求数据不能发送至企业外部，导致服务执行和服务效果受到影响。另一方面，数据主权归属不明、数据使用权限控制手段不足等问题尚未解决，使数据流通存在较高壁垒和较大阻力，导致企业只有数据使用收益而无法将其转化成资产收益，同时也压低了数据价值空间。

（四）以数实深度融合推进新型工业化的总体思路与重点任务

1.总体思路

当前，我国推进数字经济与实体经济深度融合进入"规模扩张"阶段，要针对重点行业、重点领域制定数字化转型行动方案，突出人工智能这个关键变量，以智能制造为主攻方向，以工业互联网等数字基础设施为关键底座，以"智改数转"为重要抓手，加快培育新兴产业，释放数据要素价值，构建数实深度融合的保障支撑体系，降低转型难度和成本，加速以数实深度融合推动新型工业化发展。

要以规模化应用优先。要通过数字化在不同行业、不同区域、不同企业中的规模化应用普及，全面推广智能化制造，推动制造体系变革，解决国内制造业当前面临的效率不高、结构不优等迫切问题。要充分发挥数字化技术的赋能作用，带动产业链供应链在更大空间范围内延长和重组，实现资源更广范围、更高效率的优化配置。

要以规模化应用带动规模化供给。聚焦关键技术产品的工程化突破和产业化推广，加快培育标准化、模块化、低成本数字化解决方案，形成支撑规模化应用的产业供给能力。要围绕释放工业数据要素价值，推动企业部署或升级信息化系统，进行设备联网改造，提高整体数据供给水平，释放工业经济增长新空间。

要瞄准数字技术领域重大创新。要通过原始创新推动"跟随式变革"向"引领式变革"转变，显著提升技术产业自主创新能力，尤其是聚焦以人工智能大模型为代表的颠覆性技术领域，全力推进基础性、原始性技术研发，探索数字技术在制造体系中的变革性作用，使其成为新工业革命中的"领跑者"。

2. 重点任务

全面加快企业数字化转型。龙头企业、平台企业可充分运用人工智能等数字技术，实现企业数字化系统一体化贯通，发展智能化新模式、新业态，积极发挥引领带动作用，加强资源共享和数据开放，参与构建数字化生态，促进产业链供应链上下游企业创新协同、产能共享。中小企业是数字化转型的重点，也是难点。实施中小企业数字化赋能专项行动，加快推广中小企业数字化应用普及。培育壮大一批数字化转型综合解决方案服务商，加快建设数字化转型公共服务体系和数字化转型促进中心，开发推广符合中小企业需求、高性价比的"小轻快准"数字化产品、服务和解决方案。积极开展中小企业数字化转型城市试点，统筹各类资源优化供给、降低成本，试成一批，推广一批，带起一片。

全面推动产业数字化转型。以通用人工智能和制造业深度融合为主线，智能制造为主攻方向，场景应用为牵引，聚焦重点行业和产品，统筹布局通用大模型和垂直领域专用模型，高水平赋能新型工业化。加快完善制造业数字化转型政策体系，明确重点行业和重点领域数字化转型路线图。全面推动"智改数转网联"行动。面向共性需求总结提炼一批行业智能制造的典型场景和解决方案，编制细分行业智能制造实施指南和标准，为行业复制推广提供参考。结合重点产业链培育项目，加快推动产业链供应链数字化，实现"链主"企业拉动的链式转型，提升产业链供应链韧性。

全面开展区域数字化转型。打造具有竞争力的数字产业集群，培育壮大人工智能、物联网、量子计算等新兴产业。推动工业园区数字化转型与智能化发展，加快工业互联网进园区，建设产业级互联自治供应链生产网络，引导园区探索新模式、新应用，提升区域制造资源和创新资源的共享和协作水平。统筹布局数字基础设施，促进东西部网络、算力高效互补和协同联动。

全面提升数字化转型支撑服务能力。完善数字基础设施，推进5G、千兆光网、移动物联网、IPv6等规模部署，保持网络设施全球领先。加快工业互联网体系化发展，深化"5G+工业互联网"，打造一批具有全球竞争力的工业互联网平台。加快布局工业数据中心、智能计算中心等算力基础设施，深化云网融合、算网融合，探索推进算力互联互通和算力互联网发展，打造高速弹性、融合先进、安全绿色、泛在普惠的算力基础设施，汇聚形成全国"一张网"。加快数字化转型公共服务体系建设，积极培育数字化转型综合服务提供商，加快建设数字化转型促进中心和中小企业数字化转型服务平台。

全面增强数字技术领域创新能力。推进5G-A、6G等关键技术研发攻关，保持全球引领优势。抢抓超越摩尔、人工智能大模型等技术"换轨"机会，发挥市场、数据、场景等优势，开展算法、关键元器件等基础和共性技术攻关，实现自主技术突破。推动云化、平台化软件等关键技术攻关和技术体系重构，面向行业上下游推广一批云化设计软件、新型仿真工具，加快设计知识、工艺机理、管理经验等工业知识沉淀。做优做强国家制造业创新中心，以我国制造业应用场景丰富、数据资源丰富的优势，组织建设技术与产品验证实验室，加快前沿融合技术从技术原型、产品孵化、实验室验证到产业化的进程。

全面释放工业数据价值。打通阻碍工业数据资源互联、互通、互操作的技术和制度障碍，加快推动数据协议兼容统一，建设细分行业国家级数据库。做好设备联网改造，全流程数据采集，推动工业数据资源高质量汇聚，提高整体数据供给水平。面向重点行业建设可信工业数据空间，促进数据共享流通，打破制约数据要素市场参与主体活跃度的关键堵点。加强工业数据分类分级管理，完善工业数据分类分级指南，构建工业大数据管理能力评估体系，实现数据科学管理，推动构建以企业为主体的工业数据分类分级管理体系。

第八章

绿色转型发展是约束更是机遇

绿色低碳是新型工业化的生态底色，绿色转型发展理念已经贯穿到工业生产的全链条。绿色化不仅是工业化的约束条件，更是改变产业发展范式的下一个重大机遇，将带动绿色技术革新，推动工业动力、工艺、装备等基础要素发生转变，重塑国际竞争规则和格局，推动产业结构优化升级，对工业体系产生深远影响，并催生新技术、新产业、新模式与新业态（见图 8-1）。要充分把握绿色化发展格局未定的历史机遇，依靠超大规模市场优势，为我国新型工业化开辟新战场、拓展新空间，实现工业由大到强的突破。

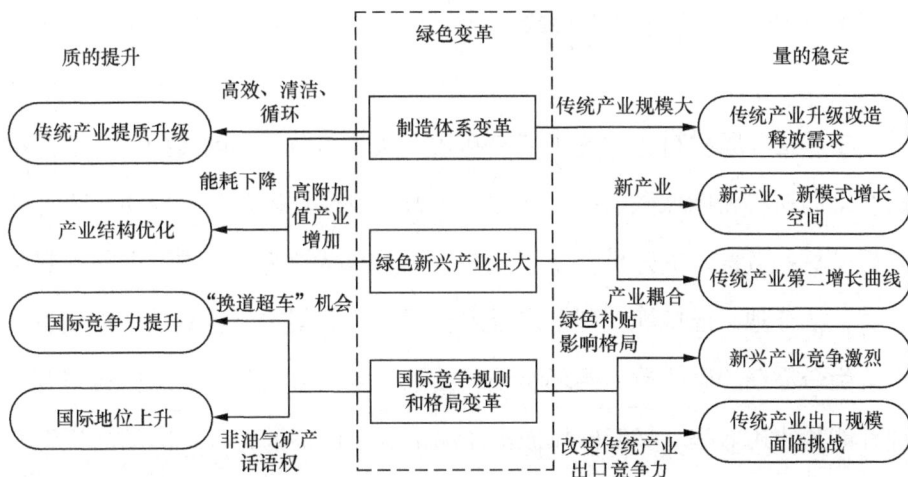

来源：中国信息通信研究院。

图 8-1 绿色转型发展对新型工业化的影响机制

（一）绿色化成为新型工业化的鲜明时代特征

1. 绿色成为新型工业化的生态底色

一是工业动力和燃料从化石能源向清洁低碳能源转型。化石燃料使用量将下降，清洁低碳燃料随之上升。未采用减排措施的煤炭、石油和天然气等化石燃料供给比例将下降，电力能源及氢基燃料、生物质燃料等清洁低碳燃料的供给比例将提升。根据国际能源署数据，净零情景下（2050年二氧化碳净零排放，以下简称净零情景），从全球工业领域动力来源结构来看，未采用减排措施的化石燃料的使用量将从2021年的110艾焦（EJ）下降到2050年的30艾焦，占比从66%下降到18%，电力能源在动力中的占比将从23%提升到50%，氢基燃料和现代生物质燃料的占比也将快速提升。电力能源、氢基燃料和生物质燃料对于冶金、水泥、陶瓷等高温特殊行业化石燃料的替代至关重要，从钢铁行业来看，2022年全球平均电炉钢产量占比为28.2%，其中美国高达69%。从水泥行业来看，预计到2050年，生物质燃料和垃圾衍生燃料在全球水泥行业能源中的占比将从当前的5%提升到35%。

二是工业原材料和制造工艺向高效、低碳和循环方向转型。工业原材料和辅助材料将向低碳、高效和循环的方向发展。轻量化、模块化设计能够减少材料数量，提升材料使用效率。下游产品制造商要求上游材料绿色低碳，如奔驰、福特等大型车企寻求使用清洁低碳的绿色钢铁，以减少车辆全生命周期的碳排放。循环利用的废钢、废铝和塑料等二次材料能有效提升能源使用效率、降低碳排放。还原剂等制造辅助材料也向清洁低碳发展，如清洁氢气代替煤炭作为还原剂，能够大幅减少钢铁生产中的二氧化碳排放量。能源和原料利用效率高、清洁低碳和循环的工艺占比将提升。

以全球钢铁行业为例，能源使用效率最高、碳排放量最低、使用循环材料的废钢电弧炉法（100%使用废钢）工艺占比将从2019年的20%提升到2050年的近40%，能够降低碳排放量的直接还原法工艺占比将从不足10%提升到20%左右。能源使用效率相对较低、碳排量较高的高炉转炉法工艺占比将从2019年的70%下降到2050年的30%。

三是生产设备、基础设施和劳动力等要素面向绿色转型。绿色化将带来清洁、低碳、环保装备的增长。绿色化将带来光伏、风电、核能、水电等清洁生产装备、高效节能装备和先进环保装备等绿色生产设备的需求增长，同时推动终端用能电气化水平进一步提高。新型低碳减排基础设施需求将快速提升。碳捕集、利用与封存（CCUS），电动车充电桩，用于电网调峰的储能设施，氢运输和存储等清洁低碳基础设施的需求将大幅提升。其中CCUS是促进水泥等重工业降低碳排放的重要基础设施。为实现全球工业领域2050年碳减排95%，从2030年到2050年，每月需要为10座重工业工厂配备CCUS。绿色化将带来就业岗位需求的增长和优化。从规模来看，绿色化在未来10年将带来全球3000万的净增就业岗位需求，同时煤炭燃料供应等化石能源就业岗位将减少1000万。其中风能和太阳能光伏领域的工作岗位将在2021—2030年平均每年增长近10%。从岗位要求来看，清洁能源行业将带来大量高技能工人的需求。能源行业45%的劳动力需要具备高级技能水平，高于整体经济24%的平均需求水平。

2.绿色化激发新型工业化发展新动能

先发产业有效支撑出口增长。一是强大的生产加工能力有效支撑全球绿色转型需求。规模化的生产线使我国成为清洁能源制造（电解槽、热泵、光伏、风电、电池）、物料生产（钢铁、水泥、铝）、关键矿物加工（铜、锂、镍、钴）领域关键环节的最大供应国，其中全球70%的光伏、电池，近 60% 的风电、钢铁、水泥由我国供应，在未来产能扩张中也将占据主导地位。二是发达国家碳中和带动清洁能源领域出口增长。我国是全球绿色贸易的主要参与者，更是欧洲、亚太地区光伏、风电、热泵等产品的主要供应国，清洁能源领域的先发优势将助力出口进一步增长。例如，2023 年，在我国出口机电产品中，新能源汽车、锂离子蓄电池和太阳能电池"新三样"产品合计出口额达 1.06 万亿元，首次突破万亿大关，增长 29.9%，成为外贸新增长极。

转型需求拉动绿色投资增长。一是高耗能行业绿色化改造潜在市场规模巨大。高耗能行业占工业能源消耗的 70% 左右，分行业来看，钢铁、有色金属、石化、建材等传统行业规模较大，绿色低碳改造需求巨大。根据预测，到 2050 年，钢铁、水泥、化工和石化在强化政策情景下、2℃情景下、1.5℃情景下的节能减排增量投资合计分别达到 2870 亿元、19652 亿元、35282 亿元。二是"新电气化"投资带动新型能源基础设施发展。一方面，带动了大规模投资涌向光伏、风电、储能、电动汽车、充电桩、虚拟电厂等领域。另一方面，带动了从上游关键矿产、材料、元器件、设备、软件到下游应用场景的百万亿级的产业链发展。据预测，到 2050 年，加氢站和输氢管道、光伏和风电装机、跨区输电通道、电动汽车充电桩等基础设施将拉动 48 万亿元投资。

绿色发展理念推动消费增长。一是优势领域产品需求空间不断扩大。我国是世界上光伏装备、风电装备、新能源汽车、节能电器等绿色产品的最大消费市场。光伏装备，风电装备方面，根据各省碳达峰实施方案总结的各省风电、光伏的装机计划来看，到 2025 年我国至少有 2.41 亿千瓦的市场空间，到 2030 年至少有 7.71 亿千瓦的市场空间。新能源汽车方面，到 2030 年我国市场纯电动汽车产销量将超过 1500 万台、插电式混合动力汽车

（PHEV）将超 160 万辆。污染防治装备方面，到 2025 年我国环保产业投资与营业收入将分别达到 2.45 万亿元、3.64 万亿元，拉动 GDP 增长 2.71 亿元。二是前沿领域市场培育逐步加速。氢能方面，预计到 2025 年，我国氢基燃料电池车辆保有量将达到 5 万辆左右，氢能飞机、氢能船舶等也正在布局之中。CCUS 方面，我国正积极推进 CCUS 示范项目，预计我国 CCUS 减排需求到 2025 年约为 2400 万吨／年，到 2060 年将达到 23.5 亿吨／年。新型储能方面，到 2025 年我国具备大规模商业化应用条件，预计 2023—2027 年，年平均新增储能装机为 16.8GW。

3. 绿色化引领新型工业化发展新格局

低碳化改变国际工业竞争规则。碳市场和碳税等碳定价政策工具将改变国际工业竞争规则。各国正在不断强化碳排放权交易系统（ETS，简称为碳市场）和碳税等碳定价政策工具，碳定价政策工具将改变高碳排产品的经济性，提升先发国家话语权和产品的绿色竞争力。碳市场将环境成本内化为企业的生产成本，全球各国碳市场的行业覆盖范围、碳价波动机制将影响碳减排效果和绿色化进程。当前全球碳市场仍在扩张过程中，截至 2023 年 1 月，全球共 28 个碳市场，覆盖了全球 GDP 的 55%、人口的 1/3、全球温室气体排放量的 17%。基于各国碳价差计算的碳关税，将降低发展中国家的低要素成本优势，重塑出口产品竞争规则。欧盟碳边境调节机制（CBAM）目前涉及钢铁、铝、化肥、氢等 6 个行业，进口产品在 CBAM 成本计算中的免费排放配额、单位产品碳排放，以及纳入的行业范围和核算范围均受到欧盟政策影响，未来碳关税成本的影响随时可能扩大。美国《清洁竞争法案》（CCA）正在立法推进过程中，其同样提出对国外进口商与国内生产商超过行业平均水平的碳排放征收碳税。绿色贸易"小圈子"和供应链绿色化的贸易壁垒将产生更大影响。美国和欧盟构建的"可持续钢铁和铝全球安排"，意图建立一个由生产低碳钢、铝的国家组成的，对内平等、对外歧视的关税同盟，将颠覆现有贸易规则。欧盟《欧盟电池和废电池法规》强制要求企业进行碳足迹声明并建立最大阈值，同时提出电池中再生回收材料占比要求，将对企业全生命周期绿色低碳管理提出更高要求。

关键矿产和减碳基础设施将塑造新的资源优势。清洁低碳领域关键矿产优势国与化石能源时代不同，关键矿产的稀缺性将使资源优势国在新时期获得更多话语权，多国限制资源出口。化石能源时代的资源优势国家和地区主要是天然气和石油占优的美国、俄罗斯和中东，以及煤炭资源占优的中国和其他亚太地区。清洁低碳领域关键矿产加工的地理集中程度较高，我国在全球镍加工中占有约 30% 的份额，锂和钴加工占 60% ～ 70%，稀土元素占达 90%。此外，智利加工了世界上近 1/3 的锂，印度尼西亚的镍产量占比近 50%，且自 2020 年初以来已停止镍矿出口，津巴布韦 2022 年宣布未经加工的锂矿石禁止出口。CCUS 等减碳基础设施将助力塑造水泥、化工等行业的绿色竞争优势。美国 CCUS 设施的数量和碳捕集利用量领跑全球，2030 年预计美国 CCUS 设施的碳捕集利用量每年将超过 130 百万吨二氧化碳，是排名第二的英国的 2.6 倍。CCUS 基础设施对于依赖煤炭的水泥、化工等行业至关重要，按照美国工业脱碳路线图预计，CCUS 将在 2050 年为水泥行业减碳贡献 62% 的占比，为化工减碳贡献 24% 的占比。因此规模庞大的减碳基础设施将可能改变美国化工等产业的国际竞争力。

各国的绿色补贴竞赛将改变新能源制造格局。美国发布的《通胀削减法案》（IRA）要求电动汽车电池材料必须在美国或有美国自由贸易协定的国家回收或制造，目标是到 2030 年绿色技术在欧盟生产占比至少 40%。欧盟理事会通过的《净零工业法案》（NZIA）等的政策优惠以从欧盟采购各种零部件为条件，目标也是到 2030 年绿色技术在欧盟生产占比至少 40%。澳大利亚 150 亿澳元的补贴用于 7 个优先领域，补贴要求确保投资"仅或主要以澳大利亚为基地"。随着欧美新能源补贴项目落地，我国风电、氢能、电池等领域产能份额将下降 10 至 30 个百分点，欧美等国家和地区份额将有所上升。国际能源署估计，美国政策补贴可以将电池存储的资本成本降低近 15%，因此补贴将大幅提升发达国家对清洁低碳能源领域投资的吸引力。受此影响，我国海上风电的产能份额从 2021 年的 85% 左右下降到 2024 年的不足 70%，氢能的产能份额从 2021 年的 80% 下降到 2024 年的 40%。电池产能份额到 21 世纪末将下降近 10 个百分点。欧盟和美国在电池和电解槽产能份额上将提升 10 个百分点左右。

多样化技术路线并行带来"新赛道"和改变格局的契机。全球新能源产业进入创新升级期，多条技术路线并行竞争。光伏领域存在背面场效应电池（PERC）、异质结电池（HJT）和隧穿氧化层钝化接触电池（TOPCon）3 条路线，同时还有钙钛矿电池路线处于实验室研发阶段。风电领域，双馈驱动、直接驱动和混合驱动（半直驱）3 条技术路线并行发展。储能领域，技术路线更多。新兴技术路线欧洲、美国、日本等企业占优，可能带来产业格局的重新划分。光伏领域的新兴技术钙钛矿电池属于薄膜电池，当前美国 First Solar 公司在主流薄膜电池领域技术领先。风电领域的核心产业链环节为主轴承，外圈直径超过 2 米，主要供应商为瑞典斯凯孚（SKF）和德国 FAG。氢能质子交换膜领域，国产膜的普遍厚度只能做到 15 微米，而美国戈尔（Gore）的增强型 Select 膜，最薄可达 5 微米，其 8 微米膜已经实现量产。各国基于产业基础选择清洁低碳技术改造路线，全球呈现多路线并行推进态势。以钢铁行业为例，我国以高炉工艺低碳化为核心，探索熔融还原和氢还原路线，但欧盟将更快转向新兴技术，其废钢电弧炉和氢还原等新工艺和新技术预计 2050 年占比达 60% 以上。

（二）绿色化为新型工业化带来新机遇和新挑战

1. 绿色化为我国新型工业化发展带来新机遇

绿色化发展变革新技术。绿色发展对绿色技术产生大量需求，催生工业领域中出现大量低碳、零碳及负碳技术。一是绿色技术创新数量持续攀升。2022 年 5 月发布的《中国绿色技术创新指数报告（2021）》显示，近一年，全国绿色技术创新总量指数增长约 4.5 倍，绿色技术创新持续升温。2022 年年底，国家知识产权局编制的《绿色低碳技术专利分类体系》显示，2016—2021 年，全球绿色低碳专利授权量累计 47.1 万件，中国国家知识产权局授权 16 万件，占比 34%。近 5 年，我国绿色低碳专利授权量年均增长 6.5%，已成为拉动绿色低碳技术创新的重要力量。二是遴选绿色技术及案例发布推广，为工业绿色转型提供技术支撑。自 2017 年开始，工业和信息化部陆续发布年度《国家工业节能技术推荐目录》《国家通信业节能技术产品推荐目录》《国家工业节能技术应用指南与案例》等文件及案例，以加大绿色技术推广应用力度，助力工业绿色转型。

绿色化发展激发新业态。一是微电网、移动储能等新模式加速落地应用。工业能源消费结构绿色化转型需求推动分布式光伏、分散式风电、高效热泵、新型储能、氢能、余热余压利用、智慧能源管控等一体化系统的工业绿色微电网快速发展。与此同时，新能源发电和新能源汽车之间正在重新构建充电网、微电网、储能网，推动移动储能发展[1]。二是绿色低碳类生产性服务业蓬勃发展。碳足迹相关体制机制逐步完善，产品碳标识市场

1　新能源汽车电池是电网中的灵活性资源，资源通过聚合，既作为可控负荷，又作为分布式储能，发挥"电力海绵"作用。

发展迅猛，正在成为全球绿色产品的通行证，催生了碳核算、碳资产管理、碳足迹认证、数字化碳管理、绿证绿电交易等新业态，超大规模产业为新业态发展提供需求支撑。

绿色化发展催生新模式。一是循环经济新模式开始出现。国家出台政策引导生态环境治理项目与关联产业有效融合，通过内化生态环境的经济价值，推动经济效益和环境效益双提升。2023 年 12 月，生态环境部等 4 部门联合印发《生态环境导向的开发（EOD）项目实施导则（试行）》，通过产业链延伸、组合开发、联合经营等方式，推动公益性强的生态环境治理项目和收益好的产业融合，以实现增值反哺。二是零碳园区等新模式不断涌现。减碳降碳需求催生了零碳园区[1]，为工业园区的绿色化改造注入了新活力，超大规模的工业园区体量将创造超大规模的绿色化改造需求，为绿色供给体系培育提供有力支撑，实现零碳能源供给、零碳产品，并促进工业循环利用。例如，鄂尔多斯零碳产业园在实现 100% 的零碳能源供给的同时，带动了绿电制氢、绿氢制钢、绿氢煤化工等产业的发展。

2. 绿色化为我国新型工业化发展带来新挑战

不同于发达国家的绿色化，我国在推进绿色化的过程中仍面临着工业化进程尚未完成、能源禀赋富煤少油、区域发展节奏不均衡等问题，这使我国的现代化进程同时面临着工业化和绿色化之间的两难权衡。

我国短时间内要实现绿色化转型，势必给传统产业发展带来巨大挑战。中国信息通信研究院测算，到 2030 年，能源消耗约束将使绿色化改造行业工业增加值增速下降 0.8%，碳排约束使绿色化改造行业工业增加值增速下

---

1 零碳园区是提高能源资源效率与碳排放治理效率并降低综合成本的新模式，主要目的是促进能源绿色化转型、低碳化发展、资源循环化利用、设施集聚化共享。

降 0.71%。从碳达峰到碳中和国际比较如表 8-1 所示。

表 8-1　从碳达峰到碳中和国际比较

指标	美国	欧盟	中国
碳排放峰值/亿吨	61	41	108
年度碳减少目标/（亿吨·年$^{-1}$）	1.35	0.58	3.6

来源：中国信息通信研究院根据公开数据整理分析。

绿色转型受工业特征的制约。一是我国能源结构偏煤，基于我国富煤、油气不足的资源禀赋，煤炭长期在我国工业能源消费中发挥基础性作用，对煤炭的依赖度在短期内很难大幅度降低。2022 年，我国煤炭消费量占全球煤炭消费总量的 54.8%，是排名第二的印度的 4 倍、排名第三的美国的 9 倍。煤炭单位热值碳排放量是石油的 1.4 倍、天然气的 2 倍，其高碳属性决定了我国工业部门碳排放量必然偏高，减碳降碳面临较大压力[1]。二是我国产业结构偏重，我国传统产业体量大，工业化进程尚未完成，在一定时期内，钢铁、石油化工等高耗能行业还将持续发展，高耗能行业仍然为工业增长的主要动力之一（见图 8-2）。2021 年我国六大传统行业利润总额占工业的 30.6%（其中，化学原料和化学制品制造业占比 8.8%，非金属矿物制品业 6.5%，黑色金属冶炼和压延加工业占比 4.9%，有色金属冶炼和压延加工业占比 3.9%，电力、热力、燃气及水生产和供应业占比 3.6%，石油、煤炭及其他燃料加工业占比 2.9%），在利润总额排名前十的行业中，传统行业占4 个。我国绿色转型将受原有产业特征、能源特征的制约，转型难度极大。

区域发展不均衡提升转型难度。我国工业化、城镇化、农业现代化进程与绿色低碳发展目标叠加，区域经济发展不均衡等问题长期存在，可能

---

[1]　减碳是指减少碳排放量，更侧重于减少碳排放的行动和措施；降碳是指降低碳排放强度，更侧重于碳排放水平的降低和最终目标的实现。

影响我国工业的绿色化进程。中国信息通信研究院测算的数据显示，31 省
（自治区、直辖市）的工业绿色化发展水平差距较大，工业绿色化发展指数[1]
在 35.5 ～ 72.9，以 2021 年的单位工业增加值能耗为例，表现较好的省（直
辖市），如北京为 0.28 万吨标准煤 / 亿元，广东为 0.47 万吨标准煤 / 亿元，
而部分中西部省份可达 4.57 万吨标准煤 / 亿元，仍有较大提升空间。

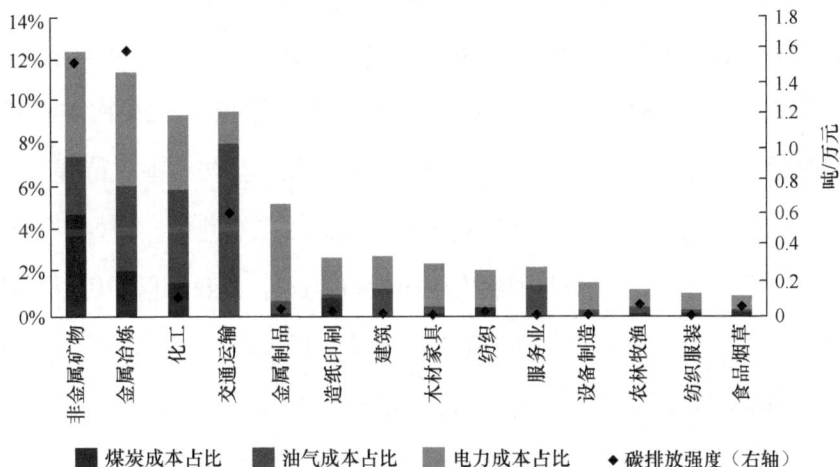

来源：中国碳核算数据库（CEADs）。

图 8-2　我国各产业能源成本占比和碳排放强度

（三）新型工业化绿色发展过程中面临的问题

1. 我国绿色发展底层支撑亟待提升

绿色低碳科技自主创新能力不足。从整体来看，我国在绿色低碳创新
深度和质量、技术装备水平、关键核心技术突破等方面与世界先进水平相

1　工业绿色化发展指数依据联合国可持续发展委员会（UNCSD）的DPSR模型，即驱动力
　（质量与效益）、压力（能耗与排放）、状态（发展与消耗）、响应（政企响应）4个一
　级指标，构建我国工业绿色化发展指数评价体系，形成了我国工业绿色化发展指数。

比仍存在一定差距。一是绿色低碳技术整体处于跟跑阶段。我国绿色低碳领域专利数量虽位居世界前列，但含金量有待提升。例如，我国绿色低碳专利海外授权量偏低，2016—2022 年，欧洲、日本、美国、韩国授权量分别为 7.4 万件、6.1 万件、5.2 万件、2.5 万件，我国仅为 2.1 万件。例如，在 CCUS 领域，国外 CCUS 集成优化技术已普遍进入商业化应用阶段，而国内相关技术目前仅达到中试阶段。中国科学技术发展战略研究院报告显示，我国与领先国家绿色技术整体差距约 7.3 年，目前仅有 19.7% 的绿色技术达到国际领先水平、54.4% 的绿色技术与国际平均水平持平、25.9% 的绿色技术仍落后于国际平均水平。二是部分行业绿色化工艺与装备有待提升。我国部分行业制造工艺与装备存在能效低、碳排放高等问题。例如，钢铁行业，短流程炼钢能耗与碳排放量仅为长流程的 1/3，但我国目前仍以高炉 - 转炉长流程为主，且电炉炼钢比例与世界领先水平相比差距较大。2022 年，全球平均电炉炼钢比例为 28.2%，同期美国为 69%，印度为 54.2%，韩国为 31.5%，日本为 26.7%，我国约为 10%。三是新兴产业关键核心技术与装备存在断供问题。例如，风电领域，我国主轴承和叶片芯材料仍依赖于国外供应商；光伏领域，超细光伏银粉核心依赖日本 DOWA 等国外厂商。

2. 绿色低碳领域体制机制尚不健全

在从能源消耗总量和强度调控，逐步转向碳排放总量和强度控制的新要求下，我国绿色低碳领域体制机制的适配与转变仍有相当大的差距。首先，绿色低碳标准体系支撑力度明显不足。英国、美国、德国、日本、韩国等发达国家在温室气体核算、产品碳足迹核算等领域深度把控国际标准话语权，直接影响工业产品的绿色化设计规范和制造标准。其次，以市场为导向的绿色发展机制尚未健全。我国在排放权、用能权、用水权、排污权等的要素市场化配置机制仍不完善，以碳交易市场为例，当前我国碳市场配额仍以免费发放为主，仅覆盖 2000 余家火力发电企业，市场化价格机制尚未真正形成，流动性明显不足，对工业绿色低碳转型推动作用有限。对比欧盟碳市场，已逐步由免费发放配额过渡到以拍卖为主，覆盖范围包括工业、交通、航空、电力等行业，交易品种多样且参与主体丰富，为碳市场提供大量流动性，市场成熟度远高于我国。最后，绿色金融支持力度有待提升。一方面，缺乏工业绿色低碳领域企业和项目界定标准，不利于资本资源向真正的工业绿色低碳领域流动。另一方面，绿色金融产品和服务种类偏少，难以满足产业绿色转型与绿色产业发展差异化信贷需求。

3. 绿色化产业链体系尚未建立

工业绿色标准体系尚不健全。一是绿色技术规范和标准不完善。目前，企业开展综合利用工作缺乏相应的技术规范和标准，各类废物的处理处置和综合利用缺乏标准化、可操作的技术路线，由废物生产的综合利用产品由于缺乏相应标准、政府监管严、市场接受度不高、产品没出路的问题普遍存在。二是碳足迹管理体系标准尚未建立。我国碳足迹研究发展起步较晚，在方法学、评价标准、数据库等方面尚未形成完备的管理运行体系。总体呈现出国家、行业等权威标准指南相对较少，产品碳足迹评价技术标准覆盖范围不够全面，无法与国际标准互认等特征。例如，我国动力电池的审查标准和要求与欧盟不同，抬高了其进入欧盟的合规成本。

绿色化改造成本高且可再生能源回收利用率低。一是绿色化改造投入成本高。尤其是对传统产业而言，园区企业改造动辄需要投入上亿元的改造成本，绿色资金投入缺乏，转型动力不足，如滨江经济开发区的沿江劣质化工企业腾退需要近 30 亿元的投入，还不包括后期 10 多亿元的场地环境调查和生态功能修复，地方政府普遍缺乏融资渠道，财政压力较大。二是可再生能源回收利用率低。截至 2023 年，我国新能源车动力电池规范化回收率不足 25%，欧洲最大的电池企业 Hydrovolt 工厂每年可以处理约 1.2 万吨废旧电池组，对废旧电池的材料回收率可达到 95%。

4. 我国绿色产业发展受到围堵

近年来，欧美等国家和地区实施"组团"战略，联合着手建立除我国之外的供应基地，形成绿色领域的产业链供应链防线。与此同时，欧美等国家和地区通过各类法案增加对本国清洁能源、新能源汽车等绿色产业的保护，旨在削弱我国清洁能源等领域的产业优势，保持其在绿色经济和绿色科技的领先地位和话语权。主要经济体绿色新兴产业政策及投资资金如图 8-3 所示。

来源：中国信息通信研究院根据公开数据整理。

图 8-3　主要经济体绿色新兴产业政策及投资资金

绿色产业链供应链韧性受到挑战。随着欧美等国家和地区加速向清洁能源和绿色经济转型，其对锂、镍、铜、钴和稀土等关键矿产的需求将激增，目前在国际市场上，部分关键矿产主要由我国供应，为减少对我国在关键矿产供应上的依赖，增加供应弹性，近一段时间以来，欧美等发达国家和地区在建立除我国之外的绿色对话机制上动作频繁，由美国主导，联合欧盟、日本、澳大利亚、加拿大等传统盟友建立新的"绿色朋友圈"，旨在壮大自身清洁能源产业链供应链，并就关键矿产和原材料、贸易等方面对我国进行精准遏制，提升其产业竞争优势和安全保护。以关键矿产为例，美西方强化供应链伙伴关系，搭建新能源与关键矿产国际联盟、矿产安全伙伴关系、可持续矿产联盟等各种"小圈子"，具有明显的区域性和集团化特征。例如，2022 年 6 月在加拿大勘探者与开发者协会会议期间，美国宣布与加拿大、澳大利亚、法国、德国、英国、欧盟、日本、韩国等盟友建立"矿产安全伙伴关系"来协调内部关键矿产供应链的矛盾，欧美等国家和地区的"绿色朋友圈"行动无疑会加大对我国绿色产业链供应链韧性的考验。

部分优势技术存在主动"出海"风险。2022 年 8 月出台的《通胀削减法案》被称为美国历史上最大的气候法案，承诺将在未来 10 年内投入将近 3700 亿美元用于气候行动，紧随其后，2023 年欧盟出台《净零工业法案》，两者大力支持以新能源汽车、清洁能源为代表的绿色低碳产业在本地构建全产业链，并进行了大规模政策支持与资金补贴。在此背景下，受政策驱动和新能源产业海外市场增长的影响，绿色高端技术产业进一步向欧美等国家和地区流动，我国部分高端技术也存在主动"出海"的风险。例如，我国宁德时代与美国福特汽车商谈合作协议，宁德时代出技术，福特出资金，在密歇根州建立电池工厂。从补贴政策来看，因不涉及我国直接投资，该工厂能够享受美国《通胀削减法案》规定的生产税收抵免（宁德时代能获得每辆电动汽车 7500 美元税收抵免中的 12%）。从技术水平来看，宁德时代技术处于全球第一梯队，福特可以从中汲取技术，填补电池产业链的经验空白。这项合作一旦落地实施，一方面，可以为我国企业赢得美国市场；另一方面，我国高端技术也存在海外流失的风险。

（四）加快工业绿色发展推动新型工业化的政策举措

1. 加快绿色技术创新，夯实技术创新底座

一是锚定绿色低碳主攻方向，集中力量攻关行业绿色化转型关键技术。瞄准钢铁、水泥、化工、有色金属等重点行业节能降碳和转型升级需求，集中优势资源突破燃料／原料的低碳化替代、生产工艺深度脱碳、低碳零碳工业流程再造、资源循环利用、工业过程与 CCUS 技术耦合等关键技术，强化科技创新供给，不断塑造绿色低碳发展新动能、新优势。二是紧抓关键核心技术，加快突破瓶颈制约。围绕光伏，风电，氢能，储能，碳捕集、利用与封存等领域中的关键环节，加快推进关键核心技术攻关，建设绿色低碳领域重大科技创新合作平台和技术破解平台，推动领军企业、高校、科研院所聚焦核心技术卡点。积极探索通过"揭榜挂帅""赛马制""包干制"等形式，组织产业开展关键核心技术攻关，破解"最急难题"，甄选"最佳方案"。三是前瞻性引领绿色低碳发展，加强基础研究和前沿颠覆性创新技术研发部署。推进超高效光伏电池、绿氢开发利用、新型负碳技术、新型储能、复杂难用工业固体废弃物规模化利用技术等领域前沿理论与技术研究。建立前沿颠覆性技术的预测、发现评估机制，定期更新前沿颠覆性技术研究部署。

2. 推动数字技术赋能，提升绿色发展质效

一是推动数字全生命周期赋能。以数字技术、数字基础设施为底座，以工业 App、大数据平台等为支撑，通过对产品绿色设计、生产过程、运营管理等进行智慧管理与优化，提升生产效率，最终实现工业各行业绿色低碳转型目标。二是强化数字化绿色化协同场景应用。深化数字技术助力绿色研发、工艺优化降碳、生产协同增效、绿色仓储配送、固体废弃物循环

利用、用能设备管理、能源平衡调度、污染物在线监测与控制、碳资产管理、产业资源协同节能等场景应用。三是打造数字化碳管理试点示范。面向工业产品、工业企业、工业园区等,开展工业领域数字化碳管理等试点示范工作,带动工业领域数字化碳管理体系建设实践。四是提升信息通信领域绿色化水平。加强信息通信基础设施的约化布局、高效化设计、绿色化建设、低碳化技术和智能化运维,提高数据中心、5G基站等重点领域能效水平。

3. 构建绿色金融体系,强化资金支持力度

一是强化财政资金支持引导作用。尤其是加大对绿色低碳产业发展、绿色先进技术研发应用、制造业绿色低碳转型等重点领域的财政支持力度。完善税收优惠政策,加大对绿色低碳项目与设备采购的税收减免力度。二是完善绿色金融体系。加大金融政策与产业政策协调配合力度,推动利用基金、低息贷款、融资担保等金融工具加快企业绿色低碳化改造。面向重点绿色低碳技术装备、产品首批次推广应用,优化完善保险补偿机制。

4. 打造人才支撑体系,助力社会公正转型

打造政府企业高校社会一体的人才培养模式。一是开辟优秀人才绿色通道。集聚绿色低碳领域急需紧缺型人才,对关键核心技术领域的急需紧缺型人才开辟专门渠道,实施精准引进。二是推动高校相关学科建设。加快培育本土低碳人才团队,促进高校加快储能、氢能、CCUS等相关专业建设,培养新兴产业、交叉产业领域人才,推动职业院校、技工院校等开展绿色低碳领域职业教育和技工教育。三是完善企业人才培训机制。鼓励企业定期举办培训活动,增强企业对人才的技能培训,不断强化其适应新技术、新经济形势的要求。

5.扩大制度型开放，推动高水平对外合作

一是开展高水平国际合作。在现有多双边合作机制下，拓展与发达经济体在绿色低碳领域的交流合作，创建清洁能源、绿色制造等领域示范项目，将绿色发展先进技术经验"引进来"。深化应对气候变化南南合作，加强我国节能环保、资源综合利用和绿色优势产业"走出去"。二是积极融入国际技术标准制定。广泛参与绿色化国际技术标准的制定，推进本国技术标准和规则国际化，以在国际技术标准和应对外部环境变化方面掌握更多的主动权，提升产业竞争力。

▷ 第九章
开启中国制造业大航海时代

开放经济条件下，全球化使资源配置的范围超越了国界。我国工业化进程上半场出现的最大结构性转变就是从相对封闭的工业化模式到深度融入全球化。随着百年未有之大变局的加速演进，国际力量发生调整，受全球公共卫生冲击、地缘政治冲突等叠加影响，逆全球化思潮抬头，单边主义、保护主义明显上升，持续半个多世纪的超级全球化周期出现趋势性调整，世界贸易体系、全球制造业格局正在发生深刻变化，我国工业化进程下半场面临着全球深度调整带来的新形势和新挑战。应坚持扩大高水平对外开放，用好国内国际两个市场、两种资源，推动国内国际双循环相互促进，培育参与国际合作和竞争新优势，开辟新型工业化增量新空间，激发推进新型工业化的动力与活力。

（一）后发国家全球化与工业化进程的演进逻辑

1. 全球化与工业化进程：国际经验

从理论视角来看，后发国家工业化与全球化常常会经历低水平"俘获式"嵌入期、稳定脱嵌期和高水平"引领型"再嵌入期3个相互继起、相互关联的发展阶段。发展经济学、国际经济学通常将其归纳为"进—出—再进"（"in → out → in"）发展模式，有时也被称为开放度U形曲线。

具体来看，在"进"阶段，后发国家通常处在工业化发展早期，往往通过吸引外商直接投资或跨国公司向全球价值链开放加快工业化发展进程，实现快速追赶。例如，欧美等发达国家和地区在工业化进程中占据了主导地位，技术发明、科技创新以欧美国家和地区为主，后发国家普遍存在被动融入全球化和开启工业化的过程，这就决定了后发国家工业化进程客观存在的追赶现象。由于技术门槛的限制和发达国家产业转移的需要，早期后发国家的技术模仿主要集中在中低端领域，与全球价值链的后向联系（通过外国附加值在总出口中的份额进行衡量）极为密切，很难实现真正的超越。例如，20 世纪 60 年代起，在美国对韩国资金援助和技术输出下，韩国启动了出口导向型增长战略并开始融入全球经济，到 20 世纪 70 年代，外国附加值在总出口中的份额超过了 40%。

在"出"阶段，随着后发国家技术水平逐渐靠近全球技术前沿，发达国家开始在投资、贸易等领域对后发国家开展持续打压，这也意味着，后发国家只有依靠内部建立强大的本地生产和创新能力，才能实现进一步追赶。这一阶段也被称为稳定脱嵌期，是后发国家通过发展和升级国内价值链，提高国内产业链的技术水平、制造水平等内生能力，从而摆脱对全球化技术、市场过度依赖的过程，这是一个极为关键的时期，关乎后发国家工业化是否具有足够内生能力来应对外部环境巨变，应对发达国家打压，实现深度追赶和长期可持续发展。巴西等拉美国家无法顺利完成深度追赶就是缺少这一发展过程，没有培养足够的产业内生能力，导致当前主要制造领域仍由跨国公司主导，长期处在"被俘获"的困境之中。韩国从 20 世纪 70 年代末和 80 年代初开始加快了这一过程，在近 20 年的脱嵌过程中，培养了强大内生能力，为韩国在 20 世纪 90 年代末的赶超奠定了基础。总体来看，这个阶段的后发国家工业化与全球化之间呈现脱钩倾向，后发国家会增加国内附加值并减少与全球价值链的后向联系。例如，随着韩国用汽车发动机等国内生产的商品取代进口资本品，外国附加值在总出口中的份额从 20 世纪 80 年代中期开始下降，贯穿整个 90 年代，到 90 年代末不足 30%。

在"再进"阶段，后发国家通过抢抓新技术革命或者新工业革命带来的赶超机会窗口，抓住技术范式转换期，持续增强本地生产和创新能力，完成传统产业结构优化升级和新兴产业"换道超车"，从而重新融入全球化，不仅实现了全球价值链地位的攀升，更是从"跟随"全球化向"引领"全球化转变[1]。例如 2000 年以后，随着韩国通过海外投资、在劳动力成本较低的东南亚和中国设立工厂等方式追求全球化，国外增加值在总出口中的份额再次上升，这一份额最高点时回到了 40% 以上，韩国公司也开始在国外生产成本较低的中间品，然后将中间品出口回韩国进行最终组装。

2. 全球化与工业化进程：我国实践

我国工业化进程与经济全球化密切相关。改革开放以来，我国在促进自身制造业发展和工业化进程的同时，也为世界经济增长和经济全球化进程作出了自己的贡献。我国制造业发展为全球工业注入强大力量。综合判断，当前我国工业化与全球化正处在稳定脱嵌期的末尾，即将迈入高水平"引领型"再嵌入期。图 9-1 显示，我国工业化进程与全球化深度关联，符合"进—出—再进"发展模式。

2008 年金融危机之前，我国工业化与全球化处于低水平"俘获式"嵌

---

1 需要特别指出的是，从"再进"这个阶段来看，后发国家能够追赶前沿国家不仅需要塑造创新能力等强大的内部动力，还依赖于技术革命和工业革命带来的外部机会窗口和技术范式转变。在几百年的工业发展史中，这种机会窗口和范式转变发生概率并不高，这也就意味着后发国家的追赶极为困难，能够成长为工业强国的国家数量有限。例如，美国和德国抓住第二次工业革命的电力和内燃机技术超越英国成为工业强国，日本和韩国抓住第三次工业革命的信息技术成为工业强国。当前，全球正处在第四次工业革命和数字技术带来的机会窗口和范式变革期，这也为中国快速追赶成为工业强国提供了外部重大机遇。

入期。改革开放以来，我国制造业率先踏上对外开放之路。在 2001 年进入世界贸易组织后，我国制造业更是积极融入经济全球化进程。这一时期全球化给我国工业化带来了广阔市场和成熟技术，推动了我国工业化迅猛增长，成为真正的"世界工厂"，也显著提升了我国的生产技术和能力。2004年左右，这一模式达到顶峰，我国制造业出口中国外增加值占比接近 30%。但这一时期，我国技术和市场对外依赖极大，投入了巨大资源，创造了大量价值，但获得的利益分配却不成比例。例如，在 iPhone 14 Pro Max 的全球产业链中，我国内地（大陆）（不包括港澳台地区）企业的占比高达 24%，但最后分配到的利润却只有 3.8%。

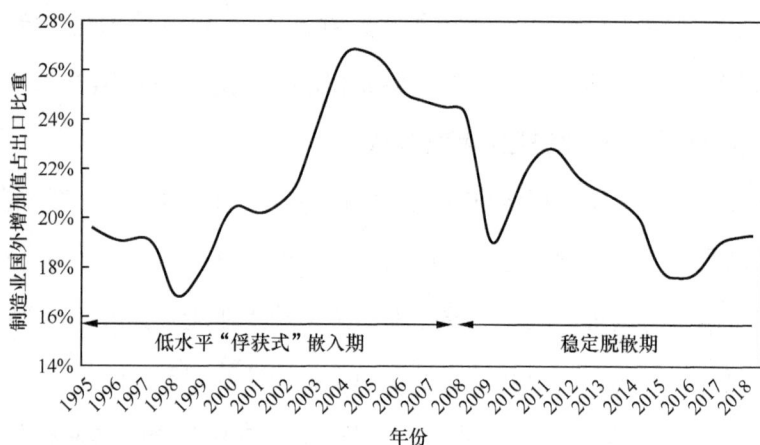

来源：OECD。

图 9-1　全球化与我国工业化进程

2008 年至今及较长一段时间内，我国工业化与全球化处于稳定脱嵌期。金融危机以来，或被动或主动，我国工业化开始与全球化脱嵌。数据显示，我国制造业国外增加值占出口比重已经从最高点时接近 30% 下降至不足 20%。具体来看，在需求端，国内需求快速提升，弥补了这一时期外需增长变缓带来的缺口，2021 年我国对外市场需求依赖已经降低到了 20% 以下。在产业链，我国产业链配套体系加速本土化，越来越多的供给可以在本地生产，对外依赖快速降低，2021年我国对外供给依赖已经降低到7.6%，显著低于美国、德国等国家。在技术上，尽管核心技术对外依赖仍旧较大，但部分技术仍然实现了追赶和去依赖，2018年《科技日报》列举的制约我国工业发展的35项关键核心技术，包括芯片、操作系统、触觉传感器、真空蒸镀机、医学影像设备元器件等，其中至少21项关键核心技术已经被攻破。此外，2018年中美贸易摩擦全面展开，全球价值链区域化调整等变革进一步加快了我国工业化与全球化的脱嵌进程。

未来我国工业化与全球化将进入高水平"引领型"再嵌入期。这一时期是我国本土企业、品牌大规模国际化的新阶段，也是我国和全球产业格局的关系从"发达国家—中国"转向"中国—周边"、产业链全球控制力显著提升的关键时期，同时预计我国可在高水平技术合作中进一步摆脱核心技术对外依赖的长期困境，成为全球技术的引领者、输出者、合作者。

（二）全球深度调整影响新型工业化的路径机制

全球深度调整推动新型工业化以产业结构转变、全球价值链地位、国际竞争格局为主线，在工业量的稳定方面主要影响产业跨国转移、工业发展空间，在工业质的提升方面主要影响产业结构优化升级、全球价值链攀升、产业链供应链安全韧性（见图9-2）。全球深度调整存在两个极端，一端的力量是全球化，另一端的力量是逆全球化，因此，全球化对不同国家的影响不同，这取决于各国在（逆）全球化中所处的位置、（逆）全球化模式、制造业发展战略等。全球深度调整对于推进新型工业化既会带来正向促进作用，也会带来逆向抑制作用，作用效果取决于两种力量的强弱。例如，从制造业占GDP比重这个结果来看，全球化一方面通过扩大本土制造业的外需市场规模助力维持制造业比重稳定，另一方面也会因制造业外包而导致制造业比重下滑，最终结果取决于两种力量的相对大小。例如，美国因推行更加彻底的制造业外包战略而导致制造业GDP占比快速下滑，全球化是导致21世纪以来美国制造业占比下滑的核心力量。德国则不同，全球化扩张市场的正向作用大于外部的负向作用，全球化是德国保持甚至提升其制造业比重的重要源泉。

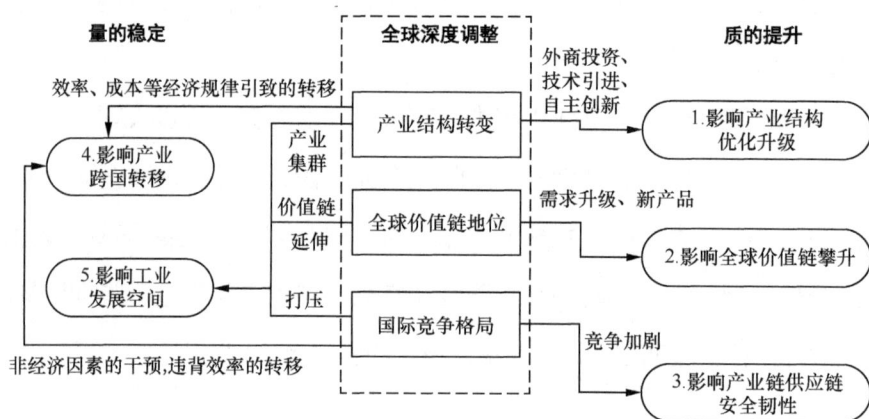

来源：中国信息通信研究院。

图9-2　全球深度调整影响新型工业化的路径机制

1. 影响产业结构优化升级

全球化通过利用和整合全球要素资源，为促进产业结构优化升级提供可能。我国不少产业就是通过利用海外优质资源，补强产业结构短板，迅速实现产业升级。例如，我国数控机床行业通过对发达国家技术领先企业的并购，研发能力明显增强，国际竞争力相应提高。此外，国际需求结构不断演变也会诱导一个国家或地区向"新赛道"领域延伸。这方面的典型案例就是"新三样"产品加速"出海"，外贸"新三样"出口快速增长反映了我国外贸结构的新变化，背后是我国产业发展不断提质升级，根源则是全球绿色低碳转型对绿色产品需求不断激增。

2. 影响全球价值链攀升

一方面，在跨国公司推动的全球价值链上，发达国家集中在附加值较高的研发和销售环节，而把物耗、能耗高的生产加工环节放在发展中国家。中国制造目前在多数产业中仍处于全球价值链的低端环节，进行附加值较低的加工制造活动。这不仅表现在我国 2/3 以上的加工贸易企业仍然从事劳动密集型的生产加工，还表现在我国多数制造业的附加值远低于发达国家，加工贸易的增值率一直处于低水平状态。作为全球制造业链条承接最多的中国，背负着不公平贸易的压力，承担着内外经济不平衡的风险，却不得不面对在全球价值链上分工收益不断降低、企业利润空间不断缩小的局面。当全球的跨国公司将加工制造链条转移到我国，在我国加工制造再返销到国际市场时，我国的贸易顺差不断扩大。因此，产业链条转移到我国越多，发达国家消费者得到的福利就越大，跨国公司获得的利润就越高，我国面临的贸易摩擦也就越发激烈。另一方面，我国借助全球化嵌入全球价值链，通过对进口中间品的模仿、创新和替代，与处在价值链高端的国家在外贸交易过程中获得"干中学"机会和知识溢出效应，最终实现产业升级带动功能的攀升，突破价值链"低端锁定"。

3. 影响产业链供应链安全韧性

拥有先发优势的经济体对后发国家在追赶过程中的打压是全球深度调整过程中不可避免的，这种策略压制目的是保护其自身在国际竞争中的优势。例如，近年来西方国家不遗余力地推动产业链供应链"去中国化"，对我国脱钩、断链、断供动作愈发频繁。为阻止芯片等我国制造业关键产业的崛起，以及在高科技领域持续保持产业链优势，美国等国家通过建立关键产业联盟等，意图将我国排除在核心产业链之外。美国《芯片和科学法案》为美国半导体产业提供了 527 亿美元的芯片补贴，规定获得资金资助的企业 10 年内不能在我国投资建厂。作为人工智能算力支撑和创新关键，美国对英伟达和超威半导体等顶级芯片公司实施出口管制，禁止用于训练人工智能模型的高端芯片对华出口。美国持续加大对我国高科技技术的封锁，召集西方国家组建高精尖领域出口管制联盟等，全面遏制我国发展。

4. 影响产业跨国转移

工业化早期，后发国家对外开放承接发达国家产业转移，与发达国家在产业分工上总体处于互补关系。但随着工业化发展进入中后期，后发国家开始承接来自发达国家的中高技术产业，自身产业结构向中高端升级。全球金融危机之后，随着全球经济回归实体经济和发达国家实施的"再工业化"战略，以及主要新兴经济体竞相采取优惠政策改善投资环境，世界各国对制造业开始了新一轮的激烈争夺。全球深度调整驱动下全球生产布局正在从外向化、发散式向区域化、收敛式的空间结构转变。一方面，发达国家对后发国家产业发展有可能对其优势产业构成竞争甚至威胁的担心开始加剧，限制中高端技术外流。另一方面，发达国家逐渐认识到中低技术产业在支撑就业、中高技术发展中扮演的地基角色，纷纷通过"再工业化"、制造业回流、"友岸外包""近岸外包"等一系列非经济因素加速中低技术产业回流。

5. 影响工业发展空间

工业发展空间是确保工业经济循环畅通的重要保障。随着我国企业国际化发展步伐加快，海外供应链布局初步完善，我国供应链"内外协同"的竞争新优势正在形成。我国已经成为全球主要的对外投资国，累积对外投资存量位居世界前列。2023 年，我国全行业对外直接投资 10418.5 亿元人民币，比上年增长 5.7%。其中，我国内地（大陆）（不包括港澳台地区）投资者共对全球 155 个国家和地区的 7913 家境外企业进行了非金融类直接投资，累计投资 9169.9 亿元人民币，增长 16.7%。我国供应链优势将随着我国制造能力向海外延伸而进一步增强，推动"基于中国国内制造能力"的供应链优势进一步拓展为"基于中国全球制造网络"的供应链优势，不断拓展我国工业新发展空间。但也应当看到，西方国家通过阻碍企业交流、限制外资流动等方式收缩我国工业发展外部空间。例如，美对华投资领域脱钩动作不断，拜登政府设立对外投资审查机制，限制美国主体投资中国半导体和微电子、量子信息技术和人工智能领域，借此动摇投资者对我国经济增长前景和预期。

（三）全球深度调整背景下我国推进新型工业化面临新形势

1. 全球制造业"东升西降"态势持续深化

从更长的历史视角来看，全球制造业总体上呈现"东升西降"的发展态势。工业革命以来，全球制造业先后经历了由英国、美国转移到日本、德国，之后又从欧美国家和日本转移到"亚洲四小龙（韩国、新加坡两国和中国台湾、香港地区）"、再转移到中国大陆（内地）的发展历程。当前，全球制造业"东升西降"态势持续深化，发展中国家在全球制造业中的力量和作用显著增长，而发达国家的制造业相对优势开始下滑，我国则是过去 20 年全球制造业这种态势的主要动力。2004 年我国制造业全球占比首次超过德国，2006 年首次超过日本，2011 年首次超越美国，成为全球第一制造大国。2004—2022 年，美国、欧盟及中国的制造业全球占比分别从 22%、25% 和 8.6% 变为 17%、15.5% 和 30.7%（见图 9-3）。未来一段时间内，随着越南、印度尼西亚、印度等东南亚、南亚国家加速融入全球生产体系，这一趋势将更加明显。可以预见的是，全球制造业区域分布从"三足鼎立"

转向亚洲占优的态势仍将持续。

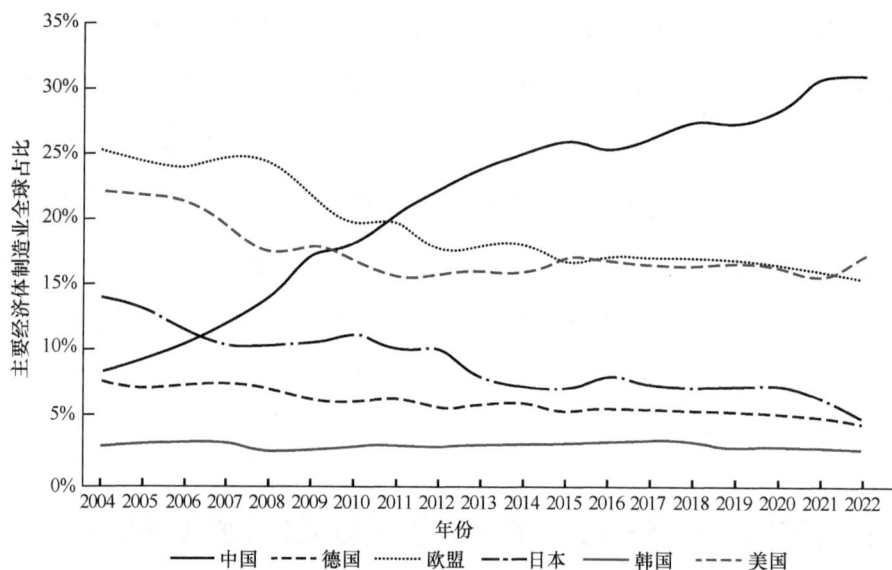

图 9-3　主要经济体全球制造业占比

2."中升西降"引发全球制造业格局深刻变化

随着我国制造业产业竞争力不断增强，我国成为全球第二大经济体和制造业第一大国。由于不甘于"东升西降"特别是"中升西降"，美国采取加征关税、断供高技术产品、封锁市场、限制人才流动等手段打压我国高技术产业的追赶升级，同时对内加快出台振兴制造业的政策与法律，引导制造业回流；对外扶持东南亚、印度等新的制造中心，向其引流，与"可以依赖的国家"进行贸易，意图加快我国产业外迁转移速度，将我国排除在全球产业体系之外，美国通过对我国产业发展格局的调整形成制约，挤压我国工业发展空间，大量跨国公司为规避关税和政治风险，实行"中国+1"战略，将部分产能转移到东南亚等地。这是近些年这些地区制造业兴起的主要原因之一。例如，2018 年开始，苹果等跨国"链主"企业主动将部分产能转出中国，2020 年纬创将 AirPods 产能迁入越南，2022 年鸿海印度钦奈工厂开始生产最新的 iPhone 13 系列，直接推动伯恩、领益、臻鼎、蓝思等"果链"公司相继在越南、印度建设产能。

3. 全球价值链"区域化""碎片化"发展态势日趋明显

全球价值链"区域化"发展态势日趋明显。传统的工业化或者说产业布局遵循着比较优势的效率原则。受新冠疫情和地缘政治冲击等影响，许多国家意识到在特定地区集中生产、缩减库存等"效率优先"的全球生产方式具有脆弱性，继而转向"效率与安全并重"，且对安全的重视愈加强化，并开始积极采取措施保障关键领域供应链安全。受此推动，以"近岸外包""友岸外包"为代表的基于价值观而非传统的依据效率成为产业转移基本原则，全球价值链多元化、分散化、区域化发展趋势愈加明显。这是当今时代经济全球化的新形式和新方式。相较于前一轮超级全球化，这既是一种战略收缩，又是一种重新组合。世界贸易组织数据显示，2000 年全球累计仅通告了 97 项区域贸易协定（RTA），截至 2023 年末，全球通告的 RTA 累计数量达到了 594 个。随着全球价值链裂解为多条区域价值链，产业链出现了区域化与短链化同步的趋势，进一步拉大了国家之间的分化。这种趋势持续作用的结果是发展中国家利用比较优势获得全球化红利的机遇减少，传统的后发赶超道路受阻，加剧世界经济发展不平衡的矛盾，导致现行多边体制碎片化和边缘化。

4. 全球制造业"多强并存、多区域发展、多元共治"新格局

在长期演变中，全球已经形成了"三大制造中心"。一是以美国为核心，辐射带动加拿大和墨西哥的北美制造中心，其在钢铁、汽车、航空、石油、计算机、芯片等多个领域具备绝对竞争力。二是以德国、法国为核心，辐射带动英国、意大利等老牌发达资本主义国家的欧洲制造中心，这一制造

业中心不仅是近代工业革命的发源地，也拥有数量众多的中小企业，为欧洲制造业的创新发展注入了充足的活力。三是以中国、日本、韩国为核心，辐射带动东南亚、南亚等新兴市场国家的亚洲制造中心，亚洲制造中心形成了全球最完整的产业链，并逐步向中高端制造业领域发展，甚至在部分制造技术方面已经对欧美等国家和地区形成了一定的竞争优势。三大制造中心具有不同禀赋条件、发展优势，也形成了各具特色、分工协作、高度依赖的总体制造格局。近年来，在地缘政治冲突、全球价值链区域化发展等的影响下，三大制造中心之间及内部出现了一系列新变化。例如，俄乌冲突以来，德国在能源成本大幅上升的情况下，化工、钢铁、造纸、陶瓷等部分能源密集型产业中工艺水平较低的企业在外迁，我国部分劳动密集型产业也因要素成本和地缘政治等因素影响在向东南亚等地外迁，但总的制造格局短期内不会发生系统性变化。全球化表现形式、动力及世界制造业格局等正处在大变革关键期，这是与党的十六大首次提出新型工业化时相比形势方面的最大不同，对我国下一步工业化影响深远。

5. 全球制造业产业链供应链形成高度依赖

在经济全球化时代，作为直接影响世界经济的制造业，其产业链供应链形成了不可分割、高度依赖的格局。这主要表现在两个方面，一是全球制成品主要集中在欧洲和中亚地区、东亚和太平洋地区。2010—2021年，东亚和太平洋地区、欧洲和中亚地区、北美地区制成品出口占全球制成品出口的比重虽然均呈现小幅下降趋势，分别从2010年的28.8%、43.2%、12.7%降至2021年的26.9%、39.5%、11.8%，但东亚和太平洋地区、欧洲和中亚地区两大区域合计占比仍保持在60%以上。二是中间品贸易是国际贸易的重要主体。中间品贸易与全球产业链供应链密切相关，作为衔接上下游的关键节点，前者畅通与否对后者的稳定、高效运行具有重要作用，这意味着，中间品流通速度会影响产业链运行效率。随着以全球生产网络为载体的产品内分工深度演进，中间品占全球贸易比重不断上升。麦肯锡研究报告显示，1993年，全球中间品贸易额占全球贸易额的比重约为25%，而目前这一比重已接近70%。近年来，我国中间品进口结构持续优化，但零部件中间出口表现不佳。我国零部件占中间品进口比重由2010年的26%下降至2022年的19%，下滑较为明显，原因在于部分关键中间品领域技术仍然存在短板。

（四）全球深度调整下推进新型工业化面临着新要求

1. 加快实现高水平科技自立自强

美国推动科技脱钩、技术封锁、重拾产业政策等行动，核心是为了阻止我国高技术发展和产业升级，守住美国的技术优势，维护美国产业链供应链安全和全球霸权地位。对我国而言，产业链供应链安全的核心诉求是实现技术追赶、防止被断供。中美竞争和冲突是结构性的，会长期存在，只有在我国完成技术追赶，实现核心技术去依附后才会真正消失。完成这一技术的深度脱嵌，我国也将真正迈入高水平"引领式"再嵌入期。实现高水平自立自强是工业新发展格局最本质的特征。

2. 合理引导产业转移和全球布局

劳动密集型产业和价值环节向正处于人口红利时期的东南亚、南亚等地转移有着强大的经济驱动力。我们在把握好产业外迁节奏的基础上，主动引导那些对东道国市场需求敏感、技术含量相对较低、生产相对简单的成熟产业顺势向这些国家分散，推动中国—东盟产业链合作，有利于通过区域化来应对逆全球化带来的风险。这也顺应了我国要素禀赋结构的变化规律，有利于置换出更多市场资源、金融资源、物质资源，用于集中力量推动国内产业升级和创新，并推动我国参与的全球产业分工体系从"发达国家—中国"转变为"中国—周边"格局，全力提升我国全球产业链控制力。在这个过程中，核心是要把握好产业外迁的节奏和底线。

3. 推动本土企业和品牌国际扩张

追赶国家的企业、品牌在本土完成追赶后，由此形成的产品通常具有国家特色和国际竞争力，可以满足各国差异化需求。这正是我国产业大规模国际化的历史新时期。当前我国新能源汽车、光伏等优势领域的企业、品牌正处在全球扩张的关键当口。顺应趋势推动企业、品牌国际化发展，既有利于提升全球竞争力，又是缓解国内制造业占比下降的重要途径。例如，德国、日本等国家主要依靠高竞争力产品全球扩张带来的外部市场需求维持本国制造业较高占比。德国 8000 多万人口，仅靠国内需求无法维持内部较高的制造业比重，最近 10 年来，德国货物贸易顺差占 GDP 比重常年维持在 7% 左右，为国内制造业稳定注入了强大动能，其根源在于德国强大的企业和品牌能力支撑德国在全球化考验面前保持强健，如德国汽车产业的利润份额为 29%（见表 9-1）。近年来，我国企业正在经历从"产品出海"向"产业出海""品牌出海"的第三波"出海潮"，这不仅要求"出海"企业具备强大的技术创新能力、全球化视野和格局，并具备人才、服务、资源等关键要素的全球化配置能力，还要求企业通过强大的本土化能力，克服地域和文化的差异，实现"走出去"，更能"走进去"。

表 9-1　福布斯全球上市公司 2000 强企业利润份额

行业	德国利润份额	中国利润份额	美国利润份额
医药化工	6%	3%	40%
机械装备	6%	10%	28%
电子信息	1%	2%	53%

行业	德国利润份额	中国利润份额	美国利润份额
汽车产业	29%	8%	12%

来源：福布斯全球上市公司2000强。

4. 以内需弥补外部需求不足缺口

当前，全球工业化正处在低增速周期中，我国工业化发展面临的外部风险进一步放大。20 世纪 70 年代以来，全球工业化经历了 4 次明显的周期性波动，每次周期都伴随着全球制造业增速中枢的下移。在新一轮周期中，制造业增速中枢已经下降至 2.35%，这无疑给尚未实现工业化国家的发展带来巨大挑战。究其原因，需求不足是首要因素。2001 年我国加入世界贸易组织以来，为我国制造业快速发展提供支撑作用的超额外需快速减弱，我国制造业发展的市场空间、出口模式等面临严峻挑战。近年来，全球工业需求不足对我国制造业支撑相对乏力，这必然要求短期内以扩大内需来弥补外部需求不足缺口，以内循环促进外循环。

（五）以高水平再嵌入全球化推进新型工业化需注重五大关系

1. 平衡好扩大开放和自主可控的关系

一方面，虽然全球化正在减速，全球贸易摩擦频繁发生，但开放合作仍然是国际社会主流。从产业链价值链的内在特点来看，在过去几十年，尤其是随着产业内和产品内分工深度发展，许多产业链已经高度全球化，没有国家在所有产业链和价值链的所有环节都具有优势。只有整合全球资源才能生产出最具国际竞争力的产品，关起门来搞产业只能削弱自己的竞争力，要在开放合作中形成具有更强创新力、更高附加值的产业链。另一方面，扩大开放并不意味着放弃自主可控，要在开放发展中强化产业安全，多渠道加大支持力度，持续增强科技自主创新能力，补齐少数关键环节的短板，锻造少数关键环节长板，实现产业链关键环节的自主可控，提升产业链供应链国际竞争力，夯实对外开放物质、技术基础。

2. 平衡好局部竞争和整体合作的关系

一方面，随着我国在全球产业链位置上的跃升，同部分国家的局部竞争不可避免，尤其是在高技术制造业领域，应全面加大进口替代力度，力争重要产品和供应渠道至少有一个替代来源，形成必要的产业备份系统，在关键时刻可以做到自我循环，确保在极端情况下我国经济的正常运转。另一方面，充分利用我国"新国际比较优势"，以高水平对外开放深化全球产业互补融合，拓展外部发展空间，实现与重点欧洲国家、多数亚洲国家、广大非洲国家合作，进一步强化与其他国家"你中有我、我中有你"的相互依赖关系，共同构筑安全稳定、畅通高效、开放包容、互利共赢的全球产业链供应链体系。

3. 平衡好产业转移和全球布局的关系

一方面，需要警惕和关注短时间内出现大规模产业对外迁移对我国工业体系完备性的损害造成的我国全球生产网络中的核心竞争力削弱，坚决维护我国产业链完整性和安全性。按照横向错位发展、纵向分工协作的产业发展思路，采取有力措施提高企业根植性，促进产业在国内有序转移，即使向外转移也要想方设法把产业链关键环节留在国内，优化产业链在全国乃至全球的空间布局。另一方面，借助"一带一路"、金砖国家组织等释放积极信号，加强产业发展规划对接，积极创新合作方式，加大海外投资和布局力度，巩固与发展中国家在产业链供应链领域深度合作。

4. 平衡好内需主导和外需拉动的关系

这是新发展格局提出的必然要求，一方面，全球深度调整必然会改变我国过分依赖出口等现状，要依靠国内规模优势实现对工业发展的有力支撑，以动态比较优势构建内需主导型全球价值链，依靠强大的国内有效需求建立起"以我为主"的全球化产业分工组织机制。要进一步加大政策引导，激发国内市场潜力。围绕优化国内生产力布局部署，加快发展新质生产力，加快落实重点行业稳增长政策。要提振市场信心，明确投资重点，加大资源对接力度，引导各类资本向传统产业、优势产业合理配置，依托全国统一大市场建设扩大内需规模，拉动工业经济增长。另一方面，要努力开辟我国制造业第二增长曲线，支持优势企业加快全球产能布局，整合全球资源，培育更多全球价值链"链主"企业，加强突破壁垒、反制等举措的研究储备，科学制定可支持我国制造业全面"出海"的政策体系，加快优化支撑服务体系。

5. 平衡好"引进来"和"走出去"的关系

一方面，依托超大规模市场优势，以国内大循环吸引全球资源要素，吸引更多高质量外资，提升贸易投资合作质量和水平。落实全面取消制造业领域外资准入限制措施要求，建设市场化、法治化、国际化一流营商环境，强化重点外资项目服务，引导外资更多投向先进制造业、高新技术产业和中西部、东北地区，加快推进从商品和要素流动型开放向规则、管理、标准等制度型开放转变。另一方面，加强对"走出去"的统筹谋划和指导，努力提高对外投资质量和效率，激发企业对外投资潜力。实施重点产业国际化战略，鼓励企业按照国际规则多元化布局、国际化发展，支持以新技术驱动的产业链协同"出海"，提高出口产品质量和附加值。健全促进和保障境外投资的法律、政策和服务体系，构建海外利益保护和风险预警防范体系，坚定维护中国企业海外合法权益。

实践篇

第十章

新时代新型工业化发展评价方法论

工业化发展评价为后发国家回答工业化水平、所处阶段、整体进程等问题提供了科学的判断依据，对于制定工业化推进策略至关重要，是工业发展战略中的基础性和先导性工作。做好新型工业化发展评价，有利于及时发现新型工业化实施过程中遇到的风险挑战，找准发展短板，也有利于调整实施路径并统筹谋划下一步政策举措。因此，需要持续优化并完善新型工业化评价框架，在评价体系构建和指标选取上全面把握新发展趋势。

（一）新时代新型工业化发展评价的现实意义

我国作为一个后发且仍然处于深度追赶期的工业大国，全面量化工业化发展水平、发展阶段、发展绩效，精准判断我国与全球主要工业强国之间存在的差距，对识别追赶领域、确定追赶路径、补齐追赶短板，推动我国工业由大到强十分关键。特别是随着新一轮科技革命和产业变革加速演进，新技术、新产业持续涌现，工业边界不断拓展，融合模式不断创新，以及对工业包容性增长、可持续增长的要求不断升级，加快构建一个各方达成共识并具有代表性、与时俱进的评价体系是真正认清工业在发展水平和发展阶段等问题的重要手段。

从国际形势出发、从具体国情出发、从工业实际出发，新时代推进新型工业化面临着 3 个方面的最大现实：一是新一轮科技革命和产业变革加速演进，我国历史上少有的与工业强国处在新技术的同一起跑线，这正是由新工业革命提供的赶超机会窗口；二是我国作为处于深度追赶阶段的发展中国家，由工业大国向工业强国转变是最大历史使命；三是我国工业化发展是一个并联式发展过程，新型工业化是一般历史规律和特殊国情规律相互叠加的工业化。然而，目前已有的大部分工业化发展水平评价和发展阶段认识是在西方工业发展理论和发展经济学理论基础上构建完成的。这种基于西方工业理论的工业化发展评价体系难以准确刻画我国工业化所处的新的历史方位。

总体来看，面向 2035 年基本实现新型工业化这一明确发展目标和历史使命，加快构建一套符合我国基本国情、刻画工业发展规律、识别工业发展差距、准确预判工业前景的评价体系极为必要，也极为迫切。这有利于我国认清新型工业化发展阶段、发展水平、发展差距，是提出更有针对性的新型工业化推进策略的前提基础，有助于加快推进新型工业化形成宏观层面可见绩效。

（二）新时代新型工业化发展评价的研究基础

当前，工业化发展评价体系众多，尤其是国际组织、智库、咨询机构和学术界都提出了自己的发展评价模型。从整体上来看，关于工业化发展评价有两类。第一类是横向国家间的对比分析，主要是比较不同经济体的工业竞争力水平，这是国际组织、智库、咨询机构特别关注的一个视角。第二类是纵向工业化演进分析，主要是对工业化发展阶段和进程进行发展评价，通过对发达经济体工业化进程的透视，准确界定工业化发展不同阶段，从而对当前工业发展所处的位置和阶段有一个清晰的认识，这是国内政策制定者和学者们更加关心的问题。只有对国际组织、智库、咨询机构和学术界提出的各类工业化发展评价模型进行系统梳理和全面比较与分析，找出各类发展评价体系的分析维度、选取指标、适用范围，对各类量化评价体系的优点和不足加以判断，才能对工业化发展评价体系的科学性、时效性、代表性有更加深刻的认识，并基于此构建能够更加精准刻画我国工业化发展评价体系。

1. 横向视角评价

横向视角下的工业化发展评价是评估不同国家之间的工业竞争力水平。工业竞争力的研究起源于 20 世纪 80 年代的美欧等国家和地区，在政、产、学 3 个层面均出现了一系列标志性事件。从基础理论研究来看，哈佛大学迈克尔·波特开创了竞争战略理论，引发了对竞争力概念的广泛讨论。从政府组织实践来看，美国 1983 年成立了工业竞争力总统委员会，明确提出产业结构调整的目标是提高国际竞争力。从机构评估动态来看，世界经济论坛（WEF）和瑞士洛桑国际管理发展学院（IMD）各自通过一套比较完整的竞争力评价体系对全球主要经济体的竞争力展开评估，至今仍然具有全球影响力。与竞争力的国际研究基本同步，我国于 20 世纪 80 年代开始出现关于制造业竞争力的相关评估研究，早期评估主要聚焦在美国、日本、英国等主要经济体的制造业竞争力强大根源、衰退原因等方面，以文字描述结合数据分析为主，基于具体指标和量化体系的制造业竞争力评估直到 20 世纪 90 年代才出现。2013 年以来，由中国工程院战略咨询中心牵头的制造强国发展指数对主要经济体的工业竞争力进行跟踪测评与分析，已经成为国内具有较大影响力的工业竞争力指数。

当前国内外最具有影响力的工业竞争力评估体系共有 6 个（见表 10-1）。其中，UNIDO 编制的工业竞争力绩效（CIP）指数，德勤和美国竞争力委员会编制的全球制造业竞争力指数（GMCI），中国工程院战略咨询中心、中国机械科学研究总院集团有限公司、国家工业信息安全发展研究中心联合编制的制造强国发展指数是直接聚焦工业竞争力展开评价。信息技术与创新基金会（ITIF）的汉密尔顿（Hamilton）指数主要聚焦在先进制造业领域。IMD 的世界竞争力指数（WCI）、WEF 的全球竞争力指数（GCI）则是从宏观意义上对一个国家或地区的竞争力进行评价，并不完全局限在工业竞争力层面。

表 10-1　国内外最具影响力的工业竞争力评价体系

评价体系	发布机构	评价国家或地区数量	指标选取	数据来源	优缺点
工业竞争力绩效（CIP）指数	UNIDO	153个	3个维度6项指标：工业生产和出口能力（人均制造业增加值、人均制造业出口额），技术深化和升级（工业强度和出口质量），全球影响力（一个国家或地区全球制造业增加值占比、一个国家或地区全球制造业出口占比）	UNIDO、UN Comtrade	1.通过一个国家或地区制造业生产或出口竞争能力来评估工业绩效；2.重点关注绩效，而不是潜力，因此不包含要素投入、国内市场规模、政策和制度等因素
全球制造业竞争力指数（GMCI）	德勤、美国竞争力委员会	40个	12项指标：人才，成本竞争力，劳动力生产率，供应商网络，法律监管体系，教育基础设施，物质基础设施建设，经济、贸易、金融和税收体系，创新政策和基础设施，能源政策，本地市场吸引力，医疗体系	通过互联网在线调查和邮件调查邀请超过500名首席执行官打分	1.主观性强，依据高管的调查报告打分，可预测；2.调查数据导致报告发布的连续性弱，仅在2010年、2013年、2016年发布；3.权重依据公司规模，规模小权重低，规模大权重高

续表

评价体系	发布机构	评价国家或地区数量	指标选取	数据来源	优缺点
制造强国发展指数	中国工程院战略咨询中心、中国机械科学研究总院集团有限公司、国家工业信息安全发展研究中心	9个	着眼于产业实力和产业潜力两个方面，一级指标4个：规模发展、质量效益、结构优化和持续发展；二级指标18个	UNIDO、世界银行、WEF、The Conference Board、UN Comtrade、《财富》杂志、世界品牌实验室	1.评估国家数量较少，对周边与我国存在一定竞争的国家未评估；2.缺少工业发展潜力因素；3.数字化、绿色化评价指标过于简单
汉密尔顿（Hamilton）指数	ITIF	40个	由一个国家和地区10个先进工业部门产出份额占比构建。10个先进工业部门：制药，电气设备，机械和设备，机动车设备，其他运输设备，计算机、电子和光学产品，信息技术和信息服务，化学制品，基本金属，人造金属。	世界银行、IMF、OECD	1.仅聚焦先进制造业；2.通过产出份额占比单一指标进行衡量，掩盖结构性问题；3.与生产相关，但与贸易无关
世界竞争力指数（WCI）	IMD	超60个	4大类指标：经济表现、政府效能、商业效率和设施建设；每大类又包括5个子类；共计336项指标，纳入排名的客观指标164个、调查指标92个，不纳入排名的背景指标80个	国际主要数据库	1.侧重对国家整体竞争力的评估；2.强调影响竞争力的环境因素；3.指标重复度高

续表

评价体系	发布机构	评价国家或地区数量	指标选取	数据来源	优缺点
全球竞争力指数（GCI）	WEF	超140个	12个大类（支柱）：制度、基础设施、信息通信技术采用、宏观经济稳定、健康、技能、产品市场、劳动力市场、金融体系、市场规模、商业活力、创新能力；103项指标	国际主要数据库、企业经理人问卷调查数据	1.针对制造业评价不足；2.数据主观性强，调查打分；3.衡量全要素生产率驱动因素

注：UNIDO（联合国工业发展组织），UN Comtrade（联合国商品贸易统计数据库），WEF（世界经济论坛），The Conference Board（世界大型企业联合会），ITIF（信息技术与创新基金会），IMF（国际货币基金组织），IMD（瑞士洛桑国际管理发展学院），OECD（经济合作与发展组织）。

来源：中国信息通信研究院。

CIP 指数主要通过一个国家或地区制造业生产或出口竞争能力来评估工业绩效，包括工业生产和出口能力、技术深化和升级、全球影响力 3 个维度，共 6 项指标。2013 年以来，UNIDO 一直使用 CIP 指数衡量工业竞争力，最新指数涵盖了 153 个经济体在 2021 年的工业竞争力情况。指数显示，德国、中国、爱尔兰是全球工业竞争力表现最强的三大经济体。2019 年以来，韩国工业竞争力开始超过美国，排名全球第 4，日本工业竞争力则持续下滑。CIP 指数不包含要素投入、国内市场规模、政策和制度等工业潜力因素，主要评估了产出端的工业绩效。

GMCI 通过互联网在线调查和邮件调查，邀请超过 500 名首席执行官对 12 项指标进行打分，利用赋权加总将主观打分构建成一套指数，既可以判断影响国家竞争力的重要驱动因素和政府政策在支持或推进制造业发展中所起的作用，又可以反映对各国当前和未来制造业竞争力的认识和预测。德勤和美国竞争力委员会在 2010 年、2013 年和 2016 年发布了 3 次 GMCI 报告，其中，我国 3 次均入选了全球最具竞争力的制造业国家。2016 年报告进一步预测，从未来各国制造业的发展表现来看，美国将上升至第 1 名，我国将下滑至第 2 名，德国稳居第 3 名。随着制造业不断采用更先进的产品、技术和材料，传统制造业强国（日本和英国）将回到全球前 10 强的行列，而除我国外的金砖国家排名显著下降。GMCI 进一步显示，人才是全球制造业竞争力的最重要驱动因素，紧随其后的分别是成本竞争力、生产力和供应商网络。

制造强国发展指数着眼于产业实力和产业潜力两个方面，选定规模发展、质量效益、结构优化和持续发展 4 个一级指标和相应的 18 个二级指标。制造强国发展指数自 2013 年以来连续发布。2023 年报告显示，2022 年美国仍然在全球制造强国中排名第 1，是唯一进入第一梯队的国家，德国、日本分别排在第 2 位、第 3 位，属于第二梯度国家，我国全球排名第 4，处于全球制造强国第三梯队，制造业发展水平接近美国 70% 的水平，超过德国 90% 的水平，接近日本制造业发展水平。

Hamilton 指数聚焦先进制造业，根据制药，电气设备，机械和设备，机动车设备，其他运输设备，计算机、电子和光学产品，信息技术和信息服务，化学制品，基本金属，人造金属这 10 个先进工业部门产出份额占比构建。从国家和地区排名来看，2023 年 Hamilton 指数显示，我国台湾地区综合指数排名第 1，其背后由计算机和半导体产业驱动，中国内地（大陆）（不包括港澳台地区）、德国、日本分别排名第 5、第 6、第 7，美国则仅排在全球第 19 位，我国先进制造业 Hamilton 指数比美国的高 70%。从产业来看，截至 2020 年，我国在计算机、电子和光学产品，化学制品，机械和设备，机动车设备，基本金属，人造金属及电气设备领域 7 个产业的产值全球领先。Hamilton 指数的最大问题是仅考虑先进制造业，这容易掩盖一个国家或地区工业存在的结构性问题，对于工业竞争力的认识和评价过于局限。

WCI 和 GCI 是两个在更总体、更宏观层面对一个国家或地区竞争力进行衡量的指标。一个国家或地区整体竞争力与工业实力强大与否有着非常强的相关性，无论是从历史上看还是从现实中看，具有强大竞争力的国家，要么是顶尖的制造业大国（如美国、德国、日本、英国等），要么是顶尖的制造业小国（如瑞士、爱尔兰、荷兰、丹麦等）。1989 年起，WEF 和 IMD 每年合作出版《国际竞争力研究报告》，采用 300 多项定量与定性指标对主要经济体的国际竞争力进行分析评估。后来由于两家机构在研究方法上的分歧，自 1995 年起两家机构开始各自进行国际竞争力评估。2018 年，WEF 发布全球竞争力指数 4.0，特别强调随着第四次工业革命加速而变得越来越重要的人力资本、灵活性、弹性和创新等因素。WEF 最新、最全面的 GCI 是 2019 年发布的全球竞争力报告，新加坡、美国，以及中国香港地区排名前三，中国内地仅排名全球 28 位，但超大规模市场优势突出。IMD 的 WCI 显示，2023 年，丹麦、爱尔兰、瑞士全球竞争力排名前三，中国内地排名第 21 位，美国、德国分别排名第 9、第 22。

表 10-2 所示进一步从发布连续性、聚焦制造业的程度、评估国家或地区数量、指标数量、指标体系客观性、可预测性、指标时效性维度对六大工业竞争力评估体系进行了比较和排序。总体来看，制造强国发展指数、CIP 指数、GMCI 在进行工业竞争力评估方面整体能力较强；Hamilton 指数由于仅仅立足先进制造业这个单一维度，评估能力较弱；WCI、GCI 整体上属于工业竞争力的宏观层面评估，聚焦制造业的程度不够，评估能力同

样较弱。从评估国家数量上来看，制造强国发展指数涵盖国家或地区数量仅有9个，是所有工业竞争力评估体系中涉及国家或地区数量最少的，特别是对与我国存在一定竞争的周边发展中国家，如越南、泰国、印度尼西亚等国家评价不足。GMCI、Hamilton 指数评价国家或地区数量均在 40 个左右，CIP 指数、GCI 评价国家或地区数量均超过百个。从指标时效性来看，评估体系中是否包含重大技术变革、产业变革等相关指标极为重要。CIP指数、Hamilton 指数主要强调工业绩效，不涉及技术变量的指标。WCI、GCI、制造强国发展指数、GMCI 均涉及对重大技术变量的衡量，指标时效性较强。以制造强国发展指数为例，利用单位制造业增加值能耗、工业固体废物综合利用率来评估绿色化程度，利用信息化发展指数来评估数字化程度，尽管制造强国发展指数在数字化、绿色化发展评价指标上设置得过于简单，评估也较为单一和初步，但其考虑了新工业革命带来的技术变量对一个国家或地区工业竞争力的影响。

表 10-2　六大工业竞争力评估体系对比

维度	评估体系排序
发布连续性	WCI≈CIP指数≈制造强国发展指数>GCI>Hamilton指数>GMCI
聚焦制造业的程度	GMCI≈CIP指数≈制造强国发展指数>Hamilton指数>WCI>GCI
评估国家或地区数量	CIP指数>GCI>WCI>GMCI≈Hamilton指数>制造强国发展指数
指标数量	WCI>GCI>制造强国发展指数>CIP指数>GMCI>Hamilton指数
指标体系客观性	WCI≈CIP指数≈Hamilton指数≈制造强国发展指数>GCI>GMCI
可预测性	GMCI>制造强国发展指数>CIP指数≈WCI≈GCI≈Hamilton指数
指标时效性	WCI≈GCI≈制造强国发展指数>GMCI>Hamilton指数>CIP指数

来源：中国信息通信研究院。

2. 纵向视角评价

纵向视角下的工业化发展评价是对工业化发展所处阶段和水平的综合

评价（见表 10-3）。经典工业化发展评价属于西方工业化评价理论，立足于宏观视角和数量视角。其中，霍夫曼定理以消费资料工业净产值与生产资料工业净产值为指标，雁行形态理论以进出口额和生产额为指标，配第－克拉克定律以劳动力为指标，库兹涅茨产业结构论以人均国内生产总值为指标，钱纳里工业化阶段理论以人均收入为指标。基于这些指标，不同的理论给出了经典工业化发展阶段划分（如工业化前期、中期、后期）和动态趋势（如产业比重的变化和主导产业的变动）。

表 10-3　工业化发展阶段和水平评价

经典工业化发展阶段和水平评价理论			
评价体系	维度选取	指标选取	阶段划分和进程评价
霍夫曼定理（1931年）	消费资料工业净产值与生产资料工业净产值比例		消费资料工业占主导、资本资料工业发展速度超过消费资料工业、两者持平、资本资料工业占主导
雁行形态理论（赤松要，1932年）	进出口额、生产额		进口、当地生产、开拓出口、出口增长（后发国家追赶先发国家的发展过程）
配第－克拉克定律（1940年）	劳动力		第一产业劳动力比重会逐步下降，第二产业劳动力比重会逐步上升，第三产业劳动力比重随之上升
库兹涅茨产业结构论（1941年）	人均国内生产总值（GDP）		第二产业产值比重在工业化转型初期呈现上升趋势，在人均 GDP 上升到一定程度后呈现下降趋势
钱纳里工业化阶段理论（1969年）	人均收入		起始、初期、中期、成熟、发达
工业现代化（陈佳贵和黄群慧，2003年）	工业增长效率、工业结构、工业环境	基本指标（8个）、辅助指标（10个）	我国工业现代化相当于工业现代化国家20%左右的水平

续表

经典工业化发展阶段和水平评价			
评价体系	维度选取	指标选取	阶段划分和进程评价
工业现代化（黄群慧，2004年）	工业增长效率、工业结构、工业环境	基本指标（10个）、辅助指标（12个）	我国工业现代化水平综合指数量化
地区工业化进程（陈佳贵、黄群慧和钟宏武，2006年）	经济发展水平、产业结构、工业结构、就业结构、空间结构	基本指标（5个）	前工业化、工业化初期、工业化中期、工业化后期、后工业化阶段
工业行业现代化水平（陈佳贵和黄群慧，2009年）	效率、结构、环境	基本指标（11个）、辅助指标（17个）	相当于国际先进水平的百分比

新型工业化发展阶段和水平评价			
评价体系	维度选取	指标选取	阶段划分和进程评价
新型工业化评价指标体系（张克俊和曾科，2004年）	人均国内生产总值、产业结构、劳动力结构、信息化程度、科技创新与进步、经济效益、资源消耗	基本指标（24个）	按一般国际通行标准，我国已进入工业化中期，但如果按新型工业化的严格标准，我国就不一定已进入工业化中期
新型工业化综合评价指标体系（汪晓昀和吴纪宁，2006年）	工业化水平、工业化质量和工业化协调性与可持续性	基本指标（32个）	
新型工业化进程总指数（李美洲和韩兆洲，2007年）	工业化进程、信息化、科技进步、经济效益、资源消耗、生态环境、人力资源	一级指标（7个）、二级指标（28个）	新型工业化初级、中级、高级阶段
新型工业化综合指数（杨㗳㗳和李平，2011年）	经济发展水平、科技含量、经济效益、集约化水平、生态化水平、信息化、全球化、人力资源发挥	基本指标（48个）	依据综合指数确定新型工业化初期、中期、后期，预测到2025年基本实现新型工业化
新型工业化评价指标体系（谢春和李健，2011年）	工业化进程与结构、工业化质量、工业发展潜力与可持续发展	基本指标（34个）	新型工业化初级、中级、高级阶段

续表

新型工业化发展阶段和水平评价			
评价体系	维度选取	指标选取	阶段划分和进程评价
新型工业化进程（耿修林，2012年）	投入（人力资源投入、资金投入、技术投入）、推进强度（投入利用、成果转化、推进举措）、产出（经济发展、社会发展、技术进步、资源利用、环境保护）	基本指标（52个）	
特色新型工业化进程评价指标体系（唐浩和贺刚，2014年）	工业化进程与速度、工业化内涵与发展要求、工业化贡献	一级指标（3个）、二级指标（13个）、三级指标（32个）	准备阶段、起步阶段、初步实现阶段、基本实现阶段、完全实现阶段
新型工业化发展评价指标体系（柳杨等，2021年）	综合效益、科技创新、结构优化、绿色低碳、数实融合、产业治理	一级指标（6个）、二级指标（15个）、三级指标（40个）	
新型工业化发展评价指标体系（左璇等，2023年）	综合效益、科技创新、结构优化、绿色低碳、数实融合、产业治理	一级指标（6个）、二级指标（15个）、三级指标（40个）	我国正处于新型工业化发展的攻关时期
新型工业化发展评价指标体系（李鹏和蒋美琴，2023年）	以人为本、质量优先、自主创新、绿色低碳、数实融合和开放循环	一级指标（6个）、二级指标（20个）、三级指标（42个）	

来源：中国知网，中国信息通信研究院搜集整理。

21世纪初，以中国社会科学院工业经济研究所专家学者（如陈佳贵、黄群慧等）为代表，开始对我国工业化发展阶段和发展水平进行系统研究，对工业化发展阶段划分、工业现代化水平进行测算。陈佳贵、黄群慧等专家学者借鉴钱纳里工业化阶段理论，按照前工业化、工业化初期、工业化中期、工业化后期、后工业化阶段对我国工业化阶段进行了划分，同时选取了经济发展水平、产业结构、工业结构、就业结构、空间结构维度对我国工业化发展阶段和水平进行了评价。这一评价体系是过去 20 多年来，我国学术界、产业界和政策界评价工业化发展阶段和水平公认的评价体系，产生了非常大的影响力。

这一时期，我国工业化评价体系已经从经典工业化发展评价中依赖的复合指标扩展到多维指标，指标也不再局限于宏观层面的指标，开始纳入三次产业增加值结构、制造业增加值占总商品增加值比重等结构性指标，但这些指标仍然属于立足于数量视角而非质量视角的评价指标。从深层次来看，我国工业化发展评价体系与 2001 年以后我国从工业化中期向工业化后期转变这一关键时期密不可分。这一时期，我国正式加入世界贸易组织，快速融入全球生产贸易体系，规模以上工业增加值保持 10 多年的两位数增长，制造业增加值先后超越德国、日本、美国，跃居全球第一，工业规模不断快速壮大。我国工业快速发展壮大的实际必然要求有一套区别于经典工业化发展评价体系，以更好地描述我国融入全球经济后的工业化特征、阶段和水平，回答我国工业化整体水平、何时能够成为工业强国等一系列重大理论命题，这是提出工业化发展评价体系背后的最大现实需求。

党的十六大首次正式提出走新型工业化道路。在现有工业化发展评价体系日臻成熟的同时，受到政策牵引，部分学者也开始对新型工业化发展评价理论展开相应的研究。通过选取"新型工业化""评价""评估" 3 个关键词检索文献后发现，我国关于新型工业化发展水平量化评价的研究经历了 3 个周期。

第一个研究周期是 2004—2007 年。彼时我国还处于工业化中期，传统工业化任务和信息化任务交织叠加，在工业化中期超前提出走新型工业化道路，具有前瞻性和指导性。专家学者对新型工业化究竟是什么也开始有了初步的认识，尝试去设计一套新型工业化发展阶段和水平的评价体系。例如，张克俊和曾科（2004年）把信息化程度、科技创新与进步、经济效益、资源消耗纳入新型工业化评价指标体系，指出按一般国际通用标准，我国已进入工业化中期，但如果按新型工业化的严格标准，我国就不一定进入工业化中期。

第二个研究周期是2012—2016年。随着新型工业化的内涵从党的十六大和党的十七大的"两化融合"调整为党的十八大的"四化同步"，这意味着新型工业化既与信息化、城镇化、农业现代化并列，又意味着新型工业化与信息化、城镇化、农业现代化之间存在着融合发展的新形态。这一时期，新一轮的研究浪潮出现了，新型工业化发展评价代表性研究主要是唐浩和贺刚（2014年）提出的特色新型工业化进程评价指标体系，通过工业化进程与速度、工业化内涵与发展要求、工业化贡献3个维度构建了评价指标体系，并提出新型工业化发展的5个阶段，即准备阶段、起步阶段、初步实现阶段、基本实现阶段、完全实现阶段。

第三个研究周期是2018年至今。由于中美贸易摩擦、逆全球化思潮抬头、数字技术持续迭代演进、绿色低碳可持续发展要求不断提高，我国推动工业由大到强发展正在进入攻坚期、平台期、瓶颈期的新"三期叠加"，推进新型工业化成为实现经济高质量发展的重要战略选择。这一阶段新型工业化发展评价的主力军是国家部委直属科研单位，如工业和信息化部国家工业信息安全发展研究中心等机构。国家工业信息安全发展研究中心（2021年、2023年）提出了新型工业化发展评价指标体系，认为我国正处于新型工业化发展的攻关时期，并从综合效益、科技创新、结构优化、绿色低碳、数实融合、产业治理6个方面对我国新型工业化发展水平进行了评价。随着新型工业化写入党的二十大报告和全国推进新型工业化大会的首次召开，特别是面对着新一轮科技革命和产业变革加速演进，大国竞争和博弈日益加剧，全球产业链供应链深度调整，可以预计的是，新型工业化发展评价研究将再次迎来新一轮研究浪潮。

3. 综合评价

综合来看，现有的新型工业化评价研究仍然存在一定的缺口[1]，主要原因在于现有研究普遍没有识别出：工业竞争力与工业化阶段和水平虽然相互联系，但它们具有截然不同内涵的评价视角。经典工业化发展评价强调工业化发展阶段和水平，因此，评价指标主要聚焦在数量、结构、约束等维度，这种评价方式是合理的。但现有新型工业化评价研究在考虑数量、结构、约束等维度的同时，也要考虑技术、动力等维度，前者主要体现纵向视角，而后者更多体现横向视角。换句话说，现有研究既想考虑工业化发展阶段和水平，又想考虑工业竞争力，但没有从统一视角出发进行深入分析和理解，造成指标选取存在偏差，分析结论准确性大打折扣。例如，国家工业信息安全发展研究中心评价体系中，绿色化方面如果能够包含绿色专利技术和标准、锂电池和光伏产品产量指标，将更好地反映绿色发展技术端的动力变革因素。

（三）新时代新型工业化发展评价维度确立和指标识别

1. 新型工业化发展评价维度的确立

从经典工业化理论角度来看，工业化往往锚定经济增长目标，一般被

1　比如，部分研究在绿色低碳这个一级指标分析上，选取了能源利用和资源节约两个二级指标，进而选择了工业资源综合利用率、工业固体废物综合利用率、工业增加值单位能耗、单位GDP二氧化碳排放量、工业增加值用水量三级指标。从指标选取的角度来看，国家工业信息安全发展研究中心认为绿色低碳在这个指标体系中更多地体现为一种约束条件。但从现实来看，绿色化作为新工业革命中与数字化并行的一大技术变量，更应该是改变产业发展范式的下一个重大机遇，如绿色技术已经在新能源等领域得到重大革新。

理解为工业驱动的一个国家或地区经济发展和经济现代化过程，人均收入的增长和经济结构的转换是工业化推进的主要标志。2012 年，党的十八大首提"四化同步"，把新型工业化与信息化、城镇化、农业现代化并列，这意味着新型工业化不再是工业化与信息化相互融合的高级形态，开始真正强调工业主体性和工业自身高质量发展。工业化在本质上是要增强工业竞争力，而非单纯聚焦工业化发展阶段和水平以及是否实现了工业现代化的问题。这种双重视角为新型工业化评价扩展了思路，一是从纵向视角考虑对新型工业化发展阶段和水平的评价，二是从横向视角考虑对工业竞争力的评估（见图 10-1）。

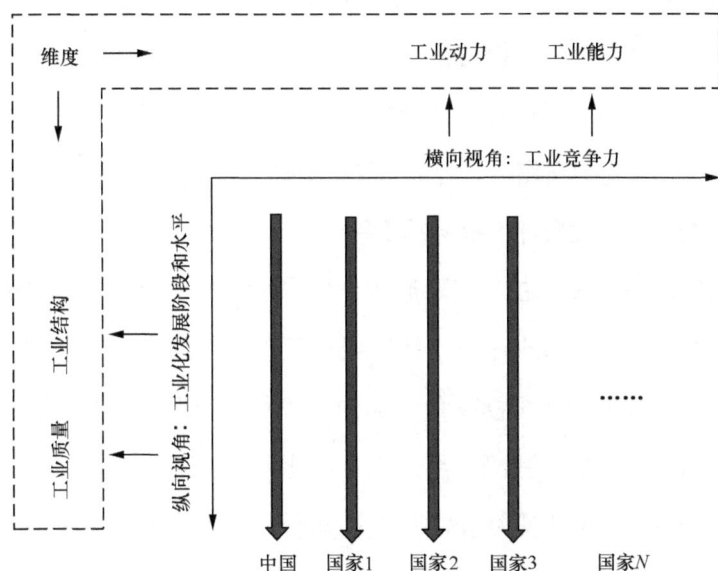

来源：中国信息通信研究院。

图 10-1　新型工业化发展评价应兼顾两个视角和 4 个维度

从纵向视角来看，衡量工业化发展阶段和水平主要有 3 个方面，即规模（量）、效率（质）和结构。近年来，我国制造业发展面临双重压力：量的发展承压，制造业比重问题受到重点关注，质的提升需求愈发凸显；产业结构转型升级也更加紧迫，这意味着工业化发展阶段和水平的纵向分析主要聚焦在工业质量和工业结构两个维度。这也是经典工业化分析里面通常考虑的两个维度。

从横向视角来看，工业竞争力主要聚焦工业化发展过程中产业创新、产业链供应链安全、企业竞争力、品牌实力等方面，工业竞争力的提升是推动我国工业化焕发新机，实现由大到强历史性突破的关键所在。尤其是在当今时代，人类社会正在迎来两大技术发展潮流——数字化和绿色化。这两大潮流涉及工业革命、能源革命、科技革命、消费革命和治理变革，将从根本上重塑产业体系、工业化进程，最终改变全球工业既有发展格局。对各国而言，这两大潮流都是新的，我国与先发国家处在相近的起跑线上，成为我国实现新型工业化必须把握的"第二种机会窗口"。这意味着工业竞争力的横向分析主要聚焦在工业动力和工业能力两个维度。

2. 新型工业化发展评价指标的识别

工业化发展阶段是在对国际形势、具体国情、工业实际作出更加全面细致刻画的基础上，体现出一个国家或地区工业发展的演化进程，研究视角有必要从宏观视角和规模视角向结构视角和质量视角转变。按照传统工业化发展的标准判断，我国已经进入工业化后期，正处在向后工业化阶段转变的过渡时期，从宏观视角和数量视角看，最大的问题是我国工业发展表现出来的"大而不强""快而不优"。随着新一轮科技革命和产业变革的持续演进，绿色低碳转型可持续发展、产业链供应链韧性和安全等结构性问题的不断涌现，综合考虑国内外形势，党的二十大报告明确提出"推进新型工业化""建设现代化产业体系"。尽管对新型工业化发展阶段并没有公认的标准，但我国的工业基础能力、产业创新能力、工业品牌实力、工业产品质量、工业发展包容度与美国、德国等工业强国之间仍然存在不小的差距，特别是从我国作为后发国家的"追赶观"视角出发，我国工业化发展仍然处于深度追赶期，存在着提升工业质量、优化升级产业结构、增强工业品牌实力、打造自主创新能力、发展工业包容度等一系列问题。

综合来看，评价指标的选取直接关系到新型工业化发展评价体系的有效性。从选取指标数量上来看，应当遵循"奥卡姆剃刀原则"，指标选取数量不在多，关键在它们是否真正反映了新型工业化的内涵特征，是否全面涵盖了新型工业化的评价维度。从这个角度来看，以工业竞争力评估为例，瑞士洛桑国际管理发展学院的 WCI、世界经济论坛的 GCI 在很大程度上违背了这样一个简洁的原则。从选取指标的国际可比性上来看，已有的新型工业化发展评价指标体系大部分不涉及国际化比较，这一点应当借鉴 CIP 指数评估的相关研究，如制造强国发展指数。从选取指标可行性上来看，构建新型工业化发展评价体系和评价标准，必须具有可操作性，即指标数据便于收集整理，与现行统计方法相衔接，具有客观性，尽可能避免主观评价，德勤和美国竞争力委员会编制的 GMCI 基于主观调查数据，较难做到客观评价。

（四）新时代新型工业化发展评价体系的初步构建

1. 指标初步选取

围绕新型工业化发展评价体系应该兼顾的两个视角和 4 个维度，结合现有的评价研究基础，考虑到指标的代表性、可行性及可比性，遵循"奥卡姆剃刀原则"，初步识别出工业质量、工业结构、工业动力和工业能力 4 个一级指标下的二级指标和三级指标。其中，二级指标 10 个，包括规模程度、效率水平、绿色低碳、产业基础、产业升级、自主创新、技术变革、微观基础、融合能力和韧性安全（见表 10-4）。

表 10-4　新型工业化发展评价体系

维度	一级指标	二级指标	三级指标	数据来源
	4个	10个	30个	
新型工业化发展评价体系	工业质量	规模程度	制造业增加值增速	联合国工业发展组织
			制造业增加值全球占比	联合国工业发展组织
			制造业出口全球占比	联合国贸易和发展组织
		效率水平	制造业全员劳动生产率	联合国工业发展组织
			制造业全要素生产率	联合国工业发展组织数据测算
			全球500强企业综合利润率	《财富》杂志
		绿色低碳	清洁能源消费占比	经济合作与发展组织
			单位工业增加值能耗	经济合作与发展组织
			单位GDP二氧化碳排放量	经济合作与发展组织
	工业结构	产业基础	基础产业增加值增速	经济合作与发展组织
			产业结构扭曲程度	国际货币基金组织测算
			制造业就业人数	联合国工业发展组织
		产业升级	中高技术制造业增加值占比	联合国工业发展组织
			中高技术制造业出口占比	联合国工业发展组织
			工业出口质量	联合国工业发展组织
	工业动力	自主创新	研发投入强度	经济合作与发展组织
			基础研究投入	经济合作与发展组织
			研发人员数量	经济合作与发展组织
		技术变革	ICT产业规模	经济合作与发展组织
			ICT专利技术数量	经济合作与发展组织
			绿色专利技术数量	经济合作与发展组织
	工业能力	微观基础	全球500强企业数量	《财富》杂志
			世界品牌500强企业数量	世界品牌实验室
			独角兽企业数量	《财富》杂志和CB Insights

续表

维度	一级指标	二级指标	三级指标	数据来源
	4个	10个	30个	
新型工业化发展评价体系	工业能力	融合能力	生产性服务业增加值	经济合作与发展组织投入产出表测算
			工业机器人渗透率	国际机器人联合会
			科技成果转化率	经济合作与发展组织
		韧性安全	经济复杂度	哈佛大学
			关键产品对外依赖度占比	欧盟委员会测算
			总出口中外国增加值占比	经济合作与发展组织投入产出表测算

来源：中国信息通信研究院。

根据新型工业化发展评价体系，参考相关研究，采用指数加权法来初步构造计算反映新型工业化水平的综合指数，综合指数时间跨度从 2013 年到 2022 年，具体构造过程如下。

第一，指数构造采用等权重法，目的是避免权重主观设定对评价结果产生影响[1]。

第二，各年度内，每一项三级指标分值设定从 0 到 1。每个三级指标内，数值最高的国家取值为 1，数值最低的国家取值为 0，通过采用标准化方式得到中间国家的得分，这意味着任一年度内，如果一个国家或地区在每一个三级指标上都是最佳表现，那么得分即为最高分 30 分，否则就是最低分 0 分。从某种程度上看，这个得分代表了一个国家或地区的竞争力水平，可以被视为竞争力指数。

第三，将 2013 年每一个三级指标下的中国、美国、德国、日本、韩国

---

[1] 作为评价体系的初步尝试，等权重法有助于研究者直观认识工业质量、工业结构、工业动力、工业能力4个维度对于新型工业化发展水平的影响。

的最优值作为标杆值，每一年最优值与上一年度最优值相比，通过取平均值的方法得出工业化进程系数。

第四，工业化进程系数与竞争力指数相乘即得到综合指数。

2. 初步评价分析

基于新型工业化发展评价体系与综合指数测算方法，通过定量测算工业化进程系数和各国竞争力指数，并在此基础上得到我国新型工业化综合指数。图 10-2 显示了工业化进程系数的趋势，可以看出，工业化进程是一个波浪式发展、曲折式前进的过程。近年来，受中美贸易摩擦和新冠疫情冲击，全球工业化进程呈现出较为明显的衰退趋势，2016 年以来这一系数一直下滑，随着贸易摩擦缓和与新冠疫情冲击减弱，这一系数又出现了明显的反弹。

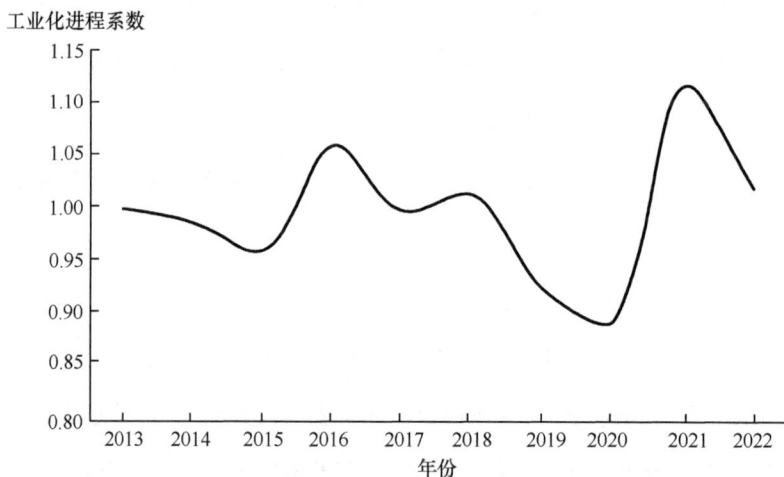

工业化进程系数

来源：中国信息通信研究院。

图 10-2　工业化进程系数

图 10-3 进一步显示了我国新型工业化综合指数及各分项指标。从总体趋势来看，我国新型工业化综合指数从 2013 年的 12.30 上升到 2022 年的 13.47，其中 2021 年我国工业化综合指数最高点时超过 14，新型工业化发

展总体呈稳步提升态势。从分项指标来看，首先，工业质量指标对新型工业化综合发展贡献最大，也就是说，我国依靠的规模壮大、效率提升、绿色低碳的工业化发展模式仍然是推进新型工业化的中坚力量。其次，工业动力指标逐渐稳步攀升，尤其是随着产业科技创新受到高度重视，数字化转型保持全球第一梯度，以"新三样"为代表的绿色产业产品加速"出海"等作用叠加，工业动力得到进一步夯实和提升。最后，工业结构指标和工业能力指标在 2017 年出现了明显交叉。工业能力指标开始持续上扬，但是工业结构指标开始逐渐下降，这个趋势表明，我国产业结构转型升级的任务仍然十分艰巨，产业结构调整优势亟待系统性解决。与此相反，我国工业能力正在显著提升，特别是随着微观企业发展、技术融合渗透能力、产业链供应链韧性和安全水平等方面能力的不断提升，工业能力的提升为新型工业化提供了强大的国际竞争力。总体判断，我国新型工业化发展中，工业质量贡献最为显著，工业能力贡献逐渐提升，工业动力贡献稳步上升，但工业结构贡献处于下降趋势，需要高度关注，要做好产业结构转型升级这篇大文章，推动制造业加快迈向价值链中高端。

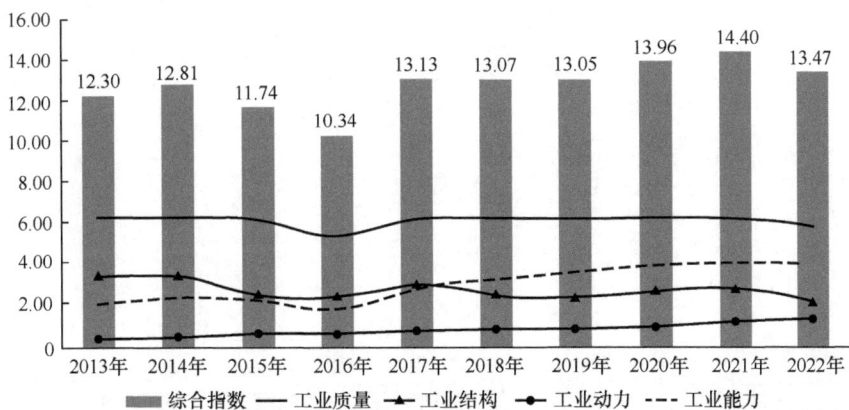

来源：中国信息通信研究院。

图 10-3　新型工业化综合指数及各分项指标

3. 结论与启示

工业化发展评价对制定工业化推进策略至关重要。当前，涉及工业化发展评价的体系可以划分为横向视角下的工业竞争力评估及纵向视角下的工业化发展所处阶段和水平的综合评价。面向 2035 年基本实现新型工业化的使命要求，结合对横向视角和纵向视角下工业化发展评价体系进行梳理，本书目前初步构建了一个包含工业质量、工业结构、工业动力和工业能力 4 个一级指标、10 个二级指标、30 个三级指标的新型工业化评价体系，并进行了横向竞争力和纵向发展水平的初步判断。新时代新型工业化评价体系方法论，为后续开展新型工业化发展评价提供了具体方向和扩展思路，如选取更加理想的指标、放松指标之间等权重假设，等等，有利于推动进一步做好新型工业化发展评价，为提出更加科学、合理、有针对性的新型工业化推进策略夯实监测评估基础。

▷ 第十一章
新时代推进新型工业化的区域实践

区域协调发展是推进新型工业化的关键支撑。区域协调发展本质上是通过主体功能区战略引导产业合理布局，最终实现重大生产力的合理布局。我国各区域资源禀赋、工业基础条件差异明显，在推进新型工业化中的责任和作用也不同。推进新型工业化不是各地都要搞工业，不是要求各地区实现发展模式和发展水平的整齐划一，不可能"齐步走"。要根据主体功能区战略来定位产业方向，聚焦统筹谋划一体推进，解决发展不平衡不充分问题，着力推动形成优势互补、高质量发展的区域产业布局。

（一）我国区域产业布局的演进历程

任何经济活动都离不开特定空间，工业经济活动更是如此。在不同的工业化发展阶段，区域产业布局会呈现出不同演化特征，表现为空间功能（产业集聚程度、区域协同程度、配套服务能力）不断增强，产业布局形态不断升级（见表 11-1）。以主体功能区战略引导产业的合理布局，一方面，有利于促进产业发展集聚，增强协同性，更好应对产业无序、过快外迁，更好地服务传统产业转型升级；另一方面，有利于拓展新型工业化发展空间，为工业效率提升提供载体和支撑能力。

表 11-1　工业化发展阶段与区域产业布局特点

阶段		工业化初期	工业化中期	工业化后期
区域产业布局		奠定工业化基础	助力工业化腾飞	筑牢工业发展空间
空间功能	产业集聚程度	低	增强	高
	区域协同程度	低	静态均衡发展	动态协同发展
	配套服务能力	低	升级	网络化和体系化
产业布局形态		点状经济	块状经济	网络经济
		早期一般化的工业区、经济技术开发、散点状乡村工业、保税区	单一工业园区、初期高新技术产业开发区、综合保税区	先进制造业集群、制造业创新中心、国家高新区优化布局

来源：中国信息通信研究院。

1. 工业化初期区域产业布局奠定工业化基础

在工业化初期，区域产业布局的特点是经济与政治因素兼顾，聚焦协调基础资源和设施，目标是为了奠定工业化基础。从新中国成立初期到改革开放以前，我国实行高度集中的计划经济体制，区域经济发展主要由国家重工业发展战略推动，采取的是均衡发展战略。工业布局着力由沿海向内地推进，主要强调"三线建设"，谋求改变生产力布局过度向东倾斜的状况。这种生产力布局的调整方式是计划经济体制下的供给侧管理，通过解决生产力布局的结构性问题，以培育内陆地区增长极。从改革开放以后到1999 年，我国开始实施向东倾斜的以"效率"为导向的非均衡发展战略，充分利用东部优势，通过推进市场经济体制改革，并依次设立经济特区、经济技术开发区（沿海开放城市）、国家级新区等一系列政策试点城市，通过引进外资、技术和管理模式来引导产业升级，实现东部沿海地区率先发展，这种产业布局的调整方式是市场经济初期的需求侧管理，形成需求在空间上的差异。

从空间特点来看，这一时期，产业集聚程度低、区域协同程度低、配套服务能力低的"三低"特点突出。产业集聚程度低主要表现在全国实行工业扩散方针，鼓励一切有条件的省和自治区发展独立自主的工业体系，鼓励一切有条件的行政地区和县发展"五小"工业（小钢铁、小煤矿、小机械、小水泥、小化肥），各地区形成了较为雷同的地区经济产业结构，产业集聚根本无从谈起。区域协同程度低主要表现在高度垂直的区域分工结构。由于实行高度集中的指令性计划管理模式，区域的一切经济活动都由国家计划予以安排，区域经济的组织和运行以垂直分工体系为主，区域间的横向联系较弱。配套服务能力低主要表现在基础设施建设自上而下与本地需求并非完全一致，要素市场扭曲程度仍然较高，劳动力要素流动程度低，土地要素市场不够活跃，资本市场对产业扶持力度仍然有待释放。

从产业布局形态来看，这一时期，点状经济特征明显，主要表现为早期一般化的工业区、经济技术开发区、散点状乡村工业、保税区。20世纪70年代末，深圳蛇口工业区是我国第一个对外开放的工业园区；1984—1988年，国务院批准在沿海12个城市建立了14个国家级经济技术开发区等；1990年，为配合国家14个沿海城市对外开放战略，国务院批准设立了保税区，在引进资金、项目、设备、管理办法等方面发挥了重要作用。

2. 工业化中期区域产业布局助力工业化腾飞

在工业化中期，我国区域产业布局开始由非均衡发展转向协调发展，把促进地区经济协调发展提到了重要的战略高度，并确立了地区经济协调发展的指导方针，目标是通过工业集中、产业集聚，助力工业化腾飞。1999年到党的十八大以前，我国先后实施西部大开发战略、振兴东北地区等老工业基地、促进中部地区崛起、鼓励东部地区率先发展，密集出台了一批经济区、经济带发展规划，实施了全国主体功能区规划和促进产业转移的政策措施，区域发展协调性显著增强。在各项政策支持和各地区努力下，西部地区基础设施建设取得突破性进展，如青藏铁路、西气东输、西电东送等；中部地区承东启西的区位优势进一步凸显，城市群和综合交通枢纽建设快速发展；东北地区资源型城市转型及国有企业改革扎实推进，区域比较优势得到充分发挥。2011年，中部地区、西部地区生产总值占全国的比重分别为20.1%、19.2%，分别比2002年提高1.3个百分点、2个百分点。

从空间特点来看，这一时期，产业集聚程度增强、区域协同程度呈现静态均衡发展、配套服务能力不断升级。在产业集聚方面，2007年，《国家发展改革委关于促进产业集群发展的若干意见》发布，提出了推进东部加工制造型产业集群向创新型集群发展，加快中西部地区产业集群发展，促进老工业基地形成一批新型装备制造业集群等；2009年，工业和信息化部成立第二年即组织开展"国家新型工业化产业示范基地"创建工作，明确要求示范基地以可持续发展为前提，以产业集聚为主要特征，以工业园区为主要载体，主导产业特色鲜明、水平和规模居全国领先地位。在区域协同方面，2003年党的十六届三中全会审议通过的《中共中央关于完善社会主义市场经济体制若干问题的决定》，强调了区域间发展要因地制宜，各展所长，要对战略产业和重点产业有选择地倾斜。在配套服务能力方面，促进区域间生产要素合理流动和优化配置被明确提出，要求改善营商环境，健全公共服务体系，消除行政性体制障碍，推动政府职能转变。

从产业布局形态来看，这一时期，块状经济特征明显，主要表现为单一工业园区、初期高新技术产业开发区、综合保税区。在高新区建设上，早在1991年《国务院关于批准国家高新技术产业开发区和有关政策规定的通知》发布后，当年就批准建设27家高新技术产业开发区，1992年再度新增批准建设25家高新技术产业开发区，但由于高新技术产业开发区以低利润的一般制造业为主导，整体技术创新能力薄弱，2000年前后高新技术产业开发区进入以科技创新和体制创新的发展阶段，到2011年，国家高新技术产业开发区数量已达88家，聚集了全国50%以上的高新技术企业，营业总收入占全国的12%，园区生产总值占全国GDP的8.8%。在保税区建设上，从2003年保税物流园区、跨境工业区到2005年保税港区，再到2006年综合保税区，保税区的功能逐渐扩大，除了进口加工贸易和采购，还逐步探索跨境电子商务、国际物流、金融服务等功能。

3. 工业化后期区域产业布局筑牢工业发展空间

2012年我国进入工业化后期，这一时期区域产业布局有了更高的发展要求，即要求分类施策、因地制宜，提升主体功能区集聚性、协同性、服务能力，缓解内外部产业转移压力，打开工业腾挪空间，筑牢工业发展空间基础。党的十九大报告明确提出实施区域协调发展战略，党的二十大报告进一步明确，要深入实施区域协调发展战略、区域重大战略、主体功能区战略、新型城镇化战略，优化重大生产力布局，构建优势互补、高质量发展的区域经济布局和国土空间体系。党的十八大以来，东部地区制造业高质量发展引领带动作用不断增强，如在智能制造领域，58%的智能制造示范工厂揭榜单位、53%的数字化车间或智能工厂位于东部地区。中部地区先进制造业基地作用更加凸显。通过承接东部地区产业转移和加快培育新兴产业，中部地区特色优势产业实现跨越式发展，中部六省聚焦工程机械、智能语音、光电子信息、新材料等领域，加快培育形成一批国内领先水平的先进制造业集群。西部地区工业保持较快增长态势。西部地区规模以上工业增加值占全国规模以上工业增加值比重达到20%，发展差距逐步缩小。东北地区产业升级取得新进展，大型电站成套机组、大型压力容器、跨声速风洞主压缩机等大国重器不断涌现。

从空间特点来看，这一时期，产业集聚程度高、区域协同程度呈现动态协同发展、配套服务能力网络化和体系化增强。在产业集聚方面，一批高水平的产业载体支撑区域经济发展。全国依托优势开发区、产业园区建设了 445 个国家新型工业化产业示范基地，这些产业示范基地涵盖装备制造、原材料、电子信息、软件和信息服务等重点工业和领域，创造了全国近 30% 的工业增加值、30% 以上的进出口额，规模以上工业企业利润总额占全国比重近 45%，成为引领带动区域产业差异化、特色化发展的优质载体。在区域协同方面，京津冀三地产业转型升级和转移对接取得重要进展，河北累计从北京、天津转入产业活动单位超万家；长三角三省一市围绕重点产业成立产业链联盟，深化区域间产业链合作对接，一体化水平不断提升；成渝地区加速成为西部地区制造业增长极；粤港澳大湾区加快建设全球先进制造业发展高地。在配套服务方面，各地区增加用地指标供应、提供税收优惠和安排专项资金、提升基础设施和公共服务水平、加快建设数字化转型促进中心和新型基础设施、加大对承接产业金融支持等。

从产业布局形态来看，这一时期，网络经济特征明显，主要表现为战略性新兴产业集群、先进制造业集群等产业布局新形态不断涌现。工业和信息化部先后启动先进制造业集群发展专项行动、出台《促进中小企业特色产业集群发展暂行办法》，国家发展和改革委员会也发布了《关于加快推进战略性新兴产业产业集群建设有关工作的通知》，引导和促进集群在市场竞争中不断提升发展质量和水平。

4. 推进新型工业化不是各地"齐步走"

推进新型工业化要根据各地的资源禀赋、产业基础、发展阶段等实际情况，因地制宜、分类施策，形成各具特色的现代产业体系，各地不会也不能齐步走。一是不同地区的要素禀赋存在差异。要素禀赋差异是经济长期发展过程中形成的，如东部沿海地区人口密集，经济基础雄厚，科技创新能力强，而中西部地区地域广袤，各种资源富集，但高素质人才数量相对较少，东部更加适合创新驱动的新兴产业和未来产业，中西部地区更加适合在资源节约和环境友好方面加快传统产业转型升级。二是不同地区的产业结构存在差异。东部已经形成了较为完善的产业链和产业集群，而中西部地区则可能还在培育新兴产业或进行产业升级。在这种情况下，各地应根据自身产业基础，选择适合自己的发展路径，避免盲目跟风或重复建设。三是不同地区的发展阶段存在差异。发展阶段也是决定区域产业布局的关键因素。东部地区普遍已经进入工业化后期后半段或后工业化阶段，而中西部地区仍然处于工业化中期或者工业化后期前半段。在推进新型工业化的过程中，各地必然要充分考虑自身的发展阶段，制定符合实际的发展目标和政策措施。

（二）重点领域产业合理布局呈现新成效

1. 先进制造业集群发展快速推进

先进制造业集群是在一定区域内，由先进制造企业及相关主体高度集聚形成的，在创新能力、品牌效应、规模体量、市场竞争力等方面处于领先水平的产业生态系统。发展先进制造业集群是推动产业迈向中高端、提升产业链供应链韧性和安全水平的重要抓手，有利于形成协同创新、人才集聚、降本增效等规模效应和竞争优势。

2019年以来，工业和信息化部实施先进制造业集群发展专项行动，采取"赛马"方式遴选出先进制造业集群决赛优胜者，作为世界级集群的重点培育对象。国家级先进制造业集群名单中，东、中、西、东北地区均有先进制造业集群入选，先进制造领域的区域协调发展取得初步成效（见表

11-2）。公开资料显示，2022 年，45 个国家级先进制造业集群产值超 20
万亿元，建设了 18 家国家级制造业创新中心，拥有国家级技术创新载体
1700 余家，培育创建了 170 多家"单项冠军"企业及 2200 多家专精特新
"小巨人"企业。例如，长沙将先进计算和信息安全产业有机结合，培育
出具有长沙特色的新一代自主安全计算系统产业集群，形成了一条以湘江
鲲鹏、拓维信息、国科微、景嘉微、麒麟软件等知名企业为代表的本土信
创全产业链，先进计算产业骨干企业已超 1400 家；山东省潍坊市入选的
动力装备集群，形成了"基础零部件—核心零部件—动力总成—整机（终
端）—关键配套件"链式发展结构，打造了专业化的协作和配套链条，形
成了以 7 家龙头企业为核心、176 家高新技术企业为支撑、315 家上下
游企业为配套的产业链核心生态圈，工业总产值占全国动力装备行业
近 40%，重型发动机市场占有率全球第一，高档轮胎模具年销量全球
第一。

表 11-2　国家先进制造业集群（单位：个）

领域	东部	中部	西部	东北	合计
新一代信息技术	9	2	2	0	13
高端装备	6	4	2	1	13
新材料	6	1	0	0	7
生物医药及高端医疗器械	5	0	0	0	5
消费品	3	0	1	0	4
新能源及智能网联汽车	1	1	0	1	3
合计	30	8	5	2	45

来源：工业和信息化部。

2. 工业互联网园区加速培育

工业互联网是新一代信息技术与实体经济深度融合的产物，是第四次

工业革命的重要基石，是数字经济和实体经济深度融合的关键底座，是新型工业化的战略性基础设施和发展新质生产力的重要驱动力量。当前，我国工业互联网已进入规模化发展新阶段。工业互联网融合应用已拓展至 49 个国民经济大类，形成了 200 余个工业互联网示范应用标杆，工业设备连接数超过 9600 万台（套）。

各地因地制宜、因业施策，推动工业互联网进企业、进园区、进基地、进集群，形成了梯次发展格局。从工业和信息化部发布工业互联网试点示范名单来看，2021—2023 年，工业互联网试点示范名单园区集成创新应用方向共计 52 个，其中，工业互联网平台＋园区／产业集群试点示范共计 29 个，占比超过 50%，聚焦园区和产业集群发展意图非常鲜明。近年来，通过发挥工业园区产业集聚优势，鼓励园区结合产业特点和实际需求，推动园区工业设备和业务系统上云上平台，有效推动工业互联网高质量发展和规模化应用，为培育具有国际竞争力的数字产业集群提供了有力支撑和保障。例如，吴中太湖新城的数智运营园区入选 2023 年工业互联网试点示范名单，是江苏唯一入选"工业互联网平台＋园区／产业集群试点方向"的申报单位。基于工业互联网融合应用的数智运营园区，通过构建"2+2"工业互联网平台体系，打造了一个以数据驱动、平台赋能、产业集群培育、数智融合应用为特色的工业互联网示范区，实现了园区内外的数据共享、资源整合、服务协同、创新孵化。

3. 绿色工业园区发展加快建设

绿色低碳发展是当今世界科技革命和产业变革的方向，为区域产业布局指明了新方向。绿色工业园区是指将绿色低碳发展理念贯穿于园区规划、空间布局、产业链设计、能源利用、资源利用、基础设施、生态环境、运行管理等过程，全方位实现绿色低碳和循环可持续发展的工业园区，是绿色工厂和绿色基础设施集聚的平台。截至 2024 年 10 月，国家层面累计培育绿色工业园区 371 家，带动地方累计创建省市级绿色工业园区近 300 家。

绿色工业园区的加快建设有效推动了地方绿色分配和绿色转型，有利于打造绿色增长新动能。例如，青海甘河工业园区 2022 年入选国家层面绿色工业园区，通过聚焦绿色产业聚集，着力构建低能耗、低排放、高效益、高技术含量的绿色产业体系。截至 2022 年年底，园区循环经济工业产值比重达到 89%，一般工业固体废弃物处置率达 100%，园区工业用水重复利用率达 94%，绿电使用率及铝水就地转化率均超过 60%，持续加大先进节能环保技术、工艺和装备的研发力度等；郑州经济技术开发区 2023 年入选国家层面绿色工业园区，郑州经济技术开发区以不足 2% 的能源消耗，创造了 10% 的地区生产总值和 26.3% 的工业增加值，通过打造"汽车 +"示范区、先进装备制造引领区、现代物流核心区等绿色产业链，着力构建科技含量高、资源消耗低、环境污染少的绿色工业体系。

（三）以主体功能区战略引导产业合理布局面临的问题和挑战

1. 产业布局同质性高

产业布局必须坚持有所为、有所不为，着力培育体现本地特色和优势的现代化产业体系。当前，我国产业空间布局的趋同性问题仍未得到彻底扭转，一哄而上、"贪大求洋"、无序竞争、重复建设情况仍然长期存在。地方产业布局"喜新厌旧"，扎堆培育发展热门的新兴产业和未来产业，"一刀切"地把传统产业当成落后产业进行割裂，不仅丧失了当地本来的产业比较优势，还造成了新的同质化投资和资源浪费。

相关机构调研发现，部分地区在产业规划、招商引资中，对集成电路、新能源汽车、电子信息等新兴产业关注较多，对传统制造业支持不够。我国早在 2014 年就制定了集成电路发展规划，提出"主体要集中、区域要集聚"的原则，但现实中，不少地方依然缺乏产业布局协同规划，即便是在集成电路产业发达的长三角地区，也是各省市甚至是各区县各自为战，区域产业规划协调机制仍然不健全。一些金融机构简单认为钢铁、有色金属、石化等行业"产能过剩"，对合法合规的建设项目贷款资金拨付十分谨慎，一些传统产业企业家因为发展预期不稳，信息严重不足，缺乏继续投资发展的动力和热情。

以新能源领域为例，近年来，动力电池、光伏、风电、新能源汽车等绿色风口产业正处在规模扩张期，过度规划、重复建设现象极其明显，在很大程度上造成了资源要素浪费。从企业数量来看，企查查数据显示，2020—2022 年，我国新能源汽车相关企业分别增至 8.2 万家、17.8 万家、24.7 万家，同比增长 73.93%、116.99%、39.12%，膨胀极其迅速（见图11-1）。从产能利用方面来看，据统计，我国电池生产平均产能利用率低于 50%，存在严重产能过剩现象，其中，头部企业宁德时代仅 81%，而韩国 LG、日本松下均高于 95%。自 2020 年起，我国动力电池供需不平衡问题开始显现，部分地区、部分环节出现了供给大于需求的问题。从地方争夺来看，仅"动力电池之都"的称号，就有近 10 个城市进行争夺。例如，山东枣庄的北方锂电之都、江苏常州的新能源之都、福建宁德的领航世界锂电之都、江西新余的全球锂电高地、江西宜春的亚洲锂都、四川遂宁的锂电之都、四川宜宾的中国动力电池之都、湖北荆门的中部锂电之都，等等。

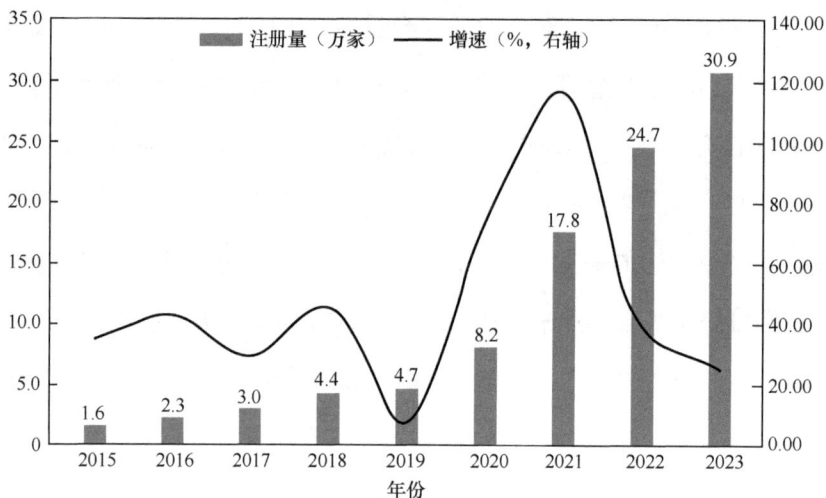

图 11-1　近 10 年新能源汽车相关企业注册数量及增速

来源：中国信息通信研究院根据公开数据整理。

2. 产业准入针对性弱

当前，我国聚焦主体功能区产业准入针对性不强，各种产业准入目录与主体功能区衔接不够，实际实施过程更是困难重重。

从近几年的《产业结构调整指导目录》来看，一方面，《产业结构调整指导目录》完全从产业发展角度进行制定，2024 年本政策导向有 4 个方面，包括推动制造业高端化、智能化、绿色化，巩固优势产业领先地位，在关系安全发展的领域加快补齐短板，构建优质高效的服务业新体系。因此，围绕主体功能区实现产业布局和重大生产力布局并未在《产业结构调整指导目录》的政策导向中，不利于各地区产业准入方面的相互协调。另一方面，在限制类产业中针对制造业的管控标准缺失。例如，多数县域在制定产业准入负面清单过程中，对限制类制造业均提出"生产工艺、清洁生产水平须达到国内先进水平"等原则性要求，但实施过程中对入园产业的生产规模、环保设施等均缺少更加明确的管控标准和实施细则，导致部分产业园区污水处理厂、固体废弃物处置场等环保基础设施建设滞后等问题。此外，由于部分地区短期内仍难以形成符合主体功能的替代主导产业，禁止类产业作为本地主导产业退出较难。

类似地，从近几年的《西部地区鼓励类产业目录》来看，西部地区新增鼓励类产业仅仅是按照省、自治区、直辖市分列，没有进一步细分西部地区重点开发区、重点生态功能区等鼓励类产业目录。区域协调天然具有偏离合作的趋势，最终容易形成"囚徒困境"。区域协调既要避免对不同区域"一刀切"，又要避免相同或相似区域"不一致"，实际操作需要不断动态跟踪监管，避免各自为政、统筹协调性不足等问题。

3. 产业转移承接力弱

产业内部转移能否成功取决于产业承接地的产业配套能力、要素保障能力和营商环境等多方面因素。

从产业配套能力来看，西部地区仍然存在产业链不完整和基础设施落后等问题。一方面，西部地区的产业优势相对集中在上游的原材料领域，加工制造的终端产品较少，本地配套企业的技术水平相对较弱，这不仅限制了承接产业转移的规模和水平，还使企业在生产过程中过度依赖外地供货商，无形中提高了生产成本和经营不确定性。另一方面，基础设施互联互通水平较低、物流运输成本高，规模不经济现象严重，特别是传统基建优势不足导致人口、产业、城市集中集聚不够，反过来又影响了新基建的需求和大规模建设的可能性，造成中西部地区发展新基建不足。

从要素保障能力来看，产业承接地产业链、人才等配套缺失制约了产业转移效果。现阶段我国部分区域产业集群专业化类别程度不高，产业集而不群，体现不了产业链之间衔接价值，虽然企业达到一定数量，但产业链的上、下游配套关系无法形成，产业发展核心竞争力难以建立和维持。

尤其是高技术、高技能人才紧缺，无法对接超千亿元的产业群，人才瓶颈严重制约了重点功能区发展关键产业竞争力的高质量发展空间。

从营商环境来看，外部经营环境已成为推进产业转移的关键变量。西部地区开发、开放相对更晚，具有天然的劣势，是我国营商环境建设的"低洼地带"，容易造成要素成本低但制度成本高的现象。《中国营商环境指数蓝皮书2022》显示，七大区域的营商环境指数均值由高到低依次为华东、华北、华南、华中、西南、东北和西北。从指数得分前100位的城市数量上来看，华东地区遥遥领先，其城市数量共56个；华南地区的城市数量为12个；华北地区的城市数量为8个；西南地区的城市数量为8个；华中地区的城市数量为7个；西南、东北和西北的城市数量共9个，东中西阶梯分布明显。

（四）推动形成优势互补、高质量发展的区域产业布局政策举措

1. 总体思路

要坚持系统观念和一盘棋理念，立足资源禀赋、工业基础和发展条件等存在差异的客观实际，围绕产业布局、产业准入、产业转移做好统筹规划，实现产业有序进入、梯度转移、合理分布，以主体功能区战略引导打造产业集群和创新集群新高地。

构建集群梯次培育体系，下好区域产业布局的"先手棋"。因地制宜做好产业集群发展规划，增强产业集群发展后劲。采用动态的产业跨区域联动，建立多元化产业体系，优化产业结构，引导分工协作。积极优化区域内各产业集群高效布局，鼓励不同产业集群错位发展，避免恶性竞争。统筹推进国家自主创新示范区、国家高新技术产业开发区建设，持续推进先进制造业集群和中小企业特色产业集群发展。鼓励高新技术产业集群与传

统产业集群融合发展，增强对传统产业的辐射带动作用，从而形成优势互补、功能互济的产业集群发展格局。鼓励地方加强对地方高新区、产业集群、工业园区等的配套支持，加快落实财税、金融、土地、能源、人才支持。

健全主体功能区产业准入，把好区域产业建设"入门关"。建立"县市制定、省级优化、国家统筹"的工作机制，持续强化针对各类主体功能区的产业清单制定。以《产业结构调整指导目录》为蓝本，聚焦区域特色制定分地区的《产业结构调整指导目录（区域版）》。加快不符合生态功能的产业退出，积极培育环境友好型和生态偏好型产业，打通生态产品价值实现机制。清单管理以行业和领域为主向以标准规则为主转变，探索建立以安全、环保、效益等为主的标准管理体系，尽量减少政府对微观主体的干预。

积极探索产业转移新模式，做好产业有序转移"大文章"。强化区域投入产出量化评估，把产业转移建立在区域比较优势基础上，提升产业转移科学性和合理性。对不同技术密集度产业转移分类施策。低技术制造业采取以产业价值链为纽带的集群式整体转移，中高技术制造业采取基于产品价值链的生产工序的碎片化转移，构建基于产品价值链的网络型区域分工结构，推动区域产业的创新联动发展。推进跨越行政地域界限的集群共同体建设，促进跨地域高等院校、科研院所、中介机构、制造企业、服务企业互动合作及各环节融合。鼓励地方与第三方招商机构、产业研究院合作，制定针对性招商策略，围绕当地"链主"开展上下游衔接，深化产业分工与合作，带动产业协同发展。

2. 重点措施

要以制造业创新集群优化重大生产力布局、以园区产业内生能力培育优化公共资源布局、以工业互联网进园区优化重大基础设施布局。

壮大制造业创新集群。把发展先进制造业集群摆到更加突出的位置，完善行业和区域布局，构建以世界级集群为目标引领、以国家级集群为骨干、以省级集群为基础的培育发展体系。做大做强特色制造业创新集群，通过地方科研院所、国家创新中心、国家重大科研装置等联合布局，加强产学研的融合发展，共同形成集人才培育、技术研发和产品生产于一体的要素组合地域，加快推动重大科技成果转化应用、产业链高端化发展。

培育园区产业内生能力。围绕产业链进行服务布局，从过去重视招商能力向当前重视产业内生能力培育转变。探索园区与先进制造业产业集群相互配合的发展模式，合理配置园区公共资源，由单一企业服务转向点线面，服务覆盖面从企业端延伸到产业链端和产业集群端。依托有条件的城市和重点城市群，创建一批发挥引领带动作用的国家新型工业化示范区。推动高新技术产业开发区功能提升，不断以新技术培育新产业、引领产业升级、加强国家自主创新示范区为统筹规划，更好发挥园区在发展先进制造业、科技自立自强、扩大对外开放等方面的作用。

加快工业互联网进园区。将工业互联网作为新型基础设施，推动工业互联网成为新建产业园区标准配置，加快建设智慧园区网络。持续做好工业互联网一体化进园区"百城千园行"活动，发挥工业园区产业集聚优势，推动工业互联网向地市县域落地普及。支持高新技术产业开发区、新型工业化产业示范基地等产业园区和先进制造业产业集群建设绿色低碳的数字化基础设施和平台，提升安全监管、"双碳"监测、招商引资、产业协作等管理效率和服务水平。

▷ 第十二章
新时代推进新型工业化的产业实践

产业结构优化升级是推进实现新型工业化的内在要求。当前，新一轮科技革命和产业变革深入发展，新工业革命同我国工业化后期发展方式转变形成了历史性交汇，与此同时，美西方对我国科技和先进制造等的无底线遏制打压持续加码。面对国内外环境深刻复杂的变化，加快推动产业结构优化升级，加速迈向价值链中高端，不断培育新动能、形成新优势，这不仅是构建新发展格局的战略选择，还是构建大国竞争优势的迫切选择。推进实现新型工业化，要坚持新老并举，通过改造提升传统产业，巩固提升优势产业，培育壮大新兴产业，前瞻布局未来产业，加快建设现代化产业体系。

（一）新时代面向推进新型工业化的产业结构优化升级理论

1. 传统产业结构优化升级理论框架

国际经验和实践表明，产业结构优化升级与工业化发展阶段密切相关。在特定的工业化发展的历史阶段，为了更好地指导产业结构优化升级，理论界提出了不同的产业划分理论。通常来讲，传统产业结构升级理论可以划分为以下 3 类，每一类都有自身的优势和不足。

第一类是按照生产要素密集度进行产业划分。这种产业分类方法以各产业所投入的、占主要地位的要素禀赋为标准来划分。从要素禀赋水平方面认识产业结构与比较优势理论密切相关，而比较优势理论则由英国古典政治经济学家大卫·李嘉图所著的《政治经济学及赋税原理》提出。这意味着按照生产要素密集度进行产业结构划分属于工业化初期的产业结构优化升级理论。通常，根据劳动力、资本和技术 3 种生产要素在各产业中的相对密集度，可以把一个国家或地区的产业划分为劳动密集型产业、资本密集型产业和技术密集型产业。这种划分方法的优点是可以根据各国的要素禀赋特点进行资源有效配置，以便发挥一个国家或地区的要素比较优势，也易于分析各种生产要素的互相替代关系。例如，传统汽车制造业在最开始的时候属于技术密集型制造业，原因在于汽车制造技术、零部件、发动机在 20 世纪初仍然属于先进技术，但是随着汽车加工制造工艺、零部件生产和流水线整装模式的成熟，传统汽车制造业从最开始的技术密集型制造业转变为资本密集型制造业。但是随着现代产业体系中要素投入种类更加多元、技术迭代速度更快及新型生产要素（如数据要素）的不断催生，按照生产要素密集度划分产业的方式无法对新技术渗透使用程度和新型生产要素投入水平进行合理评估，现实价值和政策参考效果变得愈发有限。

第二类是按照技术水平高低进行产业划分。这种产业分类方法由 OECD 提出，是以产业内研发投入与增加值之比为标准进行划分，属于工业化中期和后期的产业结构优化升级理论。从技术水平来看，产业通常可以划分为 4 种类型，即中低技术产业、中等技术产业、中高技术产业和高技术产业。其中，中低技术产业的产业内研发投入与增加值之比通常在 2% 以下，而中等技术产业通常在 2% ~ 5%，中高技术产业通常在 5% ~ 20%，高技术产业通常在 20% 以上。OECD 基于技术水平高低进行产业划分的最大优势在于可以有效指导一个国家或地区产业向中高技术产业转型升级，对培育经济发展新动能、推动高质量发展意义重大。但是按照技术水平高低进行产业划分也存在明显不足，特别是仅仅通过研发投入而非考虑更多的产业技术指标来评估技术水平就极为有限。与此同时，在很多低技术产业中部分环节、部分企业的技术水平并不低。例如，服装纺织业属于中低技术产业，但把纳米、石墨烯、人工智能等元素融入面料及设计中，服装纺织的研发设计和生产制造环节就将是高技术制造业环节，但是基于研发投入确定的技术水平高低难以体现出在不同生产环节和生产领域的创新能力和技术水平的进步，不利于对中低技术产业和中等技术产业提供更加精准、有针对性的政策指导。

第三类是按照技术经济范式特征进行产业划分。这种产业分类方法按照企业的技术轨迹特征和部门间的技术联系进行划分。20世纪70年代以来，以信息技术为代表的第三次工业革命快速推进，新技术和工业发展之间不断融合渗透，新产业、新业态、新模式持续涌现，技术创新对产业结构和运行模式带来的革命性变化推动形成新的经济格局。这意味着按照要素密集度、技术水平高低等传统指标难以对产业结构进行合理划分，只有从技术进步和产业发展之间的技术经济关系进行分析，才能全面概括工业化后期和后工业化阶段技术之间、产业之间、技术和产业之间融合发展模式。1982年多西提出了技术范式和技术轨迹的概念，产业的技术范式和市场需求共同决定了产业的技术演变轨迹，技术变革的载体是产业，技术变革具体化就是产业结构变化。1984年帕维特基于多西的技术范式和技术轨迹理念，实证研究了英国2000个创新企业的调查数据，提出了根据企业技术变革特征的产业部门分类方法，并进一步把企业划分为4大类产业部门，即供应商主导产业、规模集约产业、专业供应商产业和基于科学的产业。对于供应商主导产业，这类产业中劳动力投入比较高，技术壁垒较低，对劳动力成本敏感，价值链可分性强，行业中占据主导地位的往往是品牌企业、制造业核心生产环节，包括食品饮料、纺织服饰、木材家具、金属制成品等。对于规模集约产业，这类产业需要大量资本投入，规模经济极为强大，也是决定制造业效率的关键，这类产业具有一定的技术壁垒，但是通常会产生大量污染，受环保约束影响大，包括纸制品、焦炭和精炼石油产品、橡胶和塑料、基本金属、非金属矿物制品、机动车等。对于专业供应商产业，这类产业的最大特点是产业中的诀窍知识对产业发展非常关键，其通过"干中学"积累经验的学习曲线非常明显，也不容易转移，包括电气设备、机械和装备、其他运输设备等。对于基于科学的产业，这些产业的发展需要以科学技术的创新突破为起点，研发投入，特别是基础研究投入占比极高，包括医药、化学制品、电子产品等。需要说明的是，帕维特是按照创新企业的技术范式和技术轨迹进行产业部门分类，但微观企业的创新轨迹与中观产业甚至宏观技术发展水平有时并不完全一致，简单地认为微观企业创新叠加就能反映全社会技术创新水平则会带来"合成谬误"。

2. 面向推进新型工业化的产业结构优化升级理论框架

习近平总书记强调，要"改造提升传统产业，培育壮大新兴产业，布局建设未来产业，完善现代化产业体系。要围绕发展新质生产力布局产业链，推动短板产业补链、优势产业延链、传统产业升链、新兴产业建链"。面对高质量发展的现实需求，我国的产业结构与主要制造强国相比仍有差距，只有协调发展传统产业、新兴产业、未来产业、优势产业和短板产业，才能充分释放产业升级动力，推动制造业加快迈向产业发展前沿、迈向价值链中高端。但沿用传统产业结构优化升级理论框架，无论是按照生产要素密集度划分、技术水平高低划分，还是按照技术经济范式特征进行划分，均无法对传统产业、新兴产业、未来产业、优势产业、短板产业等产业类型在理论上进行解构，现行产业体系划分存在明显的结构性缺陷。作为后发追赶大国,我国面临着新工业革命同工业化后期发展方式转变的历史性交汇,这就需要结合影响产业结构转型升级的核心因素,提出面向推进新型工业化的产业结构优化升级框架,为加快建设现代化产业体系提供理论支撑。

从基本内涵来看,现代化产业体系是指具有当代领先、具有竞争优势又面向未来产业与技术发展趋势的产业体系,中国现代产业体系则应该是当代领先且面向未来的、基于新技术和新比较优势基础的、可持续的、具有长期国际竞争力的新型产业体系。从这一概念出发,一方面,新的产业结构优化升级理论框架要能够刻画出一个国家或地区技术水平和创新能力的动态特征,这既要考虑当前技术水平和创新能力,又要考虑面向未来的技术和创新发展潜力;另一方面,新的产业结构优化升级理论框架要能够反映一个国家或地区产业是否具有竞争优势,能否形成长期国际竞争力。上述两方面要求意味着新的产业结构优化升级理论框架应该从传统的单一维度(要么仅依赖生产要素密集度、要么仅依赖技术水平、要么仅依赖技术经济范式)向"二分法"维度进行扩展(见表12-1)。

"二分法"中的第一个维度是产业技术成熟度[1],按照这一标准,可以将制造业的产业类型划分为传统产业、新兴产业和未来产业。第二个维度是产业竞争力,可以将制造业的产业类型划分为优势产业和短板产业。两个维度的有机结合为全面理解新时代推进新型工业化的产业结构优化升级提供了新的方法论和理论框架。例如,新兴产业属于产业技术成熟度中等产业,我国新兴产业中的优势产业有通信设备、新能源汽车、光伏、锂电等中高技术产业,这是我国近年来快速崛起的优势产业领域,要持续巩固这

---

1 产业技术成熟度不仅能够反映当下不同类型产业技术水平的高低,还能从动态、演进视角反映新旧技术的发展趋势、演变迭代、普及应用、产业化程度等方面。

些产业的领跑优势。同时，也要看到新兴产业中的短板产业有生物医药、航空航天等基于科学的高技术产业，这是未来一段时期内我国亟须迎头追赶上的产业，是需要政策持续加力和发力的领域。综合来看，这种"二分法"划分标准与传统产业结构优化升级理论相比内涵极其丰富、政策指导性更强，从本质上揭示出处于后发追赶阶段的发展中国家推动产业结构优化升级，加快建设现代产业体系，就是要依靠技术推动、创新驱动追赶产业前沿、塑造竞争优势，改变后发国家在全球产业分工格局中的地位，加快建设制造强国。

表 12-1　面向推进新型工业化的产业结构优化升级理论框架

产业全球竞争优势水平	产业技术成熟度水平高（传统产业）	产业技术成熟度水平中（新兴产业）	产业技术成熟度水平低（未来产业）
高（优势产业）	纺织服装、家电等中低技术产业，轮船等规模经济明显的中等技术产业	通信设备、新能源汽车、光伏、锂电等中高技术产业	人工智能、人形机器人、元宇宙等基于数字化的未来产业
低（短板产业）	产业成熟，隐性知识多，技术积累多，尚未完成追赶的中等技术产业，部分装备制造业（如数控机床、机器人、航空发动机）	生物医药、航空航天等基于科学的高技术产业	合成生物、室温超导等基于生物、新材料等技术的未来产业

来源：中国信息通信研究院整理。

（二）前瞻布局未来产业

1. 未来产业的内涵

未来产业代表科技创新和产业创新发展最前沿，表现为先进科技引领、交叉融合应用和颠覆性技术创新。2016 年，曾任美国白宫创新科技顾问的亚历克·罗斯撰写了《未来产业》一书，将"未来产业"概念推广到全球。发展未来产业是打造全球竞争新优势，抢占国际竞争制高点的战略"先手棋"，更是重塑全球创新版图与经济格局最活跃的变革力量。近年来，美国、日本、欧盟等世界主要经济体纷纷出台重大政策或战略规划，加速布局未来产业，积极抢占发展制高点。例如，美国将人工智能、量子信息科学、先进通信网络、先进制造和生物技术等作为未来产业布局的重点领域；日本将人工智能、超算、大数据、卫星、清洁能源、生物技术等领域作为发展重点；欧盟相继在人工智能、量子技术、自动驾驶、生物科技、低碳技术、数字健康、氢技术、新一代通信、空天科技、纳米技术等领域布局。

　　未来产业具有高成长特征，前沿技术一旦跨越从产品投入生产到大规模产业化的"达尔文之海"，就会催生规模庞大的新兴产业链与产业集群，是实现经济总量跃升最重要的新增长点。未来产业带来了技术经济范式的又一次根本性变革，即未来产业不再是先产生新技术，然后新技术向产业扩散，最后实现新技术大规模应用，而是新技术与产业发展同步进行，甚至产业而非传统的科研院所就是孕育新技术的载体，避免了二次创新开发对资源的浪费与消耗。未来产业表明"基础研究—产业应用循环范式"正在取代传统的基础研究和应用研究的"四象限创新范式"，产业发展和创新能力之间存在一种正反馈机制。前瞻布局未来产业是前瞻布局前沿技术、原创性和颠覆性技术，是推动新技术从传统的线性创新管道转变为以产业界为主导的内源式创新。

2. 未来产业的发展现状

　　"用明天的科技锻造后天的产业"，赢得未来产业就是赢得未来主导权，有效支撑和赋能推进新型工业化。当前，我国未来产业发展态势呈现出三大特征。

　　特征一是政策力度持续加强。从中央层面来看，我国"十四五"规划正式提出"未来产业"概念，明确提出实施未来产业孵化与加速计划，如推动人工智能、人形机器人、元宇宙、下一代互联网、6G、量子信息、生物制造、深海空天开发等前沿技术研发和应用推广。《工业和信息化部等七部门关于推动未来产业创新发展的实施意见》提出了未来制造、未来信息、未来材料、未来能源、未来空间和未来健康六大未来产业发展方向（见表12-2）。从地方层面来看，北京、上海、浙江等省市积极对未来产业发展进行前瞻布局，出台了未来产业发展的专项规划或行动计划。例如，《北京市促进未来产业创新发展实施方案》提出，到2035年，集聚一批具有国际影响力和话语权的创新主体，不断开辟产业新领域、新赛道，塑造发展新动能、新优势，形成若干全球占先的未来产业集群，建成开拓世界科技产业前沿的人才高地，成为全球未来产业发展的引领者。

表12-2　未来产业六大发展方向

方向	新赛道
未来制造	发展智能制造、生物制造、纳米制造、激光制造、循环制造，突破智能控制、智能传感、模拟仿真等关键核心技术，推广柔性制造、共享制造等模式，推动工业互联网、工业元宇宙等发展
未来信息	推动下一代移动通信、卫星互联网、量子信息等技术产业化应用，加快量子、光子等计算技术创新突破，加速类脑智能、群体智能、大模型等深度赋能，加速培育智能产业
未来材料	推动有色金属、化工、无机非金属等先进基础材料升级，发展高性能碳纤维、先进半导体等关键战略材料，加快超导材料等前沿新材料创新应用
未来能源	聚焦核能、氢能、生物质能等重点领域，打造"采集—存储—运输—应用"全链条的未来能源装备体系。研发新型晶硅太阳能电池、薄膜太阳能电池等高效太阳能电池及相关电子专用设备，加快发展新型储能，推动能源电子产业融合升级
未来空间	聚焦空天、深海、深地等领域，研制载人航天、探月探火、卫星导航、临空无人系统、先进高效航空器等高端装备，加快深海潜水器、深海作业装备、深海搜救探测设备、深海智能无人平台等研制及创新应用，推动深地资源探采、城市地下空间开发利用、极地探测与作业等领域装备研制

方向	新赛道
未来健康	加快细胞和基因技术、合成生物、生物育种等前沿技术产业化，推动5G/6G、元宇宙、人工智能等技术赋能新型医疗服务，研发融合数字孪生、脑机交互等先进技术的高端医疗装备和健康用品

来源：工业和信息化部。

特征二是核心技术不断突破。现阶段，我国在先进通信、量子信息、类脑智能、脑机接口等领域超前布局，加快技术创新攻关，核心技术多点开花，取得重大突破。在先进通信领域，我国 6G 技术研发迈入全球第一梯队，2023 年 6 月，我国提出的 5 类 6G 典型场景和 14 个关键能力指标全部被国际电信联盟采纳并写入 6G 愿景需求建议书，引领全球 6G 发展走向。在量子信息领域，我国已成功构建天地一体化广域量子保密通信网络。在通用人工智能领域，2024 年 5 月，美国安全与新兴技术中心（CSET）发布的研究报告显示，在当今世界超过一半的人工智能最热门领域中，中国的研究领先美国，且人工智能研究论文总数和高引用率论文数都名列前茅。

特征三是企业主体抢先布局。在 6G 领域，三大运营商及华为、中兴通讯等通信行业企业已经宣布进行 6G 相关技术的预研和储备。中国航天科技集团正在推进鸿雁全球卫星星座通信系统，发射实验卫星，布局卫星互联网。在通用人工智能大模型领域，10 亿参数规模以上大模型数量已超百个，如百度"文心一言"、商汤科技"书生·浦语 2.5"等。在量子通信方面，华为、中兴通讯等与中国移动、中国电信和中国联通等合作开展政务、能源、金融等领域量子通信场景创新相关工作。

与此同时，我国未来产业发展也面临着以下 3 方面的潜在挑战。一是未来产业最大的特点是科技创新驱动，而我国原始创新能力还相对薄弱。

当前，科学技术和经济社会发展加速渗透融合，国际科技竞争向基础前沿前移。以人工智能为例，AlphaGo、ChatGPT、Sora 等人工智能颠覆性创新均由美国产业界首先提出，我国人工智能基础理论和原创算法发展还存在若干薄弱环节，颠覆性创新方面差距明显。二是未来产业的产业生态仍不完善，科技创新和产业创新深度融合不足。当前，科学研究范式发生深刻变革，新技术领域基础研究和应用研究边界逐渐模糊，打破了从基础研究到应用研究再到产业化的传统线性创新范式。进入复杂科学时代，基础研究与实际应用的结合更加紧密，有研究显示基础研究的商业见效周期已经从 20 世纪 70、80 年代的 7 年缩短到目前的 3 ～ 5 年，基础研究转化周期明显缩短。以人工智能为例，ChatGPT 使用的核心技术变换器模型（Transformer），正是谷歌在 2017 年提出的一种采用注意力机制的深度学习模型，作为人工智能基础研究向前迈出的重要一步，几乎是同步实现商业化应用。三是顶尖科技人才和战略科学家数量不足，我国引领未来产业进步方向的"关键少数"缺失。以人工智能为例，美国 CSET 数据进一步显示，人工智能领域全球前 100 名顶尖科学家中我国仅有个位数，而美国仅微软、脸书、谷歌和苹果 4 家公司就雇用了近 40 人。美国保尔森基金会智库数据显示，57% 的全球最顶尖人工智能人才首选在美国就业，而我国仅有 12%。

3. 抢占未来产业制高点的策略建议

要壮大未来产业发展主体。未来产业发展需要市场主体的广泛参与，既要有龙头企业"顶天立地"，又要有中小企业"铺天盖地"，还要面向产业发展需求布局完善创新平台网络，构建国家制造业创新基础设施。一方面，鼓励引导大企业关注未来技术发展态势，发挥其在产品架构设计、产业发展方向等方面的引领作用，打造未来产业国家队。支持培育更多具有使命感的初创企业，在重点行业打造一批独角兽企业和瞪羚企业，发挥中小企业在前沿技术和适应新市场需求方面的探索优势,支持企业申请专精特新资质认定,推出更具全球竞争力和更符合未来发展方向的新产品。另一方面,打造新型创新载体。围绕未来产业重点领域和重点方向,聚合学术界、产业界等多方力量,构建起"理论探索—基础研究—工程化中试—产业化"的创新链条。支持科技创新资源密集的地区,面向关键核心技术领域建立制造业创新中心、中试平台、共性技术平台等,催动创新主体针对重点问题开展协同攻关。

要激发未来产业发展动力。市场需求是未来产业商业化和大规模产业化的支撑条件。在未来产业发展的整个生命周期中,技术创新供给和市场需求应相互作用、协同共进,形成正向的反馈循环。一方面,丰富技术产品供给。针对基础科学和前沿技术开展协同攻关,力争在关键共性技术领域实现更多"从 0 到 1"的突破,在前沿优势领域实现更多"从 1 到 100"的突破。围绕未来产业企业种子期、初创期、成长期、成熟期等创新创业全过程,打造一批未来产业加速器、未来产业科技园,构建"众创空间—孵化器—加速器—科技园"的未来产业全链条孵化体系。另一方面,加速应用场景培育。聚焦未来城市、未来工厂、未来市场等领域,主动谋划一批未来产业高价值重大场景,充分发挥应用场景试验空间、市场需求、弹性政策的复合载体功能。挖掘未来产业创新场景,建立常态化的未来产业场景清单征集、遴选、发布机制。

要筑牢未来产业发展支撑。充足的资源是孕育颠覆性产品的基础和必要条件,同时要打造市场化、法治化、国际化的一流营商环境,注重知识产权保护和标准制定。一方面,加强资源要素支持。加大对重大科研基础设施的开放共享,面向重点行业汇聚高质量的行业数据资源库。支持高校根据未来产业人才需求设立相关学科,建设未来产业专业人才库和专家库。

鼓励银行等金融机构探索设立风险补偿专项资金，优化风险拨备资金、保险计划等补偿措施。另一方面，营造良好发展环境。推动建设国内未来产业标准化组织，加快推进标准研制。完善未来产业关键领域自主知识产权建设及储备机制。优化提升未来产业营商环境，营造尊重人才、鼓励创新、宽容失败与失误的创新创业环境。

专栏一　前瞻布局未来产业：人形机器人

人形机器人是指具有人的形态和功能的机器人，即具有拟人的肢体、运动与作业技能，以及感知、学习和认知能力的机器人。1962年，世界上第一款量产的实用机器人"VERSTRAN"诞生于美国，与Unimation公司生产的"UNIMATE"机械臂一起，成为世界上最早商用的工业机器人，由此拉开了机器人发展的序幕。人形机器人起步于20世纪60年代后期，以日本和美国的研究成果最为瞩目。以WABOT-1的问世为标志，人形机器人进入了全尺寸初级行走阶段；此后ASIMO的推出，标志着系统高度集成的人形机器人已经可以被制造出来；进入21世纪之后，以波士顿动力为代表的公司持续推出运动能力更强的机器人版本，2022年9月，特斯拉展示了Optimus机器人工程机，代表着人形机器人进入加速产业化阶段，这是由于特斯拉在AI模型算法、AI芯片层面的领先，以及在与人形机器人产业相似程度较高、可以复用的自动驾驶汽车领域的深厚积累。

我国对于人形机器人的研究相较于国外起步较晚，但行业发展较为迅速，这主要得益于2020年以来的技术突破和政策赋能，该领域优质企业不断脱颖而出，商业落地是目前行业重点探索方向。国内人形机器人公司百花齐放。2018 年，我国人形机器人产业开始崭露头角，优必选 Walker 第一代产品参加国际消费类电子产品展览会（CES）；2022 年，小米首款全尺寸人形仿生机器人 CyberOne 亮相秋季发布会；2023 年 7 月，在 2023 世界人工智能大会开幕式上，我国的企业傅利叶智能发布了其最新研发的一款通用人形机器人 GR-1，引发业内强烈关注，被视为通用人形机器人时代的里程碑。2023 年 8 月，在北京机器人大会上，四足机器人公司宇树科技和云深处科技及创业公司智元机器人相继推出人形机器人，至此人形机器人设计已经进入百花齐放的阶段。

当前，我国在人形机器人技术创新、场景应用和产生生态等方面，还存在一些亟须解决的问题，如共性关键技术有待提升，产品成本高限制商业化应用推广，商业化落地场景缺乏阻碍产业化进程。为推动我国人形机器人产业高质量发展，建议从以下 3 方面入手。第一，突破关键技术。支持龙头企业牵头联合产学研用组成创新联合体，加快人形机器人与元宇宙、脑机接口等前沿技术融合，打造人形机器人"大脑"和"小脑"，突破"肢体"关键技术。第二，拓展场景应用。打造制造业典型场景，聚焦 3C、汽车等制造业重点领域，提升人形机器人工具操作与任务执行能力，面向结构化生产制造环节，推动人形机器人在装配、转运、检测、维护等工序的应用和推广。面向非结构化生产制造环节，加强人形机器人与设备、人员、环境协作交互能力，支撑柔性化、定制化生产制造。第三，营造产业生态，完善创新载体和开源环境。支持建设人形机器人重点实验室、制造业创新中心，建设人形机器人开源社区，推进开源基金会能力建设，加大对重点企业开源项目的支持力度。推动产业集聚发展，引导人形机器人创新要素向基础好、潜力大的地区汇聚。

资料来源：中关村机器人产业创新中心。

（三）培育壮大新兴产业

1. 新兴产业的内涵

新兴产业作为产业发展的新支柱、新赛道，往往在每一轮产业革命发生及发展过程中得到"潮涌式"显现。新兴产业经常以颠覆性技术实现生产力的突破，推动高质量发展，是新质生产力的重要载体。2010 年，《国务院关于加快培育和发展战略性新兴产业的决定》指出，加快培育和发展战略性新兴产业对推进我国现代化建设具有重要战略意义。根据国家统计局制定的《工业战略性新兴产业分类目录（2023）》，我国战略性新兴产业涵盖新一代信息技术、高端装备制造、新材料、生物、新能源汽车、新能源、节能环保、航空航天、海洋装备 9 大类产业，呈现出重点领域发展壮大、新增长点涌现、创新能级跃升、竞争实力增强的良好局面（见表 12-3）。从内涵上来看，新兴产业是市场前景广阔、科技创新引领能力较强、有利于未来经济可持续增长的产业，在国民经济中具有重要战略地位，对产业结构转型升级具有决定性促进作用。一方面，新兴产业具有"新兴性"，通常是以新兴技术为基础且处于孕育期或成长期的产业。另一方面，新兴产业也具有"战略性"，通常是对经济社会发展、国家竞争力、国家安全具有全局性影响的产业。

表 12-3　工业战略性新兴产业分类目录（2023）

大类	中类
新一代信息技术	下一代信息网络、电子核心产业、人工智能、数字创意技术设备制造
高端装备制造	智能制造装备、轨道交通装备
新材料	先进钢铁材料、先进有色金属材料、先进石化化工新材料、先进无机非金属材料、高性能纤维及制品和复合材料、前沿新材料、先进煤基化工新材料制造
生物	生物医药、生物医学工程、生物农业及相关产业、生物质能产业、其他生物业
新能源汽车	新能源汽车整车制造、新能源汽车装置、配件制造、新能源汽车相关设施
新能源	核电、风能、太阳能、生物质能及其他新能源、智能电网、煤基新型燃料制造、氢能
节能环保	高效节能产业、先进环保产业、资源循环利用产业
航空航天	航空装备产业、卫星及应用产业
海洋装备	海洋装备制造、深海石油钻探设备制造、其他海洋相关设备与产品制造、海洋环境监测与探测装备制造、海水淡化活动

来源：国家统计局。

　　发展新兴产业是一个国家或地区实现工业由大到强的动力和引擎。一方面，工业大国向工业强国转变，就必须从产业发展的"跟随者"变为"领导者"，不能再依靠其他国家或地区产业的简单转移，因此必然要求依靠自主创新能力，大力发展新兴产业，推动生产力水平大幅提高。另一方面，全球科技创新已经进入空前活跃期，众多颠覆性创新呈现指数级增长，并在各产业中广泛渗透，特别是信息化、数字化、智能化带来的新技术突破已经广泛渗透到生产、消费的各个环节、各个方面，推动着全新产业的发展，也促使很多传统产业融合新技术、新产品、新业态、新模式快速发展成为新兴产业。

2. 新兴产业的发展现状

　　近年来，我国新兴产业不断发展壮大，以新兴产业为代表的新质生产力快速形成，有效释放经济发展新动能。

经济发展引擎作用明显。当前，新一代信息技术、生物、高端装备制造等领域产业链发展优势得到巩固。工业和信息化部数据显示，2023 年，我国规模以上电子信息制造业增加值同比增长 3.4%，主要产品中，手机产量 15.7 亿台，同比增长 6.9%，行业生产恢复向好，效益逐步恢复。2023 年，规模以上电子信息制造业实现营业收入 15.1 万亿元，营业收入利润率为 4.2%，电子信息制造业固定资产投资同比增长 9.3%，比同期工业投资增速高 0.3 个百分点。2022 年医药制造业营业收入达到 2.9 万亿元，较 2020 年增长 16.2%。2022 年我国工业机器人产量达到 44.3 万套，稳居全球第一。我国战略性新兴产业经过 10 余年的快速发展，企业规模不断壮大，截至 2023 年年底，战略性新兴产业企业总数已突破 200 万家。其中，生物产业、相关服务业和新一代信息技术产业企业占比最多，分别为 25%、19% 和 17%。

产业创新能力持续增强。依托完善创新服务生态、深化科技创新能力建设，我国新兴产业创新链得到进一步夯实。我国全社会研究与试验发展（R&D）经费继续保持 10% 以上的增长，投入总量迈上 3 万亿元新台阶，R&D 经费投入强度提升较快，跃上 2.5% 的新高度。同时，2022 年战略性新兴产业上市公司研发投入强度达到 8.5%，是社会总体研发投入强度的 3 倍以上，为我国创新能力不断提升发挥了积极作用。截至 2023 年年底，我国国内高价值发明专利拥有量中，属于战略性新兴产业的有效发明专利达到 116.6 万件，同比增长 22.5%，所占比重为 70.0%，战略性新兴产业创新更加活跃，为重点产业创新发展提供了有力支撑。围绕融合化和集群化两大主题，在全国范围内布局建设了 66 个国家级战略性新兴产业集群，对资源要素的吸引和集聚功能不断增强，形成了一些可复制推广的经验做法。

要素资源保障更加有力。各地发挥对新兴产业重大工程项目投资牵引作用，谋划长远布局，积极出台了一系列政策措施加强资金支持，按市场化方式引导带动社会资本支持新兴产业发展，强化新兴产业资金链保障，"科技—产业—金融"良性循环格局加速形成。2023年我国高技术产业投资增势较好。高技术产业投资增长10.3%，高于全部投资7.3个百分点。其中，高技术制造业、高技术服务业投资分别增长9.9%、11.4%。在高技术制造业中，航空、航天器及设备制造业，计算机及办公设备制造业，电子及通信设备制造业投资分别增长18.4%、14.5%、11.1%；在高技术服务业中，科技成果转化服务业、电子商务服务业投资分别增长31.8%、29.2%。2023年，国有企业战略性新兴产业投资增速达到32%，营业收入首次超过10万亿元。

我国新兴产业发展虽然取得显著成效，但也存在关键核心技术受制于人、产业规模整体偏小、产业发展趋同严重等一系列问题和挑战。

从技术创新能力来看，我国关键核心技术受制于人仍未有效突破。相关研究指出，我国战略性新兴产业的短板产业包括信息技术、数控机床和机器人、航空航天装备、海洋工程装备及高技术的船舶、先进轨道交通、节能与新能源汽车、电力装备、农业装备、新材料、生物医药及高性能的医疗器械等。从产品类别来看，核反应堆、锅炉及机械用具、光学及摄影设备、度量仪表、精密及内外科仪器、电动机等是我国短板领域。机械设备及其零件制品、微球、环氧树脂等都是我国的科技短板。尽管新材料、生物医药、节能与新能源汽车等产业发展速度较快，但产业链部分环节依然存在核心技术落后于世界先进水平的情况。核心基础零部件、关键基础材料、先进基础、工艺行业技术基础都是我国新兴产业技术薄弱领域。

从新兴产业规模来看，我国新兴产业对经济发展能力不足。我国新兴产业成长速度很快，过去几年增速增长都在10%以上，远远超过传统产业的增长速度。这些新兴产业以新技术、新模式、新业态激发新需求，推动生产规模迅速扩张以获得良好的市场效益，政策效应、金融市场又为这些新兴产业进一步的研发投入、创新发展注入新的动力。但是，我国新兴产业所创造的 GDP 占全国 GDP 的比重比较小，2023 年，我国战略性新兴产业增加值占 GDP 的比重达 17%，不足以支撑我国经济的快速发展。当前，我国制造业产业发展正处于结构转型期，多数传统产业发展进入平台期，增长速度明显放缓，而医药、电子等新兴产业增速长期快于制造业，但产业规模不大、占比不高，难以抵消传统产业增速下降的影响。同时，近年来部分高技术制造业增速有所回落，支撑制造业实现整体升级发展难度加大，制造业产业体系正面临"结构性陷阱"（见图 12-1）。

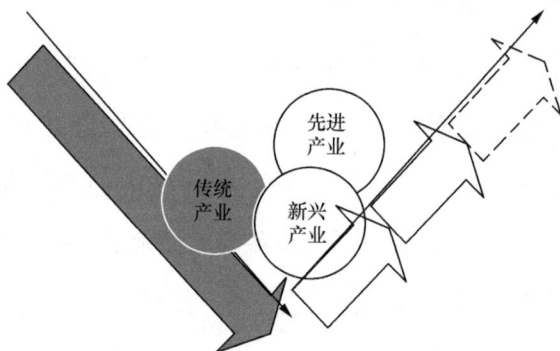

来源：芮明杰，构建现代产业体系的战略思路、目标与路径，《中国工业经济》，2018。

图 12-1 制造业产业体系的"结构性陷阱"

从产业区域布局来看，新兴产业发展存在趋同情况。我国各地战略性新兴产业无论是从产业发展现状还是从产业政策规划上来看都具有一定趋同性。大部分地区的战略性新兴产业发展方向存在严重的趋同性，未结合自身经济发展特色和资源禀赋科学规划发展路径，而是盲目地向新能源、节能环保、信息、新材料、生物医药等产业集中。国家层面战略性新兴产业的未来发展方向是基于世界经济当前与预期发展形势，围绕未来发展机遇与挑战而作出的重大决策，但区域乃至微观层面的战略性新兴产业则应体现因地制宜的特点，根据各地区在经济发展模式、技术水平、社会文化、资源禀赋等方面的不同，科学制定体现出区域特色和区位优势的地区发展规划，避免盲目复制国家或其他地区的产业发展规划，否则会导致低水平的恶性竞争、重复建设、产能过剩等问题出现。

3. 突破新兴产业卡点的策略建议

培育壮大新兴产业，要充分用好国内大市场和丰富应用场景，系统推进技术创新、规模化发展和产业生态建设，突破新兴产业发展堵点，推动新兴产业健康有序发展。

要加快推进技术创新，构建自主引领的产业链、创新链体系。实现创新链自主可控是战略性新兴产业发展的原动力。要发挥新型举国体制优势，加大创新投入，建立健全政、产、学、研、用相结合的产业技术创新体系。集中突破战略性新兴产业中高端功能材料、集成电路基础生产工艺与核心装备、飞机及航空发动机等关键技术。加强关键材料、工艺、零部件的协同研发，探索科技与产业协调、成果和应用互动的新模式，提高重点领域和关键环节的创新能力。积极发挥创新型领军企业潜力。加大对创新型、引领型新兴产业企业的支持和引导，支持有条件的企业开展基础研究和关键核心技术攻关。政府要组织实施战略性新兴产业企业创新能力提升专项计划，成立研创项目专项基金，搭建服务于中小企业技术创新的公共平台，加快构建以战略性新兴产业企业为主体的协同创新支撑体系。

要加快推进规模化发展，构建释放新技术和新产品需求的政策体系。从战略性新兴产业高质量发展的目标出发，形成需求牵引供给、供给创造需求的高质量动态平衡。在供给侧，放开市场准入限制，激活新产品市场活力，提升市场产品与服务的多样化与专业化水平。在需求侧，鼓励个人、政府和企事业单位积极采购战略性新兴产业领域的新产品、新技术、新服务，拓宽产品在生活和工作上的应用场景。在科技创新落地的同时，推动新型消费发展。加快新型消费基础设施建设和消费应用场景升级，完善与主要应用场景相应配套的新型基础设施建设。推动线上线下消费有机融合，加大对新型消费的政策支持力度，进一步加大促进新型消费的财政支出，优化企业融资渠道，提升新型消费领域金融服务水平。

要加快推进产业生态建设，构建梯次发展新兴产业集群体系。一方面，优化各类集群的区域和领域布局，聚焦工程机械、轨道交通、光电子信息、能源电力装备等领域，打造世界级先进制造业集群；聚焦新型显示器件、集成电路、人工智能等领域，打造若干具有跨行业、跨区域带动作用和国际竞争力的数字产业集群；加大对产业集群中可再生能源、能效改进和环境基础设施的投资，吸引企业在特定区域建设绿色产业园区，打造高效生态绿色产业集群。另一方面，加强政策协同，加快建立跨部门、跨区域协调机制和产业集群垂直管理机制，支持各类产业集群核心承载区设立集群运营机构，构建"主管部门—产业集群—运营机构"上下协同机制。国家层面要动态评估集群建设情况，加大分类指导和支持力度。各地要立足优势特色产业基础和发展定位，明确突破口、找准发力点，积极储备一批具有良好基础和发展潜力的产业集群，瞄准本地集群升级创新的薄弱环节，发挥好政策"组合拳"效力，精准提升集群升级和创新发展的能级。

专栏二　培育壮大新兴产业：新一代信息技术产业

当前，以新一代信息技术为代表的数字技术是新工业革命中最大的技术变量，是支撑我国工业化发展的重要力量。每一次信息技术的迭代升级，对工业化的支撑作用也会阶梯跃升。早期，信息技术主要通过管理信息化和生产自动化来推动工业局部优化和效率提升，起到的是辅助支撑作用。2012年以来，工业互联网、大数据等技术的发展，推动工业网络化集成与最大化提升效率，推动业务变革，创造新商业模式，从而助力破解更多工业化难题，推动工业朝着效率更高、动力更强、结构更优的方向发展，成为到2035年基本实现新型工业化的核心支撑。

我国新一代信息技术产业发展成就主要表现在以下4方面。一是产业规模迈上新台阶。2013—2023年，我国规模以上电子信息制造业增加值年均增速达10.5%，营业收入从9.3万亿元增长至15.1万亿元，年均复合增速5%，2023年实现利润总额6411亿元，固定资产投资同比增长9.3%，比同期工业投资增速高0.3个百分点。二是新型基础设施建设成效显著。截至2023年年底，我国提供算力服务的在用机架数达到810万标准机架，算力总规模居全球第二位，我国具有一定影响力的工业互联网平台超340个，连接近亿台（套）工业设备，且融入49个国民经济大类，覆盖全部工业大类。截至2024年4月底，我国累计建成5G基站374.8万个，每万人拥有5G基站数超26个，建成5G行业专网超过3万个。三是关键核心技术不断取得新突破。集成电路、新型显示、5G等领域技术创新密集涌现，5G标准必要专利声明量全球占比超42%，工业级5G芯片、模组、网关等一系列关键技术均实现突破。四是融合应用探索新空间取得新成效。新一代信息技术产业赋能、赋值、赋智作用持续显现，面向教育、金融、能源、医疗、交通等领域典型应用场景的软件产品和解决方案不断涌现。云直播、云旅游等新应用、新模式层出不穷。5G 在采矿业、电力、医疗等重点行业实现规模复制，截至 2024 年 5 月底，"5G+ 工业互联网"项目超过 1.3 万个，连接的设备超过 8900 万台（套）。

在取得发展成就的同时，我国新一代信息技术产业发展仍然面临着一系列问题，主要表现为：一是产业链供应链脆弱，产品处于价值链中低端，产业链供应链存在断裂风险；二是产业基础薄弱，关键核心技术存在短板，原始创新和协同创新能力亟须加强；三是新技术与各领域融合应用的广度和深度需要进一步深化，企业软件化能力较弱，制约数字化发展进程；四是产业生态国际竞争力亟待提升，企业小散弱，产业结构需要进一步优化；五是发展环境仍需完善，"重硬轻软"现象依然严重，人才供需矛盾突出，知识产权保护需要进一步加强。为推动我国新一代信息技术产业高质量发展，建议从以下 4 方面入手。一是加快创新驱动，完善产业链条。围绕产业链关键环节加强攻关突破，加快建设制造业创新中心，引导产业链各环节协同创新，促进产业高质量发展。二是推动应用牵引，增强发展动能。面向重大活动和应用场景，加快新技术在重点行业领域融合创新发展，促进终端普及和内容繁荣，赋能千行百业。三是坚持系统观念，构筑产业生态。引导市场主体共建关键共性技术标准和应用生态，提升产业基础能力，发挥龙头企业牵引作用，打造产业集群。四是加强开放合作，实现共赢发展。发挥行业组织作用，搭建国际性交流合作平台，促进国内外资源交流和优势互补，共创发展机遇。

资料来源：工业和信息化部。

（四）改造升级传统产业

1. 传统产业的内涵

传统产业是指发展时间长、规模体量大、市场需求广、就业吸纳能力强、以劳动密集型和资金密集型为主的产业，其在国民经济发展中发挥了基础性支柱作用。我国传统产业包括钢铁、有色金属、石化化工、建材、轻工、机械、纺织服装、食品、中药等，生产的产品都是我们日常生活中不可或缺的东西。从国民经济行业统计分类来看，传统产业涉及 30 个制造业大类，主要包括 27 个大类、160 个中类、518 个小类。按大类测算，这些产业的增加值、营收、利润、用工人数等主要指标都占全部制造业的 80% 左右。传统产业是我国外贸出口的"主力军"，家电、纺织、家具、钢铝材及塑料制品仍然占据着我国出口品类的前几位。传统产业对稳就业具有重要作用，是吸纳非熟练劳动力，为低技能劳动者提供就业机会的就业"稳定器"。

从现代化产业体系建设全局来看，传统产业是工业经济的"压舱石"，也是我国制造业发展的基本盘，更是推进实现新型工业化的基础底座。一方面，传统产业改造升级对技术、设备、软件依赖程度越来越高，是数字技术、智能制造、绿色技术等新兴技术发挥应用的重要场景，为高新技术和新兴产业发展提供大规模的市场需求；另一方面，高新技术产业也高度依赖传统产业提供的能源、原材料、零部件和工业制成品等基础支撑。综合来看，传统产业是技术成熟度高而非技术水平落后的产业，这也就意味着传统产业既不是低端产业，更不是落后产业，让传统产业简单退出将造成国内产业空心化，给国民经济带来巨大风险。

2. 传统产业的发展现状

一个时期的先进技术随着时间推移会被更新、更先进的技术所替代，具有它所处时代的典型特征。推动传统产业转型升级是我国从制造大国走向制造强国的必经之路。当前，传统产业高端化、智能化、绿色化升级改造具有广阔发展空间。

高端化将为传统产业创造新的市场前景。在生产领域，高端化对传统产业的精密制造能力和精益制造能力提出了更高的要求。以钢铁产业为例，"手撕钢"是中国制造迈向中高端的缩影。几年前，我国钢铁企业成立了"手撕钢"创新研发团队，攻克了轧机设备、轧制方法等几百个技术难题，不仅刷新了"手撕钢"的世界纪录、满足了折叠屏手机的生产需求，还成为国防科技、航空航天、精密仪器等领域不可或缺的材料，相关企业完成从传统钢铁企业向先进制造业企业的转变。

智能化大幅提升传统产业的生产效率。在提升生产效率方面，通过大力推进企业"智改数转网联"，以场景化方式推动数字化车间和智能工厂建设，帮助企业打造生产过程的全流程数字化、可视化、信息化管理，实现精准的生产计划；对生产环境、设备运行状态、原材料质量等信息实现实时监测和采集，帮助企业及时发现问题，从而大幅提升传统产业的生产效率和管理水平，使企业能够高效完成生产任务，降低物流、损耗等方面的成本。从国家级智能制造示范工厂的实践来看，在钢铁、建材、民爆等传统产业领域，通过智能化改造，工厂安全水平大幅提升，碳排放减少约12%。2023年，工业和信息化部制造业数字化转型行动和智能制造工程服务工业企业18.3万家，约占我国规模以上工业企业总数的38%。

绿色化为传统产业转型升级提供新路径。当前，我国绿色制造体系正在加速形成。国家层面累计培育建设绿色工厂5095家、绿色工业园区371家。初步测算，绿色工业园区平均固体废弃物处置利用率超过95%。绿色制造工程的深入实施，不仅有效提升了制造业质量效益和竞争力，促进降碳、减污、扩绿、增长协同推进，还为城乡居民提供了丰富多彩的绿色低碳产品，带动了城乡居民生活方式的绿色化转型。同时，我国积极完善绿色制造和服务体系，全面推行绿色设计，制修订了一批节能减排降碳节水、资源综合利用和绿色制造等重点领域标准。这些举措引导了传统制造业落后产能的有序退出，遏制了高耗能、高排放、低水平项目的盲目"上马"，又促进了传统制造业提高资源利用效率，推动了经济社会可持续发展。

与此同时，我国传统制造业"大而不强""全而不精"问题仍然突出。从内部来看，我国传统制造业面临着低端供给过剩和高端供给不足并存、产业基础不牢、资源约束趋紧、要素成本上升等问题，从外部来看，我国传统制造业面临着国际竞争加剧，这既有主张包括纺织、钢铁、化工等传统产业在内的制造业回流，又有西方国家引导全球产业链脱离我国，布局印度、越南等劳动力成本更低的国家。这使我国巩固提升竞争优势面临较大挑战，需要加快推动我国传统制造业实现转型升级。

3. 打通传统产业堵点的策略建议

传统产业改造升级，也能发展新质生产力。传统制造业是制造业转型升级的主要战场，推动传统制造业转型升级是发展先进生产力的关键举措。推动传统产业转型升级要从以下两方面持续发力。

一方面，要瞄准高端化、智能化、绿色化、融合化方向，实施制造业重大技术改造升级和大规模设备更新工程。一是设备更新。聚焦重点行业坚持市场化推进、标准化引领，实施先进设备和软件一体化更新提升行动，淘汰一批低效老旧设备。二是工艺升级。持续推动产业科技创新，鼓励面向传统产业开展关键共性技术工艺研究和产业化应用示范，加强新技术、新产品创新迭代，着力增品种、提品质、创品牌。三是数字赋能。深入实施制造业数字化转型行动，加快人工智能、大数据、云计算、5G等数字技术与传统产业深度融合，推广应用工业机器人、智能物流等智能装备，支持建设一批智能工厂、数字化供应链和数字园区。四是绿色发展。扎实推进重点行业节能降碳改造，加快电机、锅炉等重点用能设备更新换代，扩大固体废弃物处理和节水设备应用，建设一批绿色工厂，积极发展绿色低碳产业。五是安全保障。加快石化行业老旧装置综合技改，民用爆炸物品行业的"机械化换人、自动化减人、机器人替人"，加大制造业安全技术和装备推广应用力度，提升企业本质安全水平。

另一方面，加大资金、技术、人才支持力度，完善要素市场及支持政策。一是加大财政资金支持力度。推动设立传统制造业转型升级专项资金，支持传统制造业企业向高端化、智能化、绿色化、融合化等方向转型。推广政府购买服务模式，以成本价为企业提供数字化、绿色化转型咨询诊断服务，助力企业有针对性地加快推进数字化、绿色化转型。二是加强金融支持。深化传统制造业产融合作，引导多元化、多渠道社会资金投入，鼓励金融机构按照风险可控、商业可持续原则，向传统制造业企业提供综合性金融服务。确保传统产业能够享受相关普惠政策的支持。不可"一刀切"地按"两高一资"等标准，简单对煤化工、钢铁、水泥等高碳行业进行融资限制。引导银行或投资机构向传统产业企业有条件地提供转型资金。三是加强人才队伍建设。深入推进产教结合，会同研究院所、行业组织协同推动传统制造业领域数字人才培养，加快建设多层次、体系化、高水平的复合型人才队伍。依托创新中心、实训基地等载体，打造产学研融合、区域协调联动和公益商业配合的人才培养模式。组织举办传统制造业转型升级相关主题的宣贯推广活动，深化多方交流合作，提升企业数字化思维。鼓励企业创新激励机制，建立适应传统制造业转型升级发展需求的人事制度、薪酬制度和评价机制，充分激发人力资本的创新潜能。四是营造良好发展环境。坚决摒弃将传统产业视为低端产业简单退出的错误观念和做法，破除制约传统产业改造升级的政策壁垒，增强企业发展信心、稳定发展预期。深化"放管服"改革，完善"两高"管理制度，科学细化"两高"目录，避免对传统产业一刀切。维护良好市场秩序，重点查处假冒伪劣、恶性竞争等违法行为。

专栏三　改造升级传统产业：纺织工业

纺织工业是我国最大的传统产业，也是我国工业化的先导产业和重要的民生产业。我国在20世纪80年代到达了工业革命的临界点，旗舰产业就是纺织业。20世纪70年代末，门类齐全、产业链完整的纺织工业体系基本建成，为我国后续的发展腾飞奠定了基础。为促进纺织工业发展，政府推出了一项被称作"六优先"的政策，纺织工业在以下6个方面获得了优待，包括原材料供应、能源和电力、银行贷款、外汇、引进先进技术与交通运输。到20世纪90年代，我国拥有各类纺织企业24000家，雇佣800万工人，占出口总额的20%以上。2001年，我国加入世界贸易组织后，凭借着丰富的劳动力和土地资源优势，纺织工业开始参与全球发展和国际市场竞争，成为重要的出口和贸易顺差行业。数据显示，1998—2022年，我国纺织工业的出口额从404亿美元猛增至3170亿美元，年均复合增速接近9%，同一时期的纺织工业贸易顺差从261亿美元快速上升至2855亿美元，占我国全部贸易顺差最高时超过200%，虽然持续下降，但占比仍然超过40%。

近年来，我国纺织工业面临的问题和挑战主要体现在以下4个方面。一是贸易环境高度不确定性。中国贸易救济信息网数据显示，1995—2024 年，全球对中国发起的贸易救济案件一共2394 起，其中涉及纺织工业196 起，占比 8%，涉及反倾销、反补贴、保障措施和特别保障措施等多种形式。二是综合成本上升削弱了纺织工业的国际比较优势。从劳动力角度来看，越南、柬埔寨纺织业工人的平均工资不到我国纺织业工人平均工资的 40%。此外，南亚及东南亚等国家和地区同我国相比也享有更多税收优惠，如越南、柬埔寨向日本出口纺织品及服装享受零关税优惠，越南向欧盟出口纺织品及服装关税逐年降至零。三是"双碳"约束下绿色低碳转型压力大。国际能源署数据显示，纺织工业是仅次于石化工业的第二大污染产业，占全球碳排放量的 10%。公开资料显示，在未受新冠肺炎疫情影响的 2019 年，我国纺织产业能源消费总量 1.07 亿吨标准煤，占全国能源消费总量的 2.2%、工业的 3.2%、制造业的 4.0%。四是纺织行业品牌优势不够显著。我国纺织企业更愿意同国际头部品牌构建紧密联系，以长期合作方式提供材料、加工成品，但这也意味着行业整体处在全球价值链的中低端，附加值高、利润高的高端服装品牌仍然被国外企业所占据，难以取得有效突破。

面对国际和国内发展环境和形势的深刻变化，我国纺织工业应积极把握需求增长与消费升级的趋势，抓住新一轮科技革命和产业变革的战略机遇，推动纺织工业转型升级，从纺织大国迈向纺织强国。一是要推进纺织工业向数字化、智能化、绿色化转型。要借助数字化、绿色化技术应用促进纺织生产方式的变革。二是要增强纺织工业产业创新能力与创新质量，抢抓关键环节。在新一轮的产业升级中，引导企业立足附加值关键产品，如纤维、面料的开发等，鼓励企业研发高性能、多功能、多应用的纺织品，加强关键技术突破。三是要深入实施"三品"战略，打造一批面向终端消费者的知名品牌，搭建品牌交流平台，加快引进和培养高端设计人才，培育一批国际、区域和个性品牌。四是要优化纺织工业全球布局，提升全球资源配置和掌控能力。要积极借助"一带一路"、区域全面经济伙伴关系协定（RECP）等机制，构建互利共赢的产业合作体系，开拓多元化市场。要建立多元弹性供应链，强化全球资源掌控能力。

资料来源：中国纺织工业联合会。

（五）巩固提升优势产业

1. 优势产业的内涵

优势产业是指在经济总量中占有一定份额，具有较强市场竞争优势、技术水平领先、获取附加值能力强、资本积累能力强、对本国和国际经济有较强影响力和控制力的产业。优势产业是在一定空间区域和时间范围内有着较高投入产出比率的产业，产业关联度高，对整体经济的拉动作用明显。从理论上来看，优势产业既是一个相对的概念（如比较优势），也是一个绝对的概念（如竞争优势）。随着经济发展驱动力量由要素驱动向创新驱动转变，我国要想改变处于全球价值链中低端的现状，就必须形成"名片"产业和"杀手锏"产品，用竞争优势逐渐取代比较优势，在一个或者几个领域首先实现对发达国家的成功赶超，形成世界一流产业集群，以此作为构建现代产业体系的突破口和起点。国际经验表明，能否正确选择和培育优势产业，直接关系到一个国家或地区经济发展道路及其竞争力。例如，最先实现工业化的英国，由于没有按照产业发展规律适时选择和培育优势产业，在经济竞争中逐渐落败，相继被美国、德国赶超。日本于 20 世纪 90 年代在与全球电子信息制造业的竞争中，在与美国的电子工业竞争中，产业选择的失误，倾力发展模拟技术而忽视数字技术的开发，结果 10 多年的努力付诸东流。巩固提升优势产业，是从根本上改变我国长期依附型分工地位，形成全球技术和产业发展影响力，打造高端要素聚集的关键动力。

2. 优势产业的发展现状

优势产业是我们参与国际竞争的"拳头"，是中国制造的亮丽名片，是推进实现新型工业化的先锋队和排头兵。当前，我国在轨道交通装备、船舶与海洋工程装备、电力装备、新能源汽车、太阳能光伏、通信设备、锂电池等领域已形成规模和技术优势，处于并跑乃至领跑位置。例如，在船舶与海洋工程装备领域，工业和信息化部数据显示，2023 年我国造船业实现全面突破，船海产品全谱系总装建造能力首次形成，在造船完工量、新承接订单量和手持订单量这 3 大造船业指标上连续 14 年位居世界第一，国际市场份额首次全部超过 50%；新接绿色动力船舶订单首次在国际市场份额中超过 50%。在以新能源汽车、锂电池、光伏产品为代表的"新三样"领域，海关总署数据显示，2023 年合计出口 1.06 万亿元，首次突破万亿元大关，增长 29.9%，与"新三样"相关联的产业也成长起一批创新能力强、具备一定国际影响力的产品和品牌，并逐渐受到海外市场的认可。

虽然我国的一些优势产业已在很多细分领域和产业链环节中站到了世界竞争舞台的正中央，但也需要清醒认识到我国与发达国家之间存在的差距、我国存在的短板和面临的挑战。我国优势产业仍然存在以下 3 个方面的提升空间。一是推进强链、延链、补链，我国在提升全产业链的竞争优势方面仍有空间。当前，部分高端环节仍然被发达国家垄断并形成对我国断供威胁，如电子信息制造需要的高端芯片，生物医药产业发展所需的医药检测设备等。国务院发展研究中心企业研究所数据显示，医疗器械中的高端医疗设备市场集中度最高，主要由美国、英国、德国、荷兰、瑞典、日本的少数大企业占领。在国内市场，高端医疗设备绝大部分由少数国际领先企业供应。二是推动产业基础再造工程和重大技术装备攻关工程，我国在提高产业链供应链韧性和安全水平仍有空间。虽然我国在一些产业、领域、环节实现了从"0 到 1"的突破，但与世界领先还存在稳定性、成本、配套能力上的显著差距，如航空发动机、汽车发动机和变速箱、精密仪器仪表、锂离子电池等。三是产品标准提档升级，我国在树立中国制造"优质高端"形象仍有空间。我国优势产品的国际影响力、国际市场开拓能力、国际要素整合能力还比较弱。在参与国际工程竞标中，即便是我国具有明显优势的高铁系统，也并没有获得相应的国际市场认可度。例如，2024 年我国高铁制造龙头企业中车青岛四方公司参与保加利亚高铁项目招标，以比中标价格低一半的价格提出报价，但因欧盟的介入，最终被迫退出该项目，欧盟认为中国相关部门在高铁项目上提供了巨额补贴，并认为这种竞争不公平。

3. 巩固提升优势产业的策略建议

科学界定和甄别我国优势产业，为巩固提升优势产业提供政策制定基础。巩固提升优势产业首要的问题是要界定优势产业的范围，确立划分优势产业的科学标准，制定"优势产业清单"。传统优势产业的确立通常建立在要素资源禀赋的静态比较优势基础上，而现代的优势产业应该建立在动态比较优势基础上，这种动态比较优势包含经济效率、竞争能力和发展趋势。要在合理识别、动态评价的基础上建立优势产业目录清单，实时更新产业涵盖范围，确保我国优势产业政策制定的针对性和有效性更强。

着力提升全球范围产业链支撑能力，为巩固提升优势产业保驾护航。我国优势产业发展既要考虑产业在国内的有序转移，利用我国国土空间的战略纵深优势实现合理区域布局，又要通过全球化拓展增强全球资源配置能力，反哺国内产业效率提升和竞争力升级。我们要以国际化和可持续发展的战略视角制定优势产业领域的长期综合发展规划，积极参与全球网络化生产，发挥国内"链主"企业优势，带动上中下游中小企业以订单合作、平台共享、组建产业联盟等方式，"走出去"开拓市场，"融进去"布局发展，稳步推动优势产业全球布局。

积极引导企业协同创新和实施品牌战略，占据全球产业链价值链高端位置。从产业需要和企业需求出发，积极推进产学研跨学科、跨部门和跨区域的协同创新，支持企业建立海外研发体系，提高企业和企业集群的创新能力。加快生产体系向研发设计和销售服务延伸，着力强化品牌建设，推动优势产业领域"中国标准"走向世界，提升国际规则制定话语权。

专栏四　巩固提升优势产业：高铁行业

高铁是中国制造的"金字招牌"。高铁产业极为复杂，一列"复兴号"列车有50多万个零部件、10万多个接线点、5.6万个数据确认项点。2014年年底，我国高速铁路投入运营总里程已经占世界高铁总里程的50%以上，成为世界上高速铁路投产运营里程最长、高铁乘客量最多的国家。中国高铁已经形成正向设计能力，掌握完全自主知识产权，跻身全球少数系统掌握先进高铁工程建造、装备设计开发制造和运营组织管理技术的高铁强国之列。

我国高铁发展成就主要表现在以下 3 个方面。一是行业规模不断扩大。旅客运输需求不断提升，促进高铁建设需求量的不断增加。二是出口规模不断扩大。相较于德国、法国、日本，我国在多样性气候条件下的建设经验丰富、具备价格优势和良好的综合服务能力。联合国商品贸易统计数据库数据显示，我国铁路车辆及有关设备（三位 HS 代码 791）出口全球占有率到 2023 年达到 14.49%，升至全球首位。2023 年 10 月 17 日，印度尼西亚雅万高铁作为东南亚第一条高速铁路正式开通运营，这是中国高铁第一次全系统、全要素、全产业链"出海"，同一天，中国中车获得塞尔维亚客户订单，首次出口欧洲。三是产品性能不断提升。长期以来，我国坚持"引进先进技术、联合设计生产、打造中国品牌"的方针，把原始创新、集成创新与"消化、吸收、再创新"相结合，掌握了高速动车组 9 大核心技术及 10 项主要配套技术，建立了自己的高速铁路技术平台。在高速列车制造、列车控制技术、系统集成技术等方面进入世界先进水平的行列，形成了具有国际竞争力的高铁产业。

我国高铁在取得举世瞩目成就的同时，面临的挑战也开始显现。主要表现在以下两个方面：一方面，共性技术研发激励不足。如铁路行业研究机构更多聚焦在生产制造而非共性技术和行业服务上。另一方面，高铁行业"走出去"面临更多挑战。一是地缘政治高风险构成实质性障碍。早在 2014 年，我国在罗马尼亚、匈牙利等中东欧国家开展的"高铁外交"就引起了欧盟警惕，中泰高铁在建设上历经多次中断，背后原因则是泰国的反复犹豫。二是组织协调难度大。高铁"出海"难以复制国内的治理和经营模式，特别是本地协调难度往往极大。巩固提升高铁行业优势应从以下3方面发力。一是优化科研组织机制，建立共性技术供给体系。要设立定位清晰、盈利压力小的共性技术研发机构，以准公共事业体制支持其投入研发风险高的超前研究。二是做好国家和外交层面的统筹协调运行机制，总体统筹、规划、指导中国高铁有选择、有重点、有计划、有步骤、有组织地"出海"，有效开展"高铁外交"，顺利推进国际高铁产能合作。三是建立要素资源保障机制，根据东道国政治、经济、文化特征，推动形成政府引导、企业主体、金融支持、市场运作、多方共建、行业联合的协同机制。

资料来源：中国社会科学院工业经济研究所。

第十三章

新时代推进新型工业化的企业实践

工业发展归根结底要靠企业，企业强工业才能强。纵观我国工业发展历程，每一个工业阶段都塑造了具有时代特征的企业形态，企业也在适应和推动工业化发展进程中完成转型升级。当前，面对全球竞争和技术封锁进一步加剧、我国工业发展进入深水期及制造业转型升级加快等新的形势，我们要加快培育一批具有产业生态掌控能力、全面引领能力的一流企业，打造一批掌握独门绝技的"小巨人""单项冠军"，推动更多企业"走出去"，实现从被动嵌入到主动布局，从追赶到局部先进再到全面领先。

（一）企业是推进新型工业化的主体力量

1. 企业形态是工业化时代特征的最鲜明体现

新中国成立以来，我国经历了从计划经济到中国特色社会主义市场经济的曲折发展历程，在不同阶段，国家对不同类型的企业定位、发展政策和发展理念都有着明显的变化和调整，强烈地影响了不同类型企业在国民经济中的地位、作用及发展态势（见图 13-1）。

从 1949 年新中国成立到 2001 年加入世界贸易组织期间，我国基本上处于工业化初期，工业经济以计划经济为主。从所有制结构来看，改革开放之前，我国工业经济基本上是单一的公有制经济。在 1978 年的全部工业总产值中，国有企业产值占 77.6%，集体企业产值占 22.4%。由于计划经济下国家对企业统一管理、统一调配，造成企业普遍缺乏竞争思维，企业资源存在明显错配，改革开放初期发布的一系列政策举措，目的就是要增强企业活力、树立企业竞争意识。从党的十四大提出建立社会主义市场经济体制的改革目标后，国有企业改革开始进入转换经营机制、建立现代企业制度的阶段，开展了以"产权清晰、权责明确、政企分开、管理科学"为特征的现代企业制度试点工作。改革开放也为多种经济成分的共同发展开辟了广阔空间。按规模以上企业工业总产值计算，1989年国有企业产值的比重为67.95%，2001年下降为23.71%，国有企业产值的改制、改组、改造取得重大进展。乡镇企业异军突起，发展迅速，2001年乡镇企业增加值达到29356亿元，相较于1978年增长近140倍。

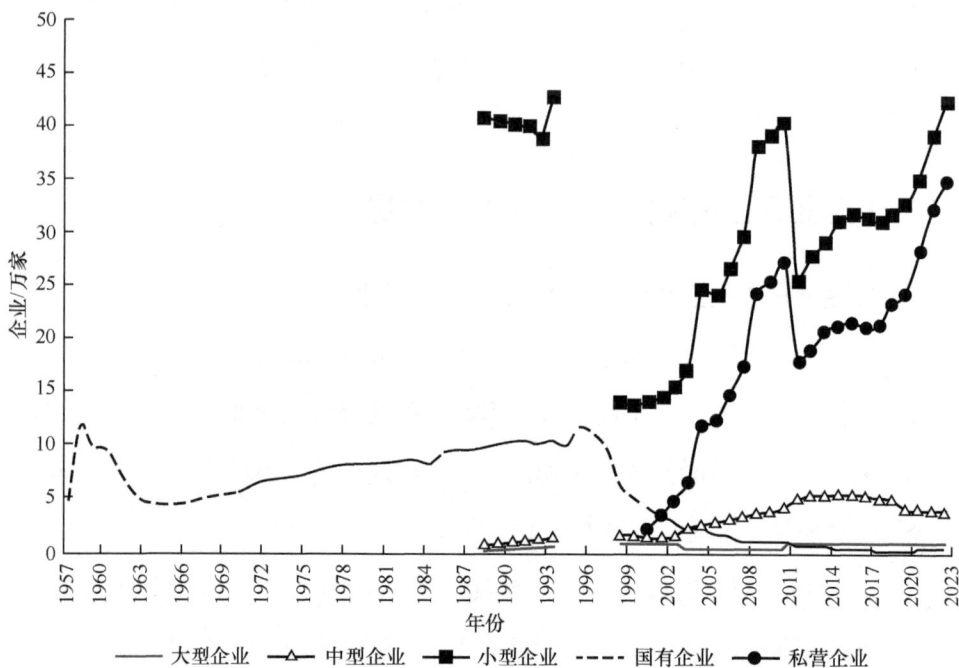

来源：国家统计局。

图 13-1　我国不同类型企业数量（大中小型企业、国有企业和私营企业）

　　从能力结构来看，这一时期，我国工业企业发展更加关注数量和规模，强调从无到有、从少到多。例如，私营经济从被消灭到曲折发展、从"入宪"到地位不断提高，私营企业从小到大、从受排斥到受保护，已逐渐成为社会主义市场经济的重要组成部分，在经济社会中扮演着越来越重要的角色，反映出这个阶段我国对企业的要求是完善企业经营方式，强调多元主体并存格局。

　　从产业组织来看，由于经济规模普遍偏小，产业集中度低，企业"大而全""小而全"现象十分突出，行业布局和区域布局较为无序，区域规划大部分与计划经济时期的国家重大项目布局（如"三线建设工程"等）相关，而不是针对某个特定地区或空间范围的经济社会发展的系统性考虑和谋划。

　　从2001年到2012年党的十八大之前，我国基本处于工业化中期。城市工业快速发展，工业经济规模增长迅速，尤其是传统产业的高速扩张，推动我国工业增加值年均增速达到了创纪录的22.5%，并在2010年成为世界第一制造大国，实现历史性突破。从所有制结构来看，国有经济布局和结构调整取得积极成效。2011年，在规模以上工业企业中，国有控股企业实现产值22.1万亿元，占规模以上工业总产值的26.2%，其中，在煤、电、油、气、水的生产和交通运输设备制造等关系国计民生的重要领域，所占比重从40%到95%不等；在冶金、有色金属等原材料领域，比重达到25%、40%。私营企业快速壮大。2005—2011年，在规模以上工业企业中，私营企业增加值年均增长22.1%，增速高于其他所有制类型企业。2011年，私营企业工业总产值达到25.2万亿元，相较于2002年增长18.5倍，占规模以上工业总产值的29.9%，相较于2002年提高18.2个百分点。自20世纪90年代国家开始实施"抓大放小"战略以来，企业组织结构发生了很大变化。在"抓大"方面，企业联合重组步伐加快，一大批跨行业、跨地区、跨所有制的大企业集团先后发展壮大，国际竞争力不断攀升。2010年，大中型工业企业数量达到 4.7 万家，是 2002 年的 2 倍，实现产值 43.4 万亿元，占规模以上工业总产值的 62.1%，相较于 2002 年提高 3.2 个百分点。2011 年，《财富》世界 500 强排行榜中，中国（不包含港澳台地区）企业上榜 57 家，其中工业企业占比超过 50%，制造业企业占比超过 35%。在"放小"方面，通过改组、联合、兼并、租赁、承包经营和股份合作制、出售等形式，放开搞活小企业，小企业在社会经济中的活力、地位不断增强。从能力结构来看，企业代工能力、"引进—消化—吸收"能力不断增强，出口导向企业迅速发展。从产业组织来看，产业集群成为新的形态，集群数量不断增多。截至 2010 年，通过引导中小企业集聚发展，我国已形成一定规模的产业集群达 2000 多个，成千上万中小企业在专业化分工与协作中共赢发展，提升了核心竞争力，推动相关产业和区域经济高速发展。

党的十八大以来，我国进入工业化后期。工业整体发展进入深水期，从追求规模转向追求质效，从要素驱动转向创新驱动，各种经济类型企业蓬勃发展，市场主体活力迸发。随着新一轮科技革命和产业变革全方位、深层次加速演进，数字化、智能化、绿色化对工业企业发展和企业形态的重塑更加明显。从所有制结构来看，国有企业改革提质增效，持续发挥国有经济支柱作用。国有控股工业企业盈利水平大幅提升。2023 年，在规模以上工业企业中，国有控股企业实现利润总额 2.26 万亿元，相较于 2012 年增长 50.0%，年均增长 4.5%，在关系国计民生、公共服务的关键领域和重要行业，国有经济保持主导地位。民营经济发展壮大，推动市场焕发活力。党中央始终坚持"两个毫不动摇"重大方针，通过实施减税降费等一系列政策，不断优化营商环境，精准帮扶小微企业和个体经营户，民营经济规模壮大、盈利能力提升、吸纳就业增强，中小企业快速成长。2023 年，在规模以上工业企业中，私营企业实现利润总额 2.34 万亿元，相较于 2012

增长 16%，年均增长 1.5%。随着扶持中小企业政策惠及面不断扩大，中小企业盈利能力增强，数量明显增加。工业和信息化部数据显示，我国中小企业具有"56789"的显著特征，即中小企业贡献了 50% 以上的税收、创造了 60% 以上的国内生产总值、完成了 70% 以上的技术创新、提供了 80% 以上的城镇劳动就业和占据了 90% 以上的企业数量。

从能力结构来看，工业企业能力质效整体跃升，价值链地位不断攀升，创新引领能力持续释放，打破封锁、应对风险冲击能力明显增强，"小巨人""单项冠军"掌握独门绝技，知名品牌开始"走出去""走进去"，企业"出海"并积极融入全球化新浪潮。2023 年末我国专精特新"小巨人"累计五批支持的企业数量达到 12950 家（见图 13-2）。其中，超 40% 的"小巨人"企业聚集在新材料、新一代信息技术、新能源汽车及智能网联汽车等高技术领域，超 60% 的"小巨人"企业深耕工业基础领域，是我国建设现代化产业体系的重要力量，超 90% 的"小巨人"是国内外知名大企业的配套供应商，在融入全球产业链供应链、推动国内国际双循环相互促进中发挥着重要作用。

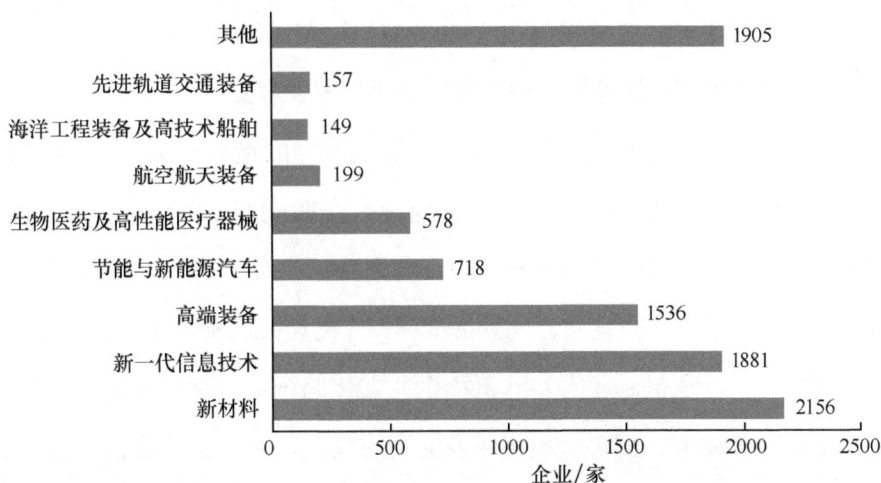

来源：工业和信息化部。

图 13-2　12950 家专精特新"小巨人"企业重点领域分布情况

从产业组织来看，产业生态实现高效整合，平台型企业加速涌现。一方面，产业链上下游协同、大中小企业融通发展正在重新塑造产业生态模式。通过发挥"链主"企业的牵引带动作用，着力补齐短板、拉长长板、锻造新板，实现"以大带小、以小托大"，优化供需对接，培育壮大一批优质产业集群，打造更多有国际影响力的品牌，不断提升产业链供应链韧性安全和竞争力。另一方面，以数字技术赋能和数据驱动为主要特征的数字经济逐渐蓬勃兴起，工业经济时代的经济规律越来越受到数字经济情境下摩尔定律、梅特卡夫定律、网络效应等新规律的挑战，界限分明的科层组织结构逐渐被以平台为中心的多元主体耦合的生态圈结构所替代。平台企业采用一种新的基于互联网的方式重新组合市场中的各种资源，重新安排市场中的主体参与交易活动。近年来，我国平台企业发展非常迅速。全球百亿估值的平台经济中，我国占比 1/4，全球前 10 大平台企业中我国有 2 家。平台企业为扩大需求提供了新空间，为就业创业提供了新渠道。平台企业持续加大在技术创新、赋能实体经济等领域的投资力度，在芯片、自动驾驶、新能源、农业等领域的投资占比不断提高。

2. 以建设世界一流企业推进新型工业化的重要意义

党的十九大报告提出"培育具有全球竞争力的世界一流企业"。党的二十大报告进一步强调"完善中国特色现代企业制度，弘扬企业家精神，加快建设世界一流企业"。世界一流企业是指"产品卓越、品牌卓著、创新领先、治理现代"的企业，是具备全球领先的产品服务质量、技术水平、品牌影响力、管理机制、人才队伍和企业文化的企业。毫无疑问，世界一流企业是一个动态、相对、系统、多维度的概念，为我国工业化后期和后工业化时期的企业发展提出了根本要求。

世界一流企业不仅是推动中国特色社会主义市场经济深入发展的核心要素，还是构建并夯实新发展格局的基石。在当前的历史节点上，建设世界一流企业，对我国全面建设社会主义现代化国家、实现中华民族伟大复兴具有重要的战略意义。首先，世界一流企业的建设将引导企业专注于主营业务的发展，推动产业链和价值链的重组与优化，发挥规模经济与范围经济的双重优势。这不仅将在扩大内需战略和供给侧结构性改革中发挥关键作用，还能有力推动我国经济的质效提升和持续增长，为构建中国式现代化提供坚实的基础。其次，世界一流企业的崛起将强化企业在科技创新中的主体地位，助力我国实现高水平的科技自立自强。在芯片、操作系统、高端装备等关键领域，要实现技术突破，需要长期、大量的资本投入和一流企业的引领。这些企业有能力服务国家战略，开展原始创新、颠覆性创新，构建从基础研究到应用研究再到产业化的完整创新链条。最后，世界一流企业的培育将有助于我国以更高的水平参与全球竞争与合作，引导企业在变革中抓住发展机遇，提升应对全球贸易投资规则变化的能力。这将进一步释放超大规模市场潜力，提升企业国际影响力，更好地服务于国家对外开放战略。

（二）以建设世界一流企业推进新型工业化面临新挑战

1. 大企业品牌建设不足制约全球价值链攀升

加强品牌建设是培育世界一流企业的战略选择。一流品牌是企业竞争力和自主创新能力的标志，是高附加值的重要载体。虽然我国进入世界 500 强排行榜的企业数量逐年增多，但"大而不强"的问题一直存在，尤其是缺少在全球叫得响的知名品牌，大企业品牌建设亟待提升。《财富》

世界 500 强排行榜数据显示，2019 年中国上榜企业数量（129 家）历史上首次超过美国（121 家），2023 年，中国更是有 142 家企业上榜，企业数量继续位居各国之首。尽管数量上明显占优，但是从质量维度上来看，我国企业"大而不优"的现象极为明显。例如，在利润上，2023 年上榜中国企业营收总额提升 1.7%，但平均利润仅为 39 亿美元，不到上榜美国企业的 1/2（80 亿美元），也未达到全榜单 500 家企业的平均利润（58 亿美元）。

　　世界品牌实验室和国际品牌价值评估权威机构 GYbrand 分别编制的世界品牌 500 强则更能反映出中国大企业的品牌建设能力。世界品牌实验室编制的世界品牌 500 强排行榜，依据品牌的世界影响力对全球约 8000 多个知名品牌进行了综合评分，最终评选出世界最具影响力的 500 个品牌。品牌的世界影响力主要是指品牌开拓市场、占领市场并获得利润的能力，具体表现为市场占有率、品牌忠诚度和全球领导力。2023 年度世界品牌 500 强中，美国占据 193 席，稳居品牌大国第一；法国 49 席排名第二，我国 48 席首次超越日本跃居全球第三，但数量仍然不及美国的 1/4（见表 13-1）。2023 年度世界品牌 500 强的平均年龄为 98.57 岁，其中 100 岁及以上的"百年老牌"多达 225 个，占比超过 40%，但我国仅有茅台、青岛啤酒、五粮液、中国银行、友邦保险等食品饮料和金融保险领域的 5 家企业超越百龄，工业领域和科技企业数量均为零。类似地，品牌价值评估权威机构 GYbrand 发布的 2023 年世界品牌 500 强显示，世界 500 强企业品牌建设成就榜单中，美国有 186 个品牌上榜，中国有 70 个品牌上榜。综合来看，我国大企业知名品牌的数量、成长、地位与发达国家相比还存在明显差距，这种差距从根本上限制了我国企业在全球价值链中的地位和获得附加值的能力，表现为我国大企业以营收总额衡量规模较大，但是综合利润水平却较低。

表 13-1   2021—2023 年世界品牌实验室世界品牌 500 强入选企业

排名	国家	2023年	2022年	2021年
1	美国	193个	198个	198个
2	法国	49个	47个	48个
3	中国	48个	45个	44个
4	日本	43个	46个	46个
5	英国	34个	35个	37个
6	德国	28个	28个	26个
7	瑞士	17个	18个	17个
8	意大利	15个	15个	15个
9	加拿大	9个	7个	7个
10	荷兰	9个	7个	9个

来源：世界品牌实验室。

2. 中小企业产业链供应链支撑能力有待提升

中小企业是提升产业链供应链稳定性和竞争力的关键环节。但是，我国中小企业普遍存在集群发展质量不高、协同创新能力不足、新技术采用相对滞后等问题，严重制约了我国中小企业产业链供应链支撑能力。

从集群发展质量来看，我国中小企业低价同质竞争严重，产业集群内部聚而不联，产业前向和后向关联效应偏弱。集群发展能力弱直接造成我国产业链和关键环节外迁风险加剧，尤其是存在贸易摩擦情况下，外向型中小企业进口成本和出口难度高，造成高端制造业和劳动密集型企业外迁到东南亚、拉美等地区，特别是龙头企业外迁造成的产业链供应链跟随外迁，极易破坏产业链供应链的完整性。

从协同创新能力来看，自主创新、原始创新和颠覆性创新突破需要高质量基础研究支撑，但我国中小企业基础研究水平偏弱、创新试错匮乏，自主创新失败概率很高，中小企业面临"失败即出局"的问题。国内产业链配套创新不足使单点创新难以转化为市场端的有效产品，中小企业"单兵突破式创新"最终成为"昙花一现"。此外，中小企业创新试错需要风投等股权融资方式支持，但中小企业基础研究环境不佳，投入仍然相对有限，天使投资、风险投资、私募股权投资资金大量向后端尤其是向拟上市公司聚集，对创新活动最密集的处于初创期和成长期的中小企业投资不足。

从新技术采用来看，我国中小企业数字化转型难、数字化应用质量低等问题仍未能有效破解。一方面，中小企业数字化转型"不敢转""不能转""不会转"的现象归纳总结易、真正破解难。部分制造业中小企业仍处于传统生产阶段，企业智能化生产线无法与整个生产系统深度融合。此外，资金和人才资源错配问题更是没有得到根本解决。特别是近年来，制造业中小企业生存压力加剧，中小企业非常看重数字化投入成本收益问题，如果成本收益不高，企业即便拥有闲置资金，也不会贸然进行数字化转型投入。另一方面，中小企业数字化应用质量低。相关研究指出，在新一代信息技术应用方面，只有 40% 的中小企业能够基于二维码、条形码、电子标签等标识技术实现数据采集，23% 的企业实现了关键业务系统间的集成，5% 的企业采用大数据分析技术，对生产制造环节提供优化建议和决策支持。

3. 大中小企业融通发展仍然存在堵点

长期以来，由于受到企业认识和发展惯性的影响，大中小企业融通发展面临意愿不强和模式不清晰的现实困境。

一方面，大企业与中小企业尤其是国内中小企业融通发展的意愿不强。例如，国有企业为降低采购过程中可能带来的经营风险和合规风险，尤其是为了避免由产品精度不够而造成的生产风险，在重大设备及其配套产品和服务的采购中往往偏好国际一线品牌，偏好购买质量更高但价格也更高的国外产品。同时，大量中小企业不愿意与国内大企业合作。例如，国内一些外向型的代工中小企业更加愿意为国外客户供货，国外客户的订单相对稳定，支付时间明确、基本不使用银行汇票和商业承兑汇票，相反，国内客户的回款周期长、不稳定且成本较高。

另一方面，典型模式欠缺，未能对融通发展形成良好示范。一是现有大中小企业融通发展缺乏典型模式，尚处于探索阶段。近年来的"链长制""链主制""揭榜挂帅""赛马制"等方式尚处于起步阶段，相关政策、机制、成效尚未得到有效验证。二是融通发展要求双方或者多方具备需求上的互补和认知上的互信，但是，受社会整体诚信水平的影响，我国大企业与中小企业之间缺乏信任基础，这既表现为大企业尤其是国有企业对中小企业和民营企业的不信任问题，又表现为中小企业与大企业合作缺乏信任的问题，大中小企业融通发展面临基础不稳固、难以可持续的现实问题。三是中小企业自身的协作极为困难，单个企业与大企业之间的谈判和合作困难，促进大中小企业融通发展的支撑力量不足，通过第三方推动有效融通亟待加强。

4. 独角兽企业新增数量下滑明显

独角兽这一概念在 2013 年才被提出，独角兽企业也是一个相对较新的企业发展形态。传统工业时代，一家企业可能需要几代人的积累，才能达到 10 亿美元的价值，但独角兽企业往往在创业 10 年以内，估值就能达到 10 亿美元以上。从特征来看，独角兽企业以技术创新为引领，以高水平人才、高能级资本为驱动，聚焦新领域、新赛道，代表了经济转型升级的方向。2024 年 5 月，习近平总书记主持召开企业和专家座谈会，在听到关于创新与投资的发言时追问："我们的独角兽企业新增数下降的主因是什么？"由此可见独角兽企业新增数量下滑明显成为我国企业发展过程中表现出来的新挑战。

独角兽企业的出现，是科技创新进步加速以及资本和技术全球化加速叠加作用的结果。我国过去 20 年是参与全球化最活跃的地区之一，2015—2020 年我国独角兽企业的增速和企业影响力甚至超越了美国。但 2020 年以后，由于中美贸易摩擦、地缘政治冲突、投资禁令、关键技术出口限制等，我国独角兽企业的下行局面开始逐步显现。胡润研究院发布的《2024 全球独角兽榜单》数据显示，2023 年我国以 316 家独角兽企业位居榜单第二，不到美国（666 家）的 1/2；与上一年相比，全球新诞生了 500 多家独角兽企业，我国仅增加 15 家，不到美国（179 家）的 1/10（见图 13-3）。中美在独角兽企业数量上的差距逐渐扩大。全球独角兽企业的分布格局，从原本的中美平分秋色，逐渐转变为美国占据主导位置。此外，受益于美国供应链转移政策，印度、印度尼西亚、越南、新加坡等经济体也展现出独角兽企业数量快速增长的态势。2023 年全球独角兽企业中，估值缩水最大的 10 家企业中有 5 家来自中国，只有 2 家来自美国；估值上升最快的 10 家企业中，5 家来自美国，只有 2 家来自中国。

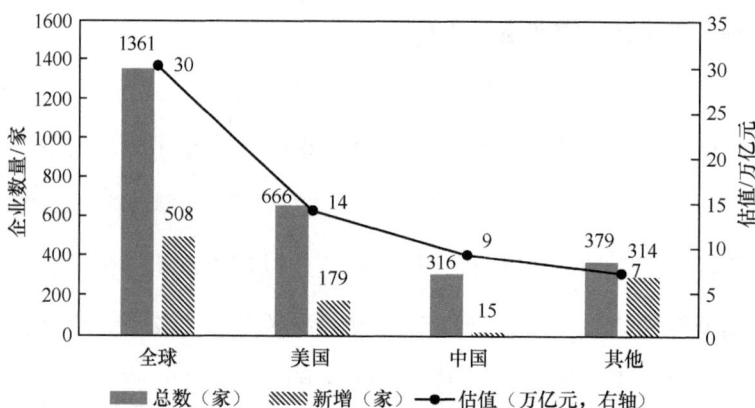

来源：胡润研究院发布的《2024全球独角兽榜单》。

图 13-3　中美独角兽企业发展现状

5. 企业打压正成为美西方惯用的制裁手段

2023 年 3 月，美国智库 Force Distance Times 专门发布研究报告指出，美国政府长期把目光放在中国的大企业上（如华为），却忽略了由"小巨人"和"单项冠军"组成的更大生态系统。中国通过塑造差异化产业优势放大美国全球供应链弱点和依赖性，正在建立起一种非对称竞争力，值得高度警惕。近年来，美国对中国经济制裁越来越频繁，中国企业正在成为被美国政府打压的对象，进入实体清单的企业数量越来越多。当前，美国对中国企业制裁有多种形式，包括美国商务部工业和安全局（BIS）实体清单、未经核实清单（Unverified List），美国国防部中国军方企业清单，美国财政部非特别指定国民中国军工复合体企业清单（NS-CMIC）等。其中，最常用、最严格的方式就是企业被纳入 BIS 实体清单。该方式主要是在技术发展、经济合作等方面对中国企业进行封锁限制。对于列入实体清单的企业，美国政府拒绝签发出口许可证，不允许任何个人或企业购买、存储、运输、使用、处理其产品，不能对其提供融资、转运和其他服务，试图全面阻断企业创新链、供应链和资金链。

据不完全统计，截至 2024 年 5 月底，BIS 实体清单共发布 38 次，其中 2018 年 2 次、2019 年 5 次、2020 年 7 次、2021 年 6 次、2022 年 2 次、2023 年 12 次、2024 年 4 次，已经将 623 家中国企业和 177 家非企业机构（包括科研机构、个人、政府机构、高校等）纳入实体清单（见图 13-4）。从产业层面来看，2018 年之前，纳入实体清单的企业和机构主要集中在冰箱、电视、塑料制品等电器和日用品领域，且数量总体比较平稳。2018 年之后纳入实体清单的企业和机构数量猛增，涉及电子信息、电信、人工智能、航空航天领域的企业最多。尤其在芯片领域，美国从芯片技术、设备、产品、服务等方面进行进出口管制，以阻断我国研发生产先进半导体芯片的进程，其中对华为和中兴的制裁是全面限制两家企业的芯片市场业务，对商汤科技、科大讯飞、旷世科技等企业限制其从美国进口芯片，对中芯国际的晶圆代工进行出口限制等，严重影响了企业的正常运营。海关数据显示，近年来我国电子产品主要出口对象位居前列的是美国、欧盟，二者出口额占电子产品总出口额的 60% 以上，而纳入实体清单的企业没有许可就无法开展对美国等西方国家的出口业务，影响了企业的出口、销售环节，严重冲击了被纳入实体清单企业的国际市场。

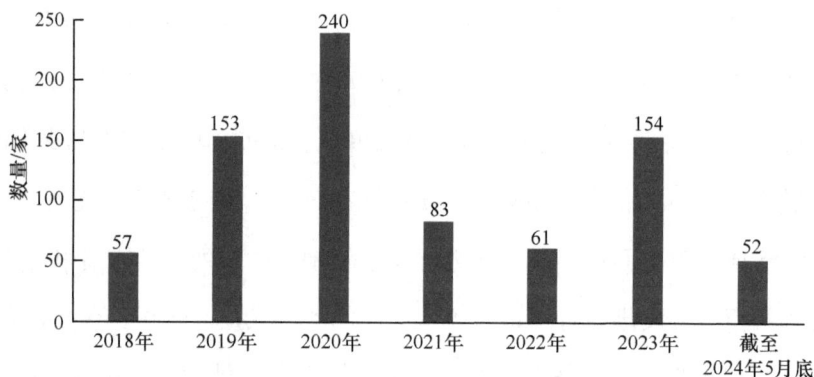

来源：BIS及公开资料。

图 13-4　2018 年以来纳入美国实体清单中国机构数量

（三）以建设世界一流企业推进新型工业化的策略建议

1. 分类施策：瞄准企业痛点补短板

对于大企业，尤其是国有企业，要以增强品牌提升竞争力。在能力方面，建立科技创新长效机制，集中力量攻克关键共性技术和前沿引领技术，加大对基础研究的支持力度，提前进行科研布局，力争掌握全球科技标准制定主动权，充分运用我国超大规模市场和完备产业体系优势，提高创新迭代速度和大规模应用能力，实现科研创新从样品到产品再到商品的"三级跳"，从源头进行品牌创建。在制度方面，要着眼于建立世界一流企业长效机制，全面加强组织保障，加大资源投入力度，完善相应考核机制，在企业内部形成更加有力的激励约束。在合作方面，针对国有企业建设世界一流企业，推动更多的利益相关方和社会主体参与合作，聚集整合更多的社会力量，形成创建世界一流企业的良好社会氛围。

对于中小企业，要瞄准专精特新方向，增强产业链供应链支撑能力。在制度保障上，通过法律手段加强产权保护，尤其是依法平等保护不同所有制企业合法经营权，放宽市场准入，推动贸易和投资便利化，畅通企业维权渠道，对地方存在违反公平竞争的行为进行及时纠偏。要建立容错机制，加强对企业家的保护，充分发挥企业家精神在组织创新资源上的作用，提高企业参与市场竞争的活力，加大对民营企业的支持力度。在要素保障上，牢牢把握和大力发挥金融资源的支持保障作用，深入发掘金融机构资源潜力，鼓励和引导金融机构以创新形式服务中小企业，切实解决中小企业融资难、融资贵问题，加大中小企业在成长为专精特新"小巨人"企业过程中的金融支持力度。加强对中小企业数字化转型帮扶工作，培育具有较强服务能力的数字化服务平台，持续做好中小企业数字化转型试点城市工作，探索数字赋能产业转型升级路径，促进中小企业的信息化、数字化、智能化升级，带动中小企业提质增效。

2. 梯度培育：筑牢企业发展"金字塔"

一方面，明确梯度培育层级。建立"科技型、创新型中小企业—专精特新中小企业—专精特新'小巨人'企业—'单项冠军'企业—产业链领航企业"自下而上的梯度培育机制（见图 13-5），构建从孵化培育、成长扶持到发展壮大的完整培育体系。对于科技型、创新型中小企业，积极做好基础性支持，如创业指导、初始资金支持、技术转移和市场开拓。对于专精特新中小企业，积极做好市场推广、品牌建设，以及进一步的技术研发和融资帮扶等，以加速其成长和扩张。对于专精特新"小巨人"企业，积极做好国际化拓展、高端人才引进、资本运作和上市辅导等，以帮助其实现更大的市场影响力和行业领导地位。对于"单项冠军"企业，要持续加大在技术创新、人才服务、出口保障等方面的支持力度，鼓励企业细分领域精耕细作。对于产业链领航企业，实施"一链一企一策"，全力保障领航企业在研发、资金、人才、用地、用能等要素领域的需求，

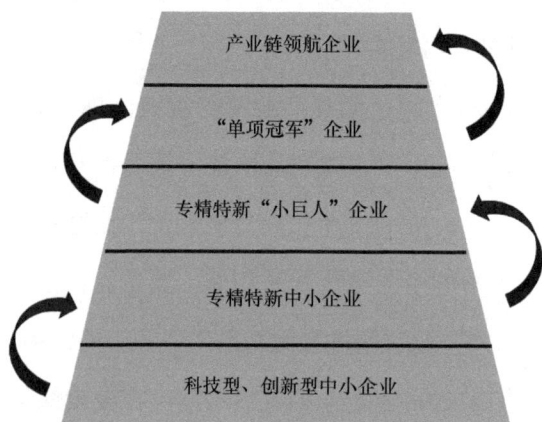

来源：中国信息通信研究院。

图 13-5　企业自下而上的梯度培育机制

做好领航企业上下游企业配套服务，积极"补链""强链"。

另一方面，强化培育动态管理，建立企业成长评价机制。根据企业的发展情况，实行企业培育层级的动态评估调整。在短期，要做好动态评价检测，按照一定频率，按照地方申报、主管部委汇集、专家评审等方式，对重点企业的经营状况、创新能力、市场表现等进行全面评估。在中长期，要搭建重点企业监测平台，尤其是对进入专精特新"小巨人"企业、"单项冠军"企业、产业链领航企业名单的中小企业应全面纳入平台监测范围，对经营出现异常的企业进行密切关注，给予相应政策扶持，实现精准培育。

3. 融通发展：打造企业发展生态链

推动大中小企业融通发展可以从大企业引导、中小企业参与、第三方机构配合 3 方面入手，共同打造一个互惠共赢、可持续发展的产业生态链。

强化大企业的引领带动作用。鼓励大企业以自身资源和影响力明确产业方向，优化产业生态，为中小企业提供技术服务、融资支持、市场机会等，将配套中小企业纳入共同的供应链管理、质量管理、标准管理等。大企业通过项目分包、生产协作等方式，带动中小企业实现协同开展研发、制造、销售，形成紧密配合的产业体系。支持大型企业联合相关中小企业开展通用技术的合作研发，推动行业共性技术在集群内共享。鼓励大企业人才创新创业，支持小微企业创业基地建设，促进人才双向交流，共同推动产业发展。

支持中小企业主动融入大企业产业链。支持中小企业与大企业构建紧密的上下游配套关系，以中小企业的专业化生产优势为依托，推动上下游企业建立长期战略合作。鼓励集成厂商采用合作型供应链管理模式，形成高效的社会化分工、专业化生产及产供销一体化的产业集群。中小企业应充分利用大数据、云计算、人工智能及工业互联网等新一代数字技术，借助智能制造和网络协同等手段，提升自身与大企业融合发展的能力，实现产业升级和共赢发展。

加快培育发展第三方服务机构。培育一批平台试点示范项目，推动平台成为中小企业集群化、协作化、信息化和跨界融合的中坚力量，加强企业之间的横纵联系，推动产业链向更为复杂的产业网络演进。发展以龙头企业、核心企业为中心的集群模式，支持已有产业基础的实体园区进一步整合资源，打造大中小企业协同发展的特色平台。鼓励科研机构成为企业集群的研发核心，通过建立研发中心、工程技术中心及产业研发联盟，推动创新资源的集聚和共享，以实现集群创新能力的提升。

参考文献

[1] DOSI G. Technological paradigms and technological trajectories A suggested interpretation of the determinants and directions of technical change[J]. Research Policy，1982，11(3): 147−162.

[2] GALINDO−RUEDA F，VERGER F. OECD taxonomy of economic activities based on R&D intensity[J]. OECD Science，Technology and Industry Working Papers，2016.

[3] HATZIUS J. The Potentially Large Effects of Artificial Intelligence on Economic Growth (Briggs/Kodnani)[J]. Goldman Sachs, 2023.

[4] The economic potential of generative AI: The next productivity frontier [R]. McKinsey Global Institute，2023.

[5] PAVITT K. Sectoral patterns of technical change: towards a taxonomy and a theory[J]. Research Policy，1984，13(6): 343−373.

[6] (美) 罗伯特 D. 阿特金森，(美) 史蒂芬 J. 伊泽尔 . 创新经济学 : 全球优势竞争 [M]. 王瑞军，译 . 北京 : 科学技术文献出版社，2014.

[7] 陈佳贵，黄群慧 . 工业现代化的标志、衡量指标及对中国工业的初步评价 [J]. 中国社会科学，2003(3): 18−28.

[8] 陈佳贵，黄群慧 . 我国实现工业现代化了吗 : 对 15 个重点工业行业现代化水平的分析与评价 [J]. 中国工业经济，2009(4): 5−16.

[9] 段国蕊，于靓．制造业高质量发展评价体系构建与测度：以山东省为例 [J]. 统计与决策，2021，37(18): 99–102.

[10] 耿修林．近年来我国新型工业化进程的测评与分析 [J]. 中国科技论坛，2012(9): 53–58.

[11] 郭鑫，张婧婧，池康伟，等．中国与美国、日本、德国制造业国际竞争优势比较研究及相关政策建议 [J]. 中国科学院院刊，2023，38(8): 1130–1153.

[12] 贺子欣，惠宁．中国装备制造业高质量发展的测度及影响因素研究 [J]. 中国科技论坛，2023(4): 82–92.

[13] 黄群慧，杨虎涛．中国制造业比重"内外差"现象及其"去工业化"涵义 [J]. 中国工业经济，2022(3): 20–37.

[14] 黄群慧．理解中国制造 [M]. 北京：中国社会科学出版社，2019.

[15] 黄群慧．2020 年我国已经基本实现了工业化：中国共产党百年奋斗重大成就 [J]. 经济学动态，2021(11): 3–9.

[16] 黄群慧．中国工业现代化水平的基本测评 [J]. 中国工业经济，2004(9): 20–28.

[17] 霍忻．全球制造业质量竞争：基本格局、驱动因素与发展对策 [J]. 国际贸易，2020(4): 87–96.

[18] 贾根良．第三次工业革命与新型工业化道路的新思维：来自演化经济学和经济史的视角 [J]. 中国人民大学学报，2013，27(2): 43–52.

[19] 金碚，胥和平，谢晓霞．中国工业国际竞争力报告 [J]. 管理世界，1997，13(4): 52–66.

[20] 李美洲，韩兆洲．新型工业化进程统计测度及实证分析 [J]. 经济问题探索，2007(6): 10–14.

[21] 李鹏，蒋美琴. 中国新型工业化进展、区域差异及推进策略 [J]. 当代财经，2024(5): 3−16.

[22] 李文军，郭佳. 我国战略性新兴产业发展：成效、挑战与应对 [J]. 经济纵横，2022(8): 65−75.

[23] 李先军. 数字经济驱动大中小企业融通发展：机制、模式与路径 [J]. 当代财经，2023(4): 3−14.

[24] 李晓华. 产业链韧性的支撑基础：基于产业根植性的视角 [J]. 甘肃社会科学，2022(6): 180−189.

[25] 柳杨，左璇，陈杨，等. 我国新型工业化发展水平评价与态势分析 [J]. 新型工业化，2023，13(11): 9−17.

[26] 吕大良，蔡俊伟，张培，等. 中国制造年度实力榜：2022—2023 年中国行业外贸竞争力研究报告 [J]. 中国海关，2023(12): 12−30.

[27] 罗荣渠. 现代化理论与历史研究 [J]. 历史研究，1986(3): 19−32.

[28] 穆荣平. 中国通信设备制造业国际竞争力评价 [J]. 科学学研究，2000，18(3): 54−61.

[29] 欧阳峣. 大国经济特征、优势识别与发展格局 [J]. 人民论坛·学术前沿，2023(7): 14−23.

[30] 邱格磊，陈伟. 中国高技术产业核心竞争力动态变迁：基于价值链循环视角的实证研究 [J]. 福建论坛（人文社会科学版），2023(3): 149−160.

[31] 芮明杰. 构建现代产业体系的战略思路、目标与路径 [J]. 中国工业经济，2018(9): 24−40.

[32] 唐浩，贺刚. 中国特色新型工业化综合评价指标体系的构建与实证研究 [J]. 软科学，2014，28(9): 139−144.

[33] 唐红祥，张祥祯，吴艳，等 . 中国制造业发展质量与国际竞争力提升研究 [J]. 中国软科学，2019(2): 128–142.

[34] 佟家栋，冯祥玉 . 中国产业部门的低碳贸易竞争力指数测度与评估 [J]. 经济学家，2022(3): 43–53.

[35] 汪晓昀，吴纪宁 . 新型工业化综合评价指标体系设计研究 [J]. 财经理论与实践，2006，27(6): 122–124.

[36] 谢春，李健 . 我国新型工业化指标体系构建及评价方法 [J]. 财经理论与实践，2011，32(4): 114–118.

[37] 阳镇，贺俊 . 科技自立自强：逻辑解构、关键议题与实现路径 [J]. 改革，2023(3): 15–31.

[38] 杨韠韠，李平 . 新型工业化评价指标体系及测度分析 [J]. 经济管理，2011，33(10): 1–8.

[39] 杨雅铄，王桂虎 . 中国式制造业现代化的内涵特征及其评价研究 [J]. 价格理论与实践，2023(5): 10–13.

[40] 张弓，王庆，何倩 . 制造业企业成本国际比较研究 [J]. 价格理论与实践，2021(S1): 24–27.

[41] 张弓 . "中国制造"劳动力成本的评估：基于劳动力要素成本竞争力指标的分析 [J]. 价格理论与实践，2021(9): 92–97.

[42] 张克俊，曾科 . 新型工业化标准与评价指标体系研究 [J]. 中国科技论坛，2004(6): 125–127，135.

[43] 张培刚 . 工业化的理论 [J]. 社会科学战线，2008(7): 221–228.

[44] 张培刚 . 论工业化与现代化的涵义及其相互关系 [J]. 华中科技大学：社会科学版，1992(Z1):8.

[45] 张长征，孟宪祺 . 劳动力成本上升能否提升制造业国际竞争力 ?[J].

产经评论，2021，12(6): 74-89.

[46] 赵家章，丁国宁，郭龙飞. 中美高新技术产业全球价值链分工地位和竞争力研究 [J]. 首都经济贸易大学学报，2022，24(2): 15-26.

[47] 甄峰，赵彦云. 中国制造业产业国际竞争力：2007年国际比较研究 [J]. 中国软科学，2008(7): 47-54, 140.

[48] "制造质量强国战略研究"课题组. 制造质量强国战略 [J]. 中国工程科学，2015，17(7): 24-28.

[49] 中国社会科学院工业经济研究所课题组. 提升产业链供应链现代化水平路径研究 [J]. 中国工业经济，2021(2): 80-97.

[50] 周涵婷，蒋晶，程龙生，等. 中国省际制造业质量竞争力提升率测算及演化趋势 [J]. 统计与决策，2022，38(7): 102-106.

[51] 邹国伟，刘艳，李文秀. 中国制造业的产业链竞争力研究：基于全球生产网络背景 [J]. 东岳论丛，2021，42(7): 148-157.

[52] 左璇，李君，柳杨，等. 新型工业化发展评价指标体系与发展指数研究 [J]. 新型工业化，2023，13(12): 5-16.